手芸とは何か？
時間軸で俯瞰すると見えてくるものがある！

どこにもない
編み物研究室

日本の過去・未来編

横山起也

誠文堂新光社

「過去」をほどき、「未来」を編む

横山起也
Tatsuya Yokoyama

編み物作家、小説家、NPO法人 LIFE KNIT 代表、オンラインサロン『未来手芸部』部長、チューリップ株式会社 顧問、株式会社日本ヴォーグ社「編み物チャンネル」顧問/ナビゲーター。大学院在学中に『伝統のニット「てづくりのもの」のなかにある不思議なもの』(日本編物文化協会)を執筆。編み図なしで自由に編む「スキニ編ム」を提唱。仏ファッションブランド「Chloé」など、業界外企業の主催イベントでワークショップ講師も多数つとめる。「HUFFPOST」などWEBメディアでコラムを執筆。2021年、誠文堂新光社より『どこにもない編み物研究室』を発刊。2022年、角川文庫より小説『編み物ざむらい』を上梓し、好評を得て続刊執筆中。

衣装／YOKIKOTO

←
←
←
(ﾟдﾟ)横山起也のオンラインサロン
『未来手芸部』はこちらからどうぞ!

SILVER ALLOY
TOKURIKI SILVER B
13
日本製
紙
4 979738 403130
横田株式会社
大阪市中央区南久宝寺町2-5-14
赤
日本製
紙
4 979738 403970
横田株式会社
大阪市中央区南久宝寺町2-5-14

Contents

プロローグ

聞き手／編み牧師

渡辺晋哉さん × 「どこにもない」室長 横山起也

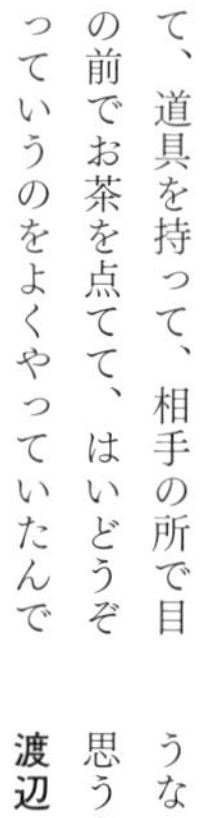

横山　お茶っていいですよね。

渡辺　そうですね。

横山　実は僕、今回の書籍『どこにもない編み物研究室―日本の過去・未来編―』で、編み物とお茶の関わりを少し提案したいと思いまして。まあ、お茶はコーヒーでもいいし、なんなら甘味でもいいんですけど。

渡辺　ええと、その発想はどこから？

横山　ほら、前に僕がトークイベントをした時に、渡辺さんが、急にふらっといらした時があったでしょう。

渡辺　ゲリラ的にね。

横山　その時に「疲れたでしょう」って言って、いきなりお茶を点ててくれて。僕はすごくそれに感銘を受けたんですよ。

渡辺　あの頃、人のところに押しかけていってお茶を点てるっていうのがマイブームだったんですよ。お点前自体は結構忘れてるんだけど、祖母がお茶の先生だったこともあって、わりとずっと身近なものではあったのね。

横山　なるほどなるほど。

渡辺　それで、茶碗と茶筅（ちゃせん）と茶杓を持って。そんなに大がかりな準備をしなくても、その場で点てると結構受けるんですよ。

横山　なるほど。

渡辺　相手が喜んでくれるっていうのがすごく良い感じで、味を占めて。それから水筒にお湯を詰めて、道具を持って、相手の所で目の前でお茶を点てて、はいどうぞっていうのをよくやっていたんですよね。

横山　いや、それがまさに僕に受けまして。

渡辺　へへへ。

横山　それとね、ただ嬉しいなぁってだけじゃなくて、こういうお茶の文化って、編み物や手芸の文化と実はすごく繋がるんじゃないかって。

渡辺　親和性ありますよね。

横山　ありますよね。手芸をしている人だとわかると思うのだけど、手を動かしている最中って、お茶をいれたり、飲んだりするようなことがあるんじゃないかなと思うんです。

渡辺　ありますよね、きっとね。

横山　その本流である茶道の文化が肌に染み付いていた渡辺さんにとって、その親和性ってどんなところで感じますか。

渡辺　やっぱり両方ともほっとするっていうのがあるよね。

横山　うんうん。

渡辺　作法に縛られちゃうとすごくきついけど、でもかつての戦国時代にはね、明日はお互いに殺し合うかもしれないっていう相手と、その前の晩にお茶を点てて飲み合うっていうことをする。そこに求められていたものって、ものすごい深いリラックス感だったんだろうと思うんですよね。で、抹茶って徹夜明けとかで、もう寝不足で辛くてでも原稿書かなきゃなんないとか、そういう時に飲んだらすごく効くんですよね。

横山　うんうん、わかります。

渡辺　それってやっぱりすごく気分がリラックスするっていうところがあって。

横山　なるほど。

渡辺　あとは、息。ひと呼吸おい

前書でもご登場いただいたものづくりの盟友

てっていう感じのところが、お茶にはあるじゃないですか。

横山　ありますね。

渡辺　で、やっぱり無意識なんだけど、息が整っていくみたいなところがあるんですよ。ほら、編み物をしている時って、特に僕が右手持ちだからっていうのもあるんだけど。

横山　ああ、アメリカ式の編み方。

渡辺　イギリス式ね。この編み方ってリズムでだーっと進んでいくっていうのがありますでしょう。

横山　そうですね。イングリッシュスタイルだと、自然に目の締まり具合が揃っていくような感じがありますから。リズム重視ですよね。

渡辺　そういうリズムって結局、息の問題だと思うので。息が整っていくっていうのが、確かにあると思うんですよね。だから、そういうところの親和性を僕は感じているかな。

横山　うん、お茶っていいですよね。YouTubeライブ配信「編み物チャンネル」でも、担当の津田さんがコーヒー淹れてくれて、すごく良いんです。そういうのもあって少しでも架け橋を作っていきたくて。この本でも、一つの試みとしてお茶を取り上げたいと思ったんです。抹茶だけでなく、コーヒーとか、ハーブティーとかも淹れて、「ほっと一息する時間」ということをね、編み物とセットにしてみたいなと。

渡辺　いいですね。

横山　それと、さっき渡辺さんがおっしゃってた戦国時代にお茶を飲んだっていう話からしても、手仕事が歴史に絡んでいることって結構あると思いませんか?

渡辺　暮らしの中で行っていたことだからね。当然、そうなるよね。

横山　すでに『どこにもない編み物研究室』の一冊目では、近代日本西洋技芸史研究家の北川ケイ先生に、日本の編み物の明治以降の歴史を話してもらって、これがかなり面白くて手応えを感じたんですよ。なので、今回の本では「歴史に焦点を当てる」というのを軸にして、いろいろな方に話を伺おうと思っています。北川先生をはじめ、強力な助っ人として千葉大学の池田忍先生という、手仕事がどんな価値を与えられてきたかという歴史を研究されている大学の先生にもご登場いただきますよ。一方で今まさに新しいことをしようとしている『AND WOOL』の村松さんや編み物の手法を京都芸術大学にて研究されていた森國文佳さん、編み物の限界を越えようとしているアーティストの谷口聡子さん、そして手紡ぎや古流の編み物技法まで駆使される作家の帯刀貴子さんに現在と未来について語ってもらいました。渡辺さんにも、この後、じっくりお聞きしますよ

渡辺　お手柔らかに。

横山　僕としては、この「過去、現在、未来」が揃うことで、日本の編み物の歴史を表現できるんじゃないかと思っているんです。

とりとめもなく、他愛もなく、少しだけ、話をしてみる。「次」という新たな幕が上がる前に

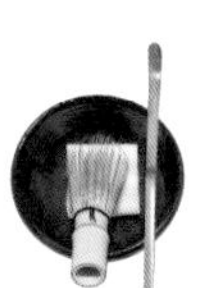

少女雑誌で
人気沸騰の編み物作家、
石井とみ子。
「編造花」といえばこの人、
寺西緑子。

それぞれが興味深い
「編み物」人生を送っている。
まるで朝の連続ドラマのような
北川さんの語りを、
ぜひお楽しみください!

北川ケイ
Kei Kitagawa

青山学院文学部仏文学科卒業。放送大学大学院修士課程文化科学研究科修了。日本近代西洋技藝史研究家。論文・コラムを執筆。(公財)レース編み師範。レース編み講師をする傍ら、先人の技術力と情熱に魅惑されている。コレクションが高じて、神奈川県湯河原町にレースと編み物と手芸歴史博物館(一社)彩レース資料室を開館している。

北川ケイさんは日本の編み物史を
研究している歴史家だ。
前作『どこにもない
編み物研究室』に続き、
今回もメインゲストとして
ご登場いただくことになった。
その時代に生きた人の気持ちや
生き様を感じながら
歴史をひもといていく
北川さんの研究は、
聞いているだけでわくわくする。

そこで、今回は
日本の編み物史の中で活躍した
5人の人生に焦点を当てて
お話をうかがった。

女性の手仕事の価値を重んじた、
昭憲皇太后。
日本レース界の旗手、
河野富子。
編み図記号のパイオニア、
江藤春代。

日本編み物史を生きた作家たち

Guest **北川ケイさん**（レース編み講師／近代日本西洋技芸史研究家）

明治期に大流行！

暮らしを彩る「編造花」

好きな花を編んで飾る。そんな編造花が流行ったのが、明治期。当初は毛糸で編んでいましたが、日露戦争が始まって毛糸が軍需品となると、品薄になった毛糸に代わり、絹糸や綿糸を使って編む「九重編造花」が生まれます。人気作家だった寺西緑子さんによる九重編造花は、明治43年（1910年）に開催された日英博覧会へも出品され、輸出への道も開かれました。ここでは北川ケイさんが再現した愛らしい作品の数々をご堪能ください。

西洋風の花かごにしてディスプレイ！

日英博覧会（明治43年）へも出品された九重編造花のバスケット。北川ケイさんが再現。種類が異なる複数の花を盛っている。

ふっくらしてかわいい！

毛糸で編んだ編造花

枇杷

朝顔

菊

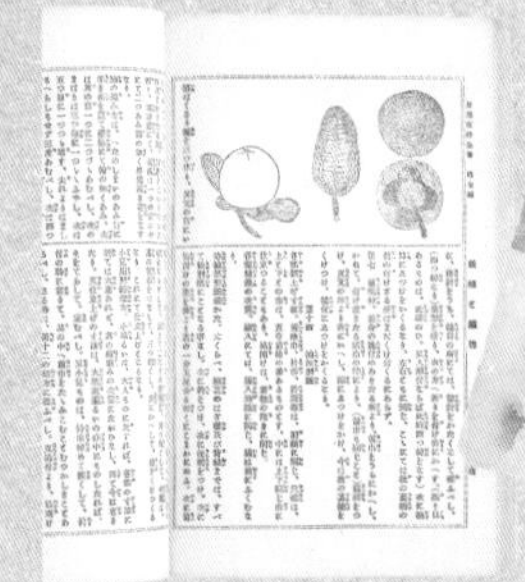

『日用百科全書第七編 裁縫と編物』

明治28年

暮らしで使う裁縫と編み物の作り方を紹介し、その1つとして編造花の掲載もあった。

九重編造花は蕾があるのが特徴。満開の花だけではないのがかわいい！

花は種類毎にパーツを編み、茎をチューブに通して独特な巻き方でまとめます。

『九重編造花』寺西緑子

明治40年

寺西緑子が植物園でスケッチした草花を作る、編造花の本。細糸で編む写実的な作品が多い。

繊細でおしゃれ！

絹糸で編んだ九重編造花

蘭

蘭の花は日本画のように縁取りしてます。

山茶花

百合

山茶花や百合の花は、真ん中がほんのりほろ酔い気分のような着色に。

水彩絵の具で染めるのが画期的！

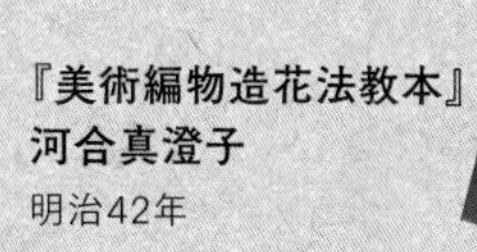

『美術編物造花法教本』河合真澄子

明治42年

編造花、こんな本でも紹介されています

『編物指南』石井とみ子

明治41年

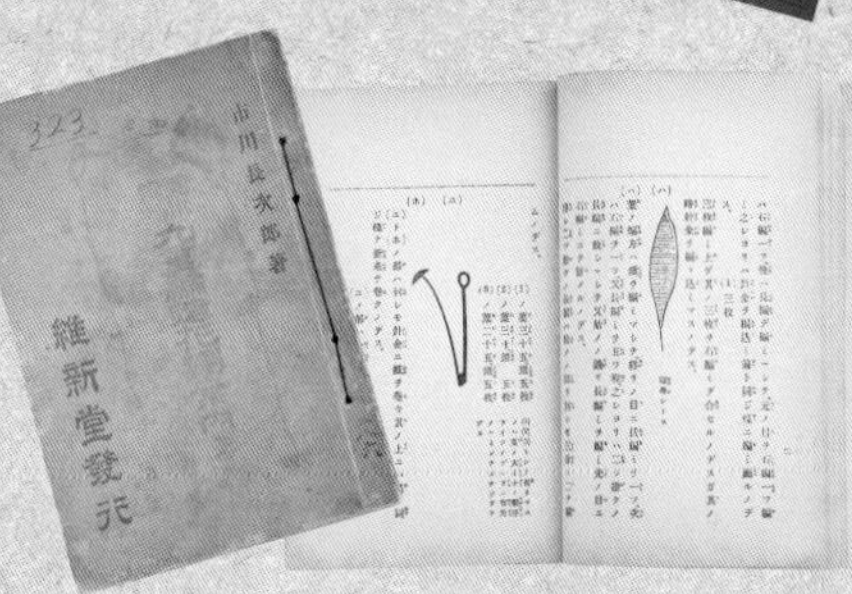

『九重編造花獨案内』市川長次郎

明治41年

明治～大正時代の編み物の研究家として名高い北川ケイさん。『どこにもない編み物研究室』の1冊目に引き続き、編み物と女性の劇的な歴史をお聞きしに、湯河原の「彩レース資料室」へおじゃましました。

明治、大正期の編み物の歴史を彩る5人の女性たち

横山　北川さんは近代日本西洋技芸史研究家として、数々の論文を発表されている素晴らしい方なんですけど、いつも話をお聞きすると、真面目な歴史学のはずが、まるでドラマを見ているようなワクワクした気持ちになってしまうんです。今日は、そういう学術的な論文では書ききれなかった、当時の編み物に関する物語的な部分を中心にたくさんお聞きしていきたいと思います。

北川　ぜひぜひ、よろしくお願いします。論文というのは頁数を考えて、ついつい事実だけを述べるものになりがちなんです。でも、そこには女性たちのとてつもない頑張りや情熱、そしてとても楽しんでいたっていう気持ちが隠れているんですね。今回はそういうものをお伝えできたらと思います。

横山　では、物語といえば最初に重要なのが、登場人物だと思うんですけれど。日本の明治、大正期においての編み物の世界ではどんな人が出てくるんですか。

北川　主要な登場人物は5人です。まず明治維新で一番大きな役割を果たしたのが、昭憲皇太后です。

横山　ほうほう。

北川　あえて着物を着ずに、洋装をしたりとか、日本の絹を使って輸出をしようとかを、率先してやっていたという人なんです。そういう環境の中で、江藤春代、河野富子、石井とみ子、そして寺西緑子が育っていく。

横山　一人ずつ、簡単にプロフィールをお聞きしてもいいですか？

女性の自立を後押しした昭憲皇太后

北川　そうですね、昭憲皇太后は明治天皇の皇后で、率先して女性の自立と洋装を広めた、やんごとなきお方です。

横山　はい。この方は実際にものを作ったというよりも、女性が活躍しやすくなるように動いてくださったという、ちょっと別格の方ですね。

合理的符号の江藤春代

北川　続いて残り4人のうち、まず最初は江藤春代です。生まれは福岡県久留米市。士族の出身ですが、父親が福島県郡山の開拓使節団に入り、江藤春代は母親と一緒に、母親の実家に過ごす幼少時代を過ごしました。

横山　なるほど、父親は単身赴任だったんですね。

北川　母親は生活のために大きな裁縫塾を開いて、江藤春代はその母親が働く姿を見て育っていくわけです。その中で叔母さんから習った編み物に夢中になって、編み物の塾を自分で作るようになります。まあ、それ以外にも波乱万丈の人生を送るんですけども、最終的には合理的符号を、今の編み物で使っている記号の元祖を発案するんです。

横山　江藤さんは、だいたいどれくらいの時期の方なんですか。

北川　明治14年に生まれてから、昭和30年過ぎくらいまでを生きた人です。彼女の普及活動というのは、編み物の歴史といっていいくらい。

横山　明治大正昭和という、北川さんの研究範囲、すべてに渡って生きられた方なんですね。

主要な登場人物は5人です

レース編みの河野富子

北川　もう一人は後年、江藤春代と一緒にレース編みの普及のために活躍した、河野富子。

横山　この方の年代は？

北川　江藤春代と同じくらいの年代ですね。父親は当時、横須賀にあった横須賀製鉄所で船の道具を扱う役人だったので、彼女自身、横須賀で出合った海外文化、主にフランス文化を身近に感じて育っていくんです。

横山　ああ、なるほど。

北川　実は横須賀製鉄所というところは、東大の教授とか、研究者を続出させるくらい、男性に対してものすごく教育を身につけさせた場所なんですね。母親にしてみると、男性だけでなく、娘たちにも教育を身につけさせたい、という感じで、とても教育熱心だったんです。だから、たしなみとして英語やフランス語なんかも独自で教育していました。そういう環境で育ったのが河野富子。

横山　河野さんの場合は、西洋文化を身につける中で、自然とレース編みの技術を習得していくんですね。

北川　そうなんです。結婚もするんですけれども、1年で未亡人になってしまいます。

横山　あららら。

北川　その後は浜松の女学校の教師になります。それが明治38年くらい。ちょうど浜松では、日露戦争（明治37〜38年）後、ドロンワークのレース工場での仕事が女性の生業として盛んだったんです。その後、宮廷の女官に採用されます。そこでたくさんのレースを見た後は、女官を辞めて、農商務省（現経済産業省、農林水産省）の奨学金制度を利用して、英国とフランスにレースの留学をします。

『少女世界』で人気を博す石井とみ子

北川　次は石井とみ子。生まれは東京の神田なんですけど、この方の詳しい生い立ちは、あまりわかっていないんです。結婚相手は、明治文化研究者の石井研堂。

横山　石井研堂さんといえば、明治期の文化について書いた『明治事物起原』が有名ですね。

北川　その人です。石井研堂は博文館という出版社で編集していて、奥さんを亡くした後、石井とみ子と再婚するんです。石井とみ子は、編物講師だったこともあり、明治39年に博文館が発行した少女向け雑誌『少女世界』で、三木とみ子という名前で作家デビュー。そこで子ども向けの編み物を紹介して、大人気になります。次に出した、大人向けの本『編物指南』もまた、すごく有名になりました。やがて石井研堂が編集者から物書きとして独立すると、石井とみ子は第一線から身を引いて、台東区にある根岸の方で講師として教えるようになります。それもまた、有名だったんですよね。

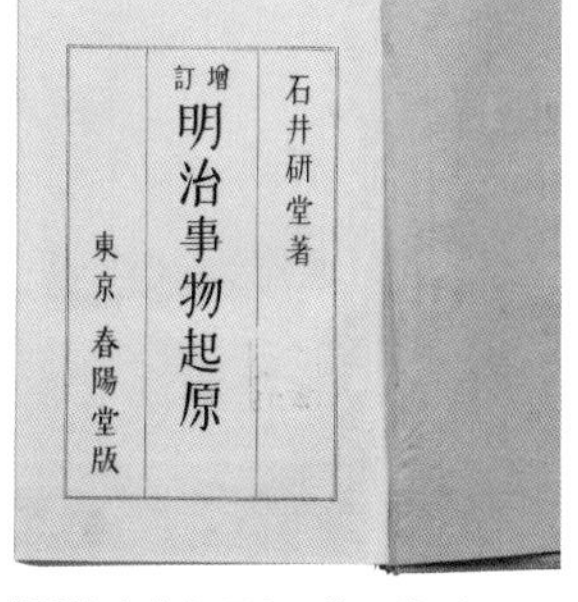

『明治事物起原』石井研堂／明治41年

『編物指南』石井とみ子／明治41年

編み造花を極めた寺西緑子

北川　最後は寺西緑子。彼女は他の人より年齢が10年近く若いんです。その分、時代的には編み物が普及していて、技術もちゃんと身についている。ただ編み物には毛糸よりも絹糸を使うという時期で、彼女は細い糸で編む、編造花を極めた人になります。

横山　編み物って10年の違いで、毛糸から絹糸の時代になったんですか。

北川　富岡製糸場が軌道に乗るのがそのくらいだったんで、時期的にもちょうど合うはずです。

横山　なるほど。その10年で日本の産業面も変わったってことか。

北川　当時の作家らが作った編造花は、編み物で花を作ることをいうんですけど、1本の糸から形作るというのが美術的なことだ、ということで大人気になったんです。花だけでなく、鳥や果物なんかも形にしていました。

横山　寺西緑子さんは、その編み造花のキーマンだったんですね。
北川　それと人柄がすごくいい。あれもこれも、何でもかんでも教えてあげて、どんどんお弟子さんを広げていくという、すごく素敵な女性でした。
横山　この寺西さんを含めた4人に、昭憲皇太后を加えて、5人。この方々が、明治以降の編み物の世界を牽引した登場人物なんですね。
北川　そうです。ただし、一人だけが飛び抜けて活躍したという形ではないんです。一人ひとりが違うことをされているからこそ、全員が代表選手になっているんじゃないかなと思います。

5年で変わった編み物の普及率

横山　登場人物の次は、時代背景です。明治、大正期の編み物って、いったいみんなにどんな風に見られていたんですか？
北川　一番わかりやすいのが『風俗画報』という雑誌ですね。そこに掲載された亀戸の梅の図を見比べると、編み物の普及度合いがわかると思います。まず明治23年。こちらは、見に来ている人たちはほとんどが男性で、毛糸ものは見当たりません。それが5年後の明治28年には、家族連れが描かれ、お花見みたいなにぎやかな雰囲気になります。
横山　女性がかなり多いですね。
北川　よく見ると女性はみんな、当時流行していた手編みのショールを羽織っているんです。それと、子どもは毛糸の帽子を被っている。
横山　なぜ5年でこんなに変わってしまったんですか？
北川　ショールの方は、女性はまだ和装が多かったですし、ウエアはサイズがあるから、いきなり作るのは難しかったんです。ショールなら多少、長さや形が違っても暖かい方が優先されますから。帽子に関しては、明治21年に出た『毛いとあみ物獨案内』という本に編み方が掲載されたのが大きかったと思います。

『風俗画報』東陽堂／明治23年

『風俗画報』東陽堂／明治28年

横山　なるほど。
北川　ただ明治21年頃って、実際は日常生活で帽子を被る人が誰もいない時期なんですね。だから、編み地を細編みで丸く立体的に編む「帽子編み」という技法が載っていても、反応は今ひとつで、「とりあえず、ちまたで人気の編造花で練習しよう」ってなったんです。編造花の花を立体的に編むために、「帽子編み」の技法が使われていたんです。
横山　だから、明治23年から28年の間で編造花が流行って、帽子編みをみんなやるようになって、子どもの帽子やショールを編むようになったんですね。

編み物が職業として成り立つように

北川　編み物が職業として成り立ってきたのもこの頃ですね。『職業十人集』っていう本の版画絵では、「毛糸」が職業として描かれているんです。和服の女性が編み物をしている絵なので、つまりは編み物が職業の一つになっているということです。ミシンが出ているので、日露戦争前後ぐらい、もうちょっと後の絵だと思います。

『職業十人集』の版画絵

横山　なるほど。

北川　日露戦争の頃には、第一回福岡女子技芸普及講習会も行われています。左がその写真。江藤春代さんも、女性向けに技芸の講習会を夏などに開催していたみたいですね。

第1回福岡女子技芸普及講習会

横山　技芸というのは？

北川　職業に繋がる技術、ということで技芸と呼んでいました。女性が生業としている技術というのを意識している言い方です。手芸という言葉が出てきたのも、日露戦争ぐらいからですね。

婦人博覧会で脚光を浴びた編造花

北川　明治40年には婦人博覧会が、芝公園で行われました。新聞では、女性の新しい職業を披露するための博覧会と紹介されていましたね。この時のハガキには、寺西緑子さんの九重編造花が写真で出ていますね。

婦人博覧会の記念ハガキ

横山　へえ、編造花はすでに仕事になってたんだ。

北川　この後、明治43年（1910年）に日本は日英博覧会（日本が初めて海外で開催した商業的な博覧会）をイギリスで開くんですけど、そこでも寺西緑子さんの九重編造花が売れて、輸出の道が開けたんです。

実はすぐに廃れた編み物ブーム

北川　こちらの版画は、『おかめ百』といいます。女性の職業とか、お稽古ごとをすべて網羅した版画ですね。

横山　おかめ百という名の通り、おかめみたいな顔をした女性の漫画的な絵がいろんなことをしていますね。

北川　そうですね。お習字があったり、生け花があったり、踊りがあったり、とか。

横山　これ、本当に、漫画的ですね。

北川　で、手編みがないかな、と思って探したんですけれども。左端の真ん中よりちょっとしたくらいに、箱の中に糸を繋いでいる、おかめがいるんですね。多分、麻繋ぎっていう麻糸を繋ぐ職業（内職）かなとは思うのですが、編み物はないですね。

版画『おかめ百』

横山　いつ頃のものなんですか。

北川　生け花とかそういうお稽古ごとを見ると、やっぱり明治20～30年くらいではないかな。

横山　やっぱり編み物が流行った時期というのがあって、それ以前の図像には出てこないんですね。

北川　実はさっき、梅の図の絵でショールが流行ったという話をしましたけど、編み物ってあの後、一旦、廃れるんです。

横山　ほう。

北川　メリヤス工場での産業が急成長しまして、手編みでやっていたのが、全部、工場に取られてしまうんです。だから、内職としての手編みは少なくなってしまう。

横山　あー。

北川　でも、その頃の職業案内を見ますと、もう手編みの職業はないけれども、塾とか、教室、その商店と繋がっている教室をやるとよい、その方がお金になる、という案内が出ているんですよ。たくましいですね。

横山　いつの場合も、編み物、手芸、手仕事の経済状況の敵は、近代科学というか、工業化ってことか。

北川　まあ、それでもハイカラさんは、負けないですけどね。工場から上がってきたメリヤスの編み地に刺繍をしたりとか、工場では使わない絹糸で編み造花を作ったりとか。いろいろ工夫していくんです。そうやって、今度は教室や塾を大きくしてお弟子さんを増やしていくんです。

横山　やるなあ。

編み物を海外へ

北川　編み物が職業になりつつある中、ビジネス面でも大きな動きが起きていたんですよ。それが大日本美術展覧会と内国勧業博覧会です。

横山　それは何のための催しだったんですか？

北川　伊藤博文が推し進めた殖産興業政策＊の一環として、海外へ輸出できそうな日本製品を選ぶための品評会って感じです。

横山　へえ。

北川　内国勧業博覧会は合計5回、開催されているんですけれど、最初の2回は純粋に国内向けのものでした。でも、3回目は海外へも招待状を送っていたようです。開催されたのは明治23年（1890）です。

横山　すると、大日本美術展覧会というのは？

北川　第三回内国勧業博覧会が6月からだったんですけど、その前の4月に開催されたのが、大日本美術展覧会です。その時の錦絵には、展示品として島津焼とか有田焼が描かれていますね。

横山　なるほど。国際的に、日本がどんどん強くなっていくためには当然輸出入で、儲けなきゃいけない。その貿易で儲けるためには、日本のものの中でいったい何が海外でニーズがあるのか、それを図るための展示会だったんですね。

北川　その通りです。

横山　あの、この時に編み物って展示されているんですか。

北川　あるんですよ。西洋のものと書いてある表示の下に、毛糸の肩掛けが。わかりますか？

横山　展示品の中には、日本本来のものの他、日本で作られた西洋のものというようなくくりの場所もあったんですね。

北川　そうです。日本の技術を売る、という形ですね。

横山　やっぱり日本は技術が。

北川　この展示はそのまま、内国勧業博覧会では優秀な作品に賞が与えられて、女性も13人受賞しました。名簿には、なんと「毛糸肩掛　田中うた」とありまして、毛糸の肩掛も選ばれていたんですよ。

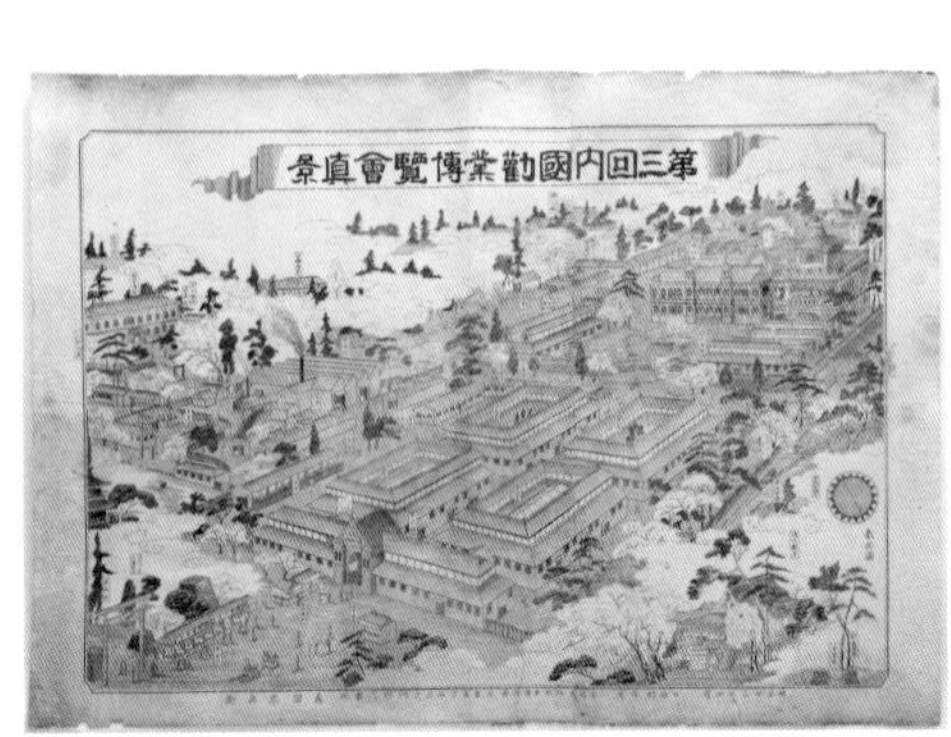

「第三回内国勧業博覧会」錦絵／明治23年

「大日本美術展覧会」錦絵／明治23年

左_「毛糸肩掛」北川ケイ再現作品。右_「内国勧業博覧会褒章授与人名録」明治23年

＊殖産興業政策
産業をさかんにして生産力を増やし、西洋諸国と並ぶ国力をつけるための政策。

昭憲皇太后

女性の編み物が
シカゴ・コロンブス万博へ

北川　『風俗画報』の亀戸の梅の図の話（P.14）、覚えてます？

横山　あ、そういえば、あれも明治23年でしたね。

北川　そうそう。だから徐々に編み物が広まっていった背景には、ビジネス面の変化も大きく関わっているんです。

横山　なるほど。編み物が女性の仕事として確立することで、ここから5年の間に、編み物をする人も増えたってことか。

北川　そうですね。そして、その3年後（明治26年）、アメリカでシカゴ・コロンブス万国博覧会（万博）が開催されるんですけれど、この時、女性委員会会長（万博）から、展示の中に女性の作品を出してください、という要請を受けるんです。

横山　ほうほう。

北川　でも、一旦、断るんですよね。「まだ日本の女性の手仕事は、そういう立場での準備ができていない」というような感じで。でも、そうすると、海外では後進国の代名詞みたいになってしまう。

横山　なるほどね。

北川　なので日本は「先進国としては、博覧会にちゃんと参加するべき」ということで、女性の作品も出展することになるんです。

横山　予想外でしたでしょうね。

北川　そうなんです。だから、結局、国から予算をあまり出すことはできないので、昭憲皇太后のポケットマネーで、女性の実行委員が作られたんです。

横山　なんと、ここでロイヤルの昭憲皇太后が。

北川　万博では婦人の館という場所を作って、女性の作品をいろいろ展示しました。

横山　ちなみに、海外からはどんな評価を得られたんですか。

北川　女性の作品は個人名で紹介されて、おそらくなんですけれど、内国勧業博覧会で受賞した方々の作品が展示されたと思います。主にレースで、あとはハンカチとか。ボビンレースも結構、出ていますね。どれも大好評でした。この時に「日本人は手先が器用」というのが広まったんではないかな、と思います。

横山　これをきっかけに、日本のレース界では動きはあったんですか。

北川　私の予想なんですけれど、年代的に、まず国内で生産する流れができたんです。万博を通して日本の技術が認められて、日本ではレースが作れるということで、下請けを横浜の方に商事会社を頼んで、その商事会社が、あのバテンレースやドロンワークといったレース産業を広めていったのではないかなと思います。

隙間産業として広がった
バテンレース

北川　シカゴ・コロンブス万博で、日本の女性の手先が器用という好評を得た後、内職として取り入れられたのがバテンレースです。

横山　確かバテンレースっていうのは、5㎜幅くらいのメリヤスに編まれたテープを、レース糸や刺繍糸でかがって模様を作っていくレースでしたよね。

北川　このレースは針と糸でできるので、日本女性には手頃だと思ったんだと思います。

横山　なるほど。

北川　最初は佐賀県佐賀市の事業で職人さんを育てたらしいんですけど、そこのバテンレースがすごくいいと噂になって、今度は横浜市が、明治27年に職人を呼び寄せるんです。そうやって横浜で講師を育てて、サイモン商事を中継ぎにして、仕事として始める。

横山　なるほど、なるほど。そうして、日本の女性たちが職人の技を習いに来ると。

北川　横浜に来て学んでもいいし、横浜の職人がその地域に行って教えてもいい、って感じです。石井研堂の『独立自営営業開始案内』に詳しく書いてあります。

『独立自営営業開始案内 第4編』
石井研堂／大正2～3年

『独立自営営業開始案内』にある写真から北川ケイさんが再現したバテンレース。

横山　第四編には、「バテン内職ドロンワーク付き」がでてますね。他にも刺繍と編み物内職、麻繋ぎ内職。メリヤス業、ミシン業と、全部入ってる。これは当時、フリーランスの編み手を目指す人なら必須の本です。

北川　レース工場が増えたのは、新潟とか寒い地方ですね。繁農期以外の収入源になるように。

横山　農閑期の隙間産業ですね。

北川　少し後になると、サイモン商事の下に中継ぎの商事会社ができて、全国統一して、システム化していくんです。各村のレース工場ではある程度かがることだけをやって、あとは横浜の工場に運んで、そこで全部仕上げをする。そういうシステムを作って、大成功を収めた。農業なんかの繁忙期と重なった時には、村全体で交代をしながらバテンレースを作ってたそうですよ。ちゃんと協力ができる村が大成功を収めた。私利私欲に走るのはダメで、みんな消えていったみたいです。

横山　分業して、大量生産方式に移行していったと。

北川　けっこう日本中に広まって。当時、富岡製糸工場とか、たばこ工場とか、女工の職業はあったんですけれど、そこには行けない人たちの仕事になっていたみたいです。

男性も作ったドロンワーク

横山　あの、バテンレース以外でドロンワークというのも出てきましたけれど、ドロンワークも一緒に作っていたんですか？

北川　ドロンワークは新潟とは反対に、静岡の方に広まっていったんですよ。

横山　もう地域性が出てくるんですか？

北川　漁師さんなんかが、海岸で糸をしゅっと抜いていましたから。

横山　漁師が？

北川　ドロンワークって、布の縦糸や横糸を部分的に引き抜いて、あとは針と糸でかがったり、束ねたり、離したり、くっつけたりして、模様を作るんです。刺繍なんかも組み合わせたりしますね。

横山　糸を抜いた所が透かしになって、レース状になるんですね。

北川　そうそう。

横山　これを漁師さんがやってたというのは、これは面白いですね。

北川　初期はかなり粗い布だったそうです。糸を引くのにかなり力が必要だったようで、やっぱり男の人が抜かないとだめな仕事だったみたいですよ。

横山　きつかったんですね。

北川　はい。ちなみに、静岡県の貝塚港は、明治27年にサイモン商会がドロンワークを請け負った一番最初の場所なんです。ここはすごく大きな港だったんですけれども、鉄道が通ったので、さびれてしまったんです。

横山　ああー。

北川　それで、レースをやろうという話になったみたいで。サイモン商会は、まだ残っていた海路を輸送に

売れ筋アイテム！

編み手袋 手套（しゅとう）

アメリカの万博で日本のレース作品が好評を得たことで、日本国内は輸出用のレース製品がいろいろ作られるようになりました。それらと一緒に注目を集めていたのが、「手套」です。簡単にいうと手編みの手袋。輸出目録にも項目があり、なかなかの売上げがあったようです（写真の目録では、穀物の10分の1）。

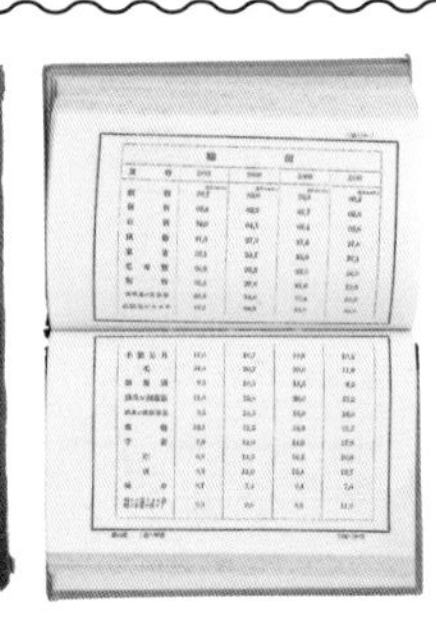

手套の目録が出ていた本。『内外技芸教育新書 下巻』／明治27年

使おうと思ったんだと思います。

横山　じゃあ、バテンレースとドロンワークというのが結構流行った時期があったんですね。

北川　日露戦争の時には男性がいなくなるし、働き手がいないし、子育てはしなきゃならない、という中で、女性はみんなドロンワーク、バテンレースをやっていたみたいですね。新聞記事を見ますと、かぎ針編みのレースのような手芸的な内職的な物も、一緒にレース工場でやっていたみたいです。どのくらい生計を助けたかわかりませんが。

ドロンワークをアクセントにした羽織り。

技術を覚えるには、時間もお金も結構かかる

河野富子

レース全盛期のマドンナ

横山　レースの人気が高まる中、ついに人気の作家さんが出てきたんですよね。

北川　それが、河野富子。

横山　横須賀でフランス文化に触れながら育った人でしたね。

北川　その時期、彼女は国語と舎監の教師として静岡県の浜松高等女学校に赴任していて、ちょうどドロンワークのレース産業が盛り上がっていた頃だったから、寮に泊まっていた女学生たちの中にも実家がレース作りに関わっている人がいて、実際に話を聞く機会もあったんだろうと思うんですよね。

横山　興味深かったでしょうね。

北川　彼女はその後、横須賀で宮廷歌人に和歌を習っていたことから、清宮様（すがのみや）（後の北白川宮妃殿下）のご結婚とフランス留学の支度のために宮廷に呼ばれて女官として上がります。

横山　華やかな経歴！

北川　きっとそこでもふんだんに、上質なレースを見ていると思います。それから清宮様がご結婚されるまでを女官として過ごして、女官をやめた後は農商務省奨学金で日本女性第一号の産業留学をしちゃった女性になるんですよね。

横山　なんと！

北川　わざわざ英国やフランスまで行って、レースを学んできた。まあ、留学は本格的に勉強しようというと、お金になるってきっと思ったんだと思うんですけど。

横山　はは、なるほど。しかし、先ほどシカゴ・コロンブス万博で昭憲皇太后の手助けがあったことといい、日本の手仕事とか手芸産業って、ずいぶん皇室関連の話が出てきますね。

北川　そうですね、鹿鳴館*の準備のためにボビンレースの東京府レース製造教場を作るほど、政府は西洋文化であるレース産業を推し進めたかったんだと思うんです。でも、技術を覚えるには、時間もお金も結構掛かるので、編み物ほど普及していない状態だったんですね。だから、鹿鳴館がなくなると同時に廃れてしまうんです。

横山　えっ、そうなんですか。

北川　買う人がいなくなっちゃったんですよ。輸出するにも、あまりにも元手がかかりすぎて。

横山　残念…。

北川　でも、各博覧会で受賞するくらい評価はすごく得ているんです。

明治期に神戸で作られたボビンレースのつけ襟。

＊鹿鳴館
明治16年（1883年）、政府や貴族の社交場として、現在の東京都千代田区に建設された西洋館。

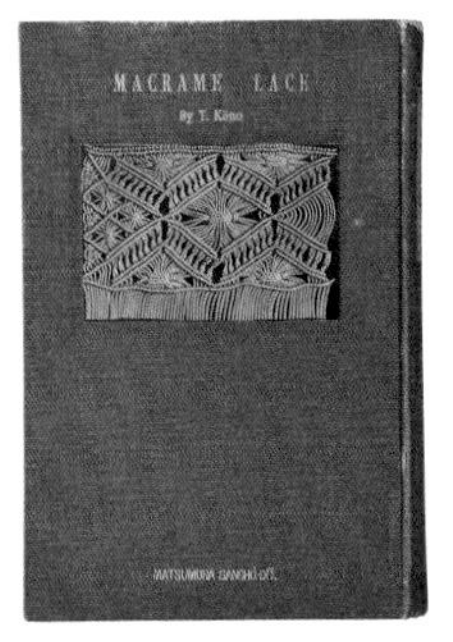

『MACRAME LACE』
河野富子／昭和2年

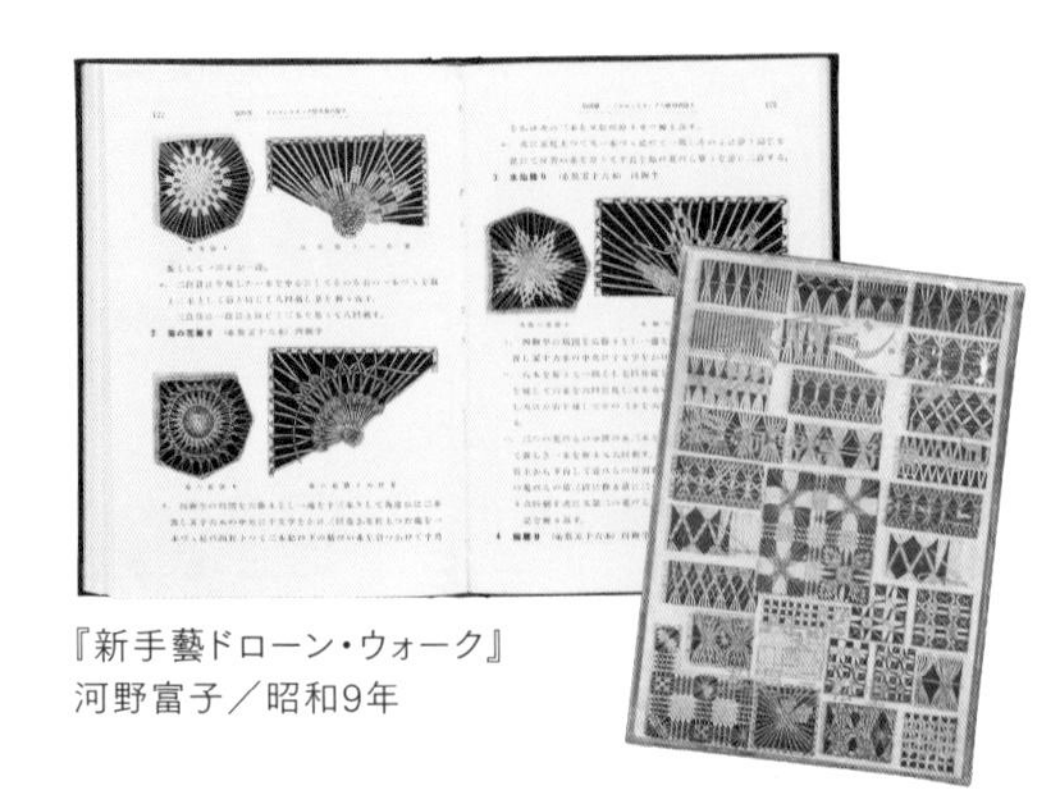

『新手藝ドローン・ウォーク』
河野富子／昭和9年

ベルギーの職人と同じくらいの技術があるって。

留学その後

横山　じゃあ、留学した河野さんはどうしたんですか？

北川　帰ってきました。帰ってきたのが大正6年くらい。で、帰国後、向こうで習ってきた、マクラメをテーマにマクラメレースという本を出すんです。海外の本をそのまま模写したような。

横山　マクラメレースって、糸や紐を結び合わせながらいろいろな模様を作るやつですよね。日本でも1970～1980年頃に大流行しましたっけ。

北川　ヨーロッパではマクラメレースというのは王道ですので、それをまた日本で紹介したんですよね。多分、河野富子が育った横須賀にあった教会の祭壇が、マクラメレースだったというのもあって、日本人に向いている手仕事じゃないかと思ったんじゃないかしら。

横山　うーん。

北川　確か河野富子は、北白川宮妃殿下にマクラメレースの手提げを献上したみたいなんですよね。あとは、ボビンレースの扇。宮様って皇室では公式な時に扇を使いますよね。菊の模様が入っているでしょう。

河野富子が北白川宮妃殿下に献上した扇の写真。

横山　ずいぶん細かいデザインですね。

北川　技術をきちんと身につけて、帰ってきているんだと思います。

テネリフレースの提案

横山　大正期に入って、日本の産業も随分変化したと思うのですが、河野さんが提案するレースはどのように変わっていくのでしょうか。

北川　たくさんありますが、新しいものとしてはテネリフレースを日本に広めます。マクラメは作りやすい

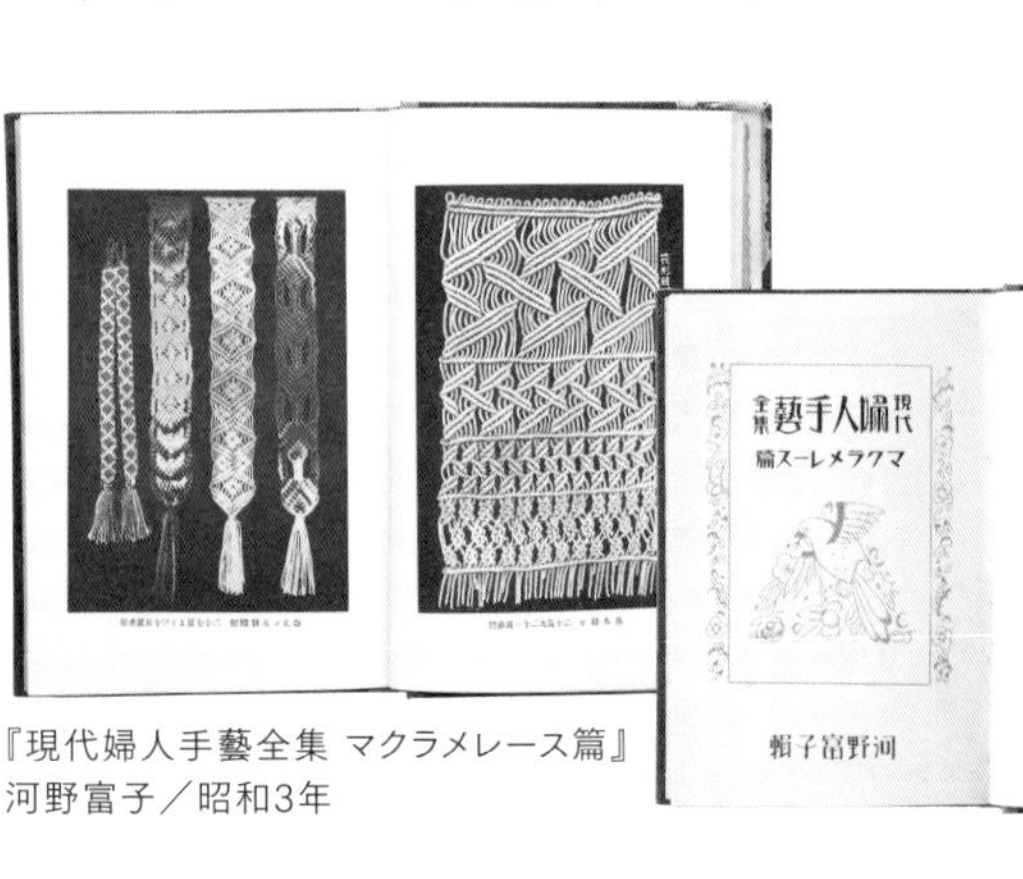

『現代婦人手藝全集 マクラメレース篇』
河野富子／昭和3年

北川ケイさんが再現!

マクラメ小物

リリーヤーンで編む
マクラメレースの手提げ
関東大震災後に流行した手提げ。
昭和2年『主婦之友』

マクラメの固定台
マクラメを組む時に上部を固定するのに使う台に和裁用のこて台を利用。
（『主婦之友』の本にアイディア掲載）

マクラメの手提げ
フリンジ付きダイヤ型（六角形）の手提げ。

ということから日本に広めたんですけど、テネリフレースは、関東大震災の後に、レースでは何が一番売れて、繊細で、高くなるかなということを考えた上での提案になります。

横山　こちらが河野富子さんが考案されたというテネリフレースの編み器ですね。

北川　糸を釘で丸く刺したものに絡めて、それを1本にやっぱり束ねて、いろいろな結び方をして1枚のモチーフを作ります。それをまた繋げて、いろんな形をとっていく。そうしてできるのが、テネリフレースです。

横山　基本は、円形のモチーフが多いのかな。

北川　いろんな形にできるようにはなっているんですけど、一番簡単なのは丸ですね。

横山　うーん。

北川　もともと、テネリフレースという手法は海外に存在していて、河野富子さんはそれを留学先で勉強して戻られて、日本人向けに手軽にできる編み機を発案したんです。

テネリフ・レース編器。河野富子考案。

横山　作ったのは編み機の方なんだ。

北川　本当は、自分でピンや釘を打って土台を作るんですけど、最初からこういう道具があった方が楽ですよね。

横山　このテネリフレースは流行したんですか。

北川　流行はしました。ただ、これを専門的に職業としてやっていくのはやっぱり限られてましたね。この後、テネリフがこれでも難しいなと思った人が、子どもでもできるコッポ編みを発案していくわけです。

横山　このコッポ編みというのは、『どこにもない編み物研究室』1冊目の冒頭で紹介させていただいた、丸い枕みたいな形をしたやつですよね。あれ、何ていうんでしたっけ。

北川　タコノマクラ。

横山　そうですよね。あのウニみたいなクッションの上にピンを刺して、糸を絡めていくんですよね。

北川　そうです、そうです。

横山　じゃあ、テネリフレース編み機を河野さんが考案したことによって、日本でテネリフレースが流行るかな、と思ったけれど、ちょっと難しかったので、その簡易バージョンのコッポ編みが普及したと。そうすると、コッポ編みというのは、日本オリジナルなんですか。

北川　日本オリジナルです。まあ、テネリフレースがどういう時点で流行ったかというと、凄くわかりやすい事例がありまして。ほら、『君の名は』という映画がありますよね。あの時、真知子巻きをしていた毛糸のショール。あれがテネリフレースだったんです。

横山　えっ。それは、流行るな。

北川　細いモヘアの毛糸を使った、繊細なデザインでしたね。

横山　はいはい。

北川　結果的に手芸として広まったのはコッポ編みになってしまったけれど、河野富子はテネリフレース用の道具を作って、みんなにはまず趣味として試してもらってから、仕事になればいいということを、考えていたんだと思います。

横山　いやあ、すごいですね。人気作家、人気講師、そして皇室の女官にまでなって、留学して、帰国後はそのテネリフレースを日本で広めて、コッポ編みの流行にまで関わったというような一生。なかなかすごい作家さんでございます。その後どのような人生を送られたのかわかりますか。

北川　第二次世界大戦直前は、江藤春代さんとフランス刺繍のカットワークの先生だった金澤静子さんと一緒に、3人でレース展をしていました。レースを職業として普及させたくて、本当に戦争直前まで。技術面では、なかなかまだ広がってなかったので、自分たちの作品をたくさん展示したとあります。見たかった！と思いますけどね。

横山　いやあ、河野富子さんは本当に最後までレースで通したんですね。

北川　そうですね。

レース産業の行方

横山　河野さん的には日本のレースの技術はまだまだという感はあったみたいですが、海外から見た日本のレース産業はどうだったんでしょうか。

北川　戦前はかなり評価を得ていたと思います。下請けという形ではありましたけれど、一定の評価は受けていましたね。海外では産業革命でレース職人が少なくなったというのもあるんだと思うんです。でも、そうこうしているうちに、第一次世界大戦が始まって、世界規模で戦争下に入ってしまったので、輸出ができなくなってしまった。そうすると日本ではレースがそんなに要らない。西洋化がそんなに進んでいないですから。

横山　そうするとまた不景気、不況に入っていってしまう。農作物もダメだし、最後の頼みの綱であるレース産業もダメ。五・一五事件や二・二六事件といったクーデターの背景には、そういう風に追い詰められた窮状もあったんだと思いますよ。

北川　クーデターを起こした側の親戚にもそういう人たちはいたし、それこそ河野さんの甥っ子もそうでしたから。

横山　考えられますね。

北川　これはちょっと悲しい事実なんですけど、その甥っ子は、二・二六の湯河原襲撃事件を起こした側の一人だったんです。河野富子はその甥っ子をすごく可愛がっていたので、その事件以降は、学校関係の仕事から距離をおいていたような気がします。

横山　そうでしたか。

北川　それでも独自で自分の塾をやって、生業、副業、女性が食べるためにということで、最後の最後までレースを教えていらっしゃった。

横山　いやあ、歴史というのは横糸と縦糸が、いろいろな模様を描くものですね。

北川　そんなこんなで、レース産業自体は、だんだんと廃れていってしまって、関東大震災が起きた時には、毛糸の編み物の方が国内需要が大きくなっていたという流れになっていました。

江藤春代

創意工夫のすすめ

横山　さあ、今度は、編み物の歴史における登場人物3人目、江藤春代さんについてお聞きします。江藤さんはどんな方だったんですか。

北川　一番有名なのは、現在の編み記号の元になる記号（合理的符号）を大正13年に発案した人ということです。当時は受け入れられなかったんですけど。

横山　ある意味、革命ですもんね。

合理的符号が発表された本。『あみ物の研究』江藤春代／大正13年

北川　当時の編み方は文章が主流で、本や雑誌でも発表するものは全部文章でしたから。

横山　どちらかというと海外の出版社のほうがオリジナルの編み図記号で表記していて、日本は「一段すべてこのように編まれたし」みたいな文章で表現していた。そこに記号という概念を持ってきたのが江藤さんだという。その記号も1回目の出版では広まらず、2回目でなんとか広まるようになったんですよね。

北川　その通りです。編み物講師としてのデビューは大正13年で、ちょっと遅めのスタートです。編み目記号と並んで、日本人の体に合った編み物ということも提案していきました。でも、だんだん戦争が進むに連れて、毛糸がどんどん足りなくなってくるわけですね。毛糸って軍需品なので。

横山　兵隊さんが寒いところへ行く時に、毛糸の小物や服が必要だったってことですか。

北川　そうそう。それで毛糸がなくなった時に、レース糸（木綿糸）でも生計を立てられるように、かぎ針編みにも力を入れていたんです。かぎ針編みのレースは、日本に輸出ブームが起きた頃からすでに研究していたんですよ。九州沖縄八県連合共進会では、レース編みで賞もとってます。

横山　それって、女性の自立の互助機能みたいなものを持っている共進会ですよね。

北川　はい。作品としては、ドイリーからベッドカバーのような大きいものまで編んでいました。輸出用のドイリーは規格が厳しくて、サイズ外で納品できないものもたくさんあったんですけど、江藤春代がそれらでベッドカバーを作って売りものにして、制作者を助けたという話もあるんです。

横山　工夫されたんですね。

北川さんが再現!

子どものためのニット

まだ和装が主流だった明治大正期。江藤春代さんはいち早く、子ども用ニットのデザインを手がけます。そこには「体を動かしやすいニットは子どもの成長にも良いはず」という想いがありました。毛糸が水分をはじくので、衛生的で保温性も◎。デザインも海外のものを研究して、おしゃれに仕上げていました。

七五三のスーツ
余り糸を使用しているため、ボーダー模様になっています。上着はヨーク仕立て。パンツはサルエルパンツ風のフォルムに。『主婦之友』。

幼稚園児用のマント
送り迎え用に。着物の上にでも合うデザインにしています。大正13年に編み物講師としてデビューした直後ぐらいの作品ですね。婦人之友社の雑誌に発表したもの。

女児用ワンピースと帽子
棒針編みとかぎ針編みがコラボになった作品。身頃と裾をかぎ針編みで繋げています。他は棒針編み。大正13年くらいのデザイン。

その時代に合わせた普及を心がけていました

北川　彼女は宣教師を通じて、外国との繋がりがあったみたいなので、そういう方々に売って好評だったといわれています。

横山　江藤さんというと、みんなに編み物を広めた大作家というようなイメージがありますけれど、意外や意外、そこから木綿のレースの世界へも進んでいったんですね。

北川　先ほど河野富子、フランス刺繍の金澤静子と一緒に、第二次世界大戦直前にレース展を開いた話（P.21）をしましたが、まだこの頃はレースの良さが広まっていなかったので、たくさんの見本を作って展示して、こういう職業があるんだと、最後まで技術を教えようとしていたんですよ。

横山　河野富子さんと、そこで交差するわけですね。

北川　河野富子とは考え方もすごく似ていたんです。決まりきったことをするのではなく、創意工夫をしなさい、というのが2人とも共通した考えでした。

横山　江藤さんというと、余り糸を利用してものづくりをする提言もされていたと思うんですけれど。

北川　そうです、そうです。戦時中、本当に物がなくなってしまった時も、ぶつ切りになっていた残糸を繋げて、七五三のお祝いにスーツを作ったりとか。

横山　へえー。

北川　もっともっと短い2～3㎝の糸見本用の糸くずを結んで繋げて、座布団を作ったりもしてました。

横山　根気…、すごいですね。

目標は編み物の普及

北川　大正から昭和に向けてはデザインも変わっていきます。

横山　やっぱり戦争によるものが大きいですか。

北川　毛糸がなくなって、レースに移行するというのはありましたね。江藤春代はいつも、その時代に合わせた普及を心がけていました。

横山　北川さんの話からしても、江藤さんは、本当に日本の編み物史の中でなくてはならない方だったと思いますね。

北川　確かに江藤春代は、普及のため、あちこちに出かけているんですよね。福岡から神戸に拠点を移して、そこから東京や京都に行っていました。東京は、関東大震災もありましたし、神戸から東京へ発信するという形をとっていたようです。後に、編み造花の寺西緑子も、拠点を東京から愛知に移して活動したんですが、もしかしたら江藤春代を見習っていたのかもしれませんね。

横山　影響を受けて。

北川　はい。二人の考え方は、ともに「普及」でしたから。本当に普及。自分が指導者になるんではなくて、普及なので。

横山　江藤さんをはじめ、当時の大作家の先生方は普及に力を入れている人が多いですね。

北川　それだけ女性の自立が必要だった時代だったんだと思います。編み物もレースも女性にふさわしい手仕事ですし。勤めに出る場所もないし、出ていく時間もない。子育てもある。その中でぴったりな仕事であるということを力説しているんです。

横山　なるほど。さきほどレースは海外輸出のブームがあったという話をしていただきましたが、手編み作品の需要というのは、結構あったんですか。仕事として成り立つくらい。

北川　毛糸の編み物は、関東大震災後、ものすごく需要がありました。

横山　やっぱり物がなかったから。

北川　震災は9月でしたので、ちょうど冬に向かって供給が追いつかなくて。

横山　なるほど。

北川　本当に悲鳴をあげているような状態で、毎日のように新聞には「教えますから毛糸を買う（講習つき毛糸の販売をいたします）」という講習会がいっぱい出ていました。そんな中で、多分、江藤春代も神戸―東京を行き来していたと思うんです。そういう状況の中、彼女は編み物の国内需要の高まりを肌で感じて、拠点を東京以外にしても、やっていけると思ったのではないかなと思いますね。

横山　じゃあ、実際にある程度の値段で売れていたわけですね。

北川　そうなんです。でもそこで問題が。編み物の仕事をしたくても、編めない人って出てきますよね。それまで教わる術がなかった人やどうしても苦手な人。そこで手編み機が出てくるんですよね。

手編み機の登場とその影響

横山　手編み機！

北川　大正14年です。膨大な需要に対応するため、手編みができなくても編める手編み機が登場するんです。それが「萩原式手編器」です。

横山　編み物を大量生産ができるように考えられた機械ということですね。

北川　そうですね。萩原式とS式という2社が競争するように、新商品を販売しました。

北川　講習会も大人気でしたね。

横山　普通用家庭用編み機という言葉を聞くと、ハンドルがついた機械を左右にジャージャーと動かすタイプを思い浮かべる人が多いと思うん

S式編機の指南書。『S式高速度編物機獨習書』。

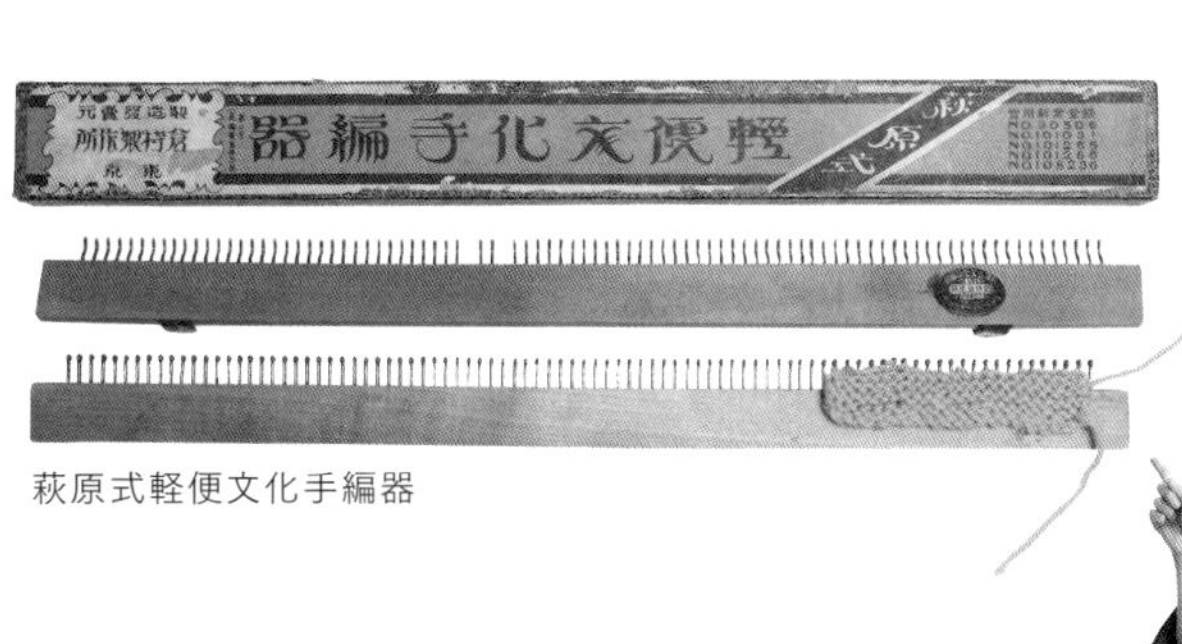

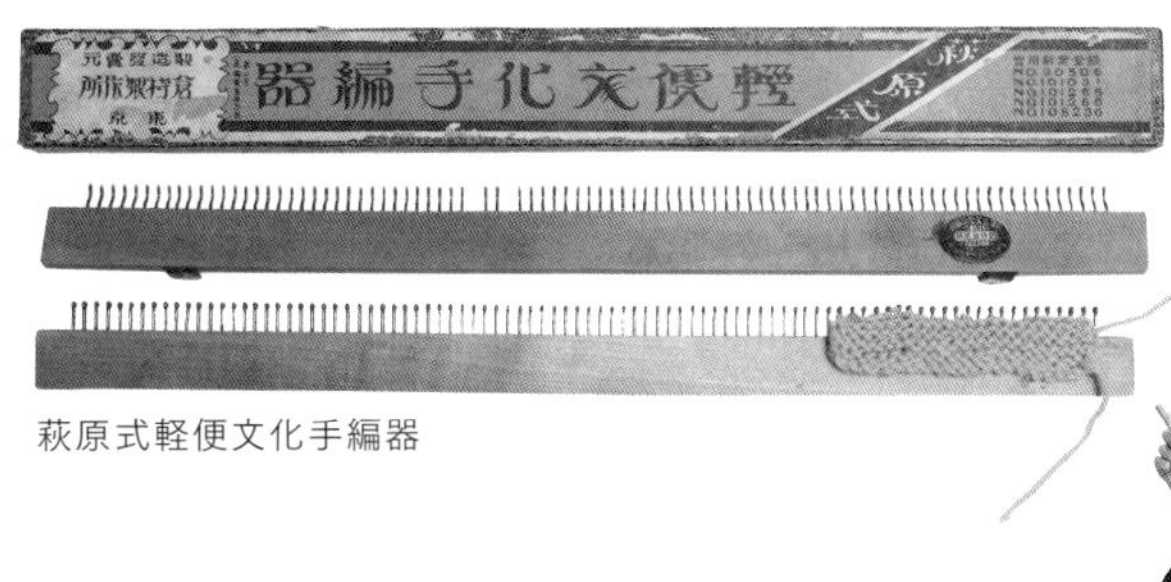

萩原式軽便文化手編器

ですけれど、この時の編み機はその原型で、ただ板に釘が刺さっているだけみたいなやつなんですね。

北川　物差しのような、定規のようなな。

横山　江藤さんは、こちらの機械編みにも関わっていたんですか。

北川　関わっていました。手編み家として、S式の大日本編物研究会でずっと顧問をしていたんです。機械編みでも手編みの基礎は大事なので、きちんとした編み物作品の仕上げ方を教えていました。

横山　ああ、やっぱり「編み物の大家」だけに、呼ばれていたということですね。

北川　そうですね。

横山　この編み機はその後、かなり発展しますよね。

北川　そうですね。戦後は横にジャージャーとやる、キャリッジタイプに変わっていきますね。

横山　私の祖母が編み物教室を始めようと、それまでやった和裁洋裁の仕事を辞めて、編み物教室を開こうと思ったきっかけが、この萩原式の編み機だったんですよ。この編み機の教室を開くのに、横浜まで萩原先生にお越しいただいて。当時、相当人が集まったみたいですよ。

北川　当時の写真だと、編み機を囲んで、すし詰めみたいな状態ですよね。

横山　この編み機は手に持って、膝の上で糸をかけていくんですよね。

北川　そうそう。

横山　まだ編む感覚ですね。

北川　この後なんですが、手編みブームは、戦後で一旦、落ち着くんですね。効率の良い機械編みの方が多くなってくるんです。講習会からは、たくさんのお弟子さんを送り出していますので、みなさん、各地で活躍を始めるんです。

横山　複雑な感じがしますけど、ちゃんと受け継がれていったっていうのが、素晴らしいですね。

北川　はい。だから今度こそ、レースの時代がやって来るんですよ。本格的に。

横山　うわー、歴史が回ってる！

北川　毛糸が機械編みに回されちゃうので、編む技術として残っているのはレースじゃないですか。だから、インテリアのレースが普及していくんです。みなさん、きっと記憶にあるんじゃないですか？　応接間に手編みレースがかかっているとか。そ

昭和の雑誌の

レース小物

レース小物はカバー類だけではなく、暮らしまわりのアイテムにも応用されました。江藤春代さんも帽子類などにアレンジしています。

夏向の編物手芸四十種
『主婦之友』6月号付録
昭和11年
表紙もレース編み。掲載項目には「絹糸」に特化した編み物もあります。

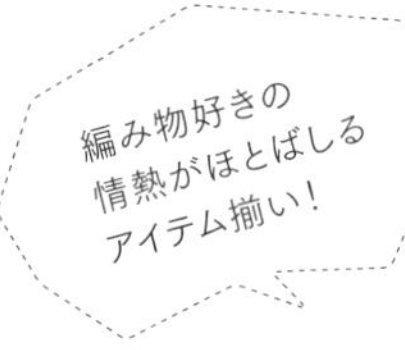

流行のレース編と刺繍六十種
『主婦之友』7月号付録
昭和13年
江藤春代さんのナイトキャップが掲載された号。当時の流行も見てとれます。

こでまた、江藤さんのお弟子さんたちが頑張って広めていたんですよ。

横山　すごいな。これで現在に繋がっていくわけですね。

石井とみ子

編集者の視点を持つ編み物作家

横山　ここからは明治39年に創刊した雑誌『少女時代』を中心に活躍した編み物作家、石井とみ子さんについてお聞きしていきます。

北川　この方も編み物の普及にはとても貢献したお一人ですね。石井研堂（後の明治文化研究家）と結婚して、彼が勤めていた出版社の博文館の雑誌『少女世界』で、編み物作家としてデビューしたんですが、同時にこのページの編集も手がけてました。当時は三木とみ子という旧姓を名乗っていたと思います。

横山　『少女世界』にはどういう記事が載っていたんですか？

北川　こちらは少女向けの雑誌で、子どもたちに編み物を紹介する内容になっています。銀貨入れや栞、巾着といった、身近で使える小物が中心で、自分のものは自分で編めるようにという感じです。小さいうちから編み物に親しんでいたほうが、大人になっても役立つという思いもあったのでしょうね。だから、デザインはすごく可愛いし、可愛いからみんな夢中になった。材料のレース糸や綿糸は毛糸と比べて安価で、子どもが手軽に買えるということも人気になった理由の一つですね。

横山　江藤さんの話にも、毛糸の需要が上がって手に入りにくくなったと言う話がありましたが、その変わりとして出てきたのが、木綿の糸というわけですね。

北川　それでもやりたいの！　っていうくらい、編み物が人気だったんです。

横山　ははは。なるほど。

北川　いろんな技術も出てきますね。編み物ってちょっと特殊技術なので、編めればやっぱりお給料も良かった、賃金も良かったんだと思います。

横山　銀貨入れっていうのは、お財布ってことですか。

北川　そうです。たぶん琴の爪を入れる袋をアレンジしていると思うんですけれど。当時の女学生や小学生は、これにお小遣いを入れていました。

横山　栞は細い綿糸で編んだ、かぎ針編みのモチーフに房をつけた感じですね。

北川　このお人形の洋服というのも、すごく流行ったんですよ。雑誌の最後の方に「みんなで交換しましょう」っていうコーナーがあったりして。

横山　それ面白いですね。

北川　きせかえはかなり人気で、ニットだけじゃなく、裁縫でも縮小サイズのものを縫ったりしていました。ひな形って、当時は言っていたみたいです。それを編み物と交換しましょうと。私はこういうのを作りました、誰か交換しませんかという。子どもの世界って本当にすごいですね。

横山　当時は写真も簡単に載せられないですしね。送られてびっくりしたやつとかあるでしょうね。

手のひらサイズの銀貨入れ。

モチーフがかわいい栞。

右の本で紹介された江藤春代のドレースきせかえ人形の一例。明治期の毛糸人形に。

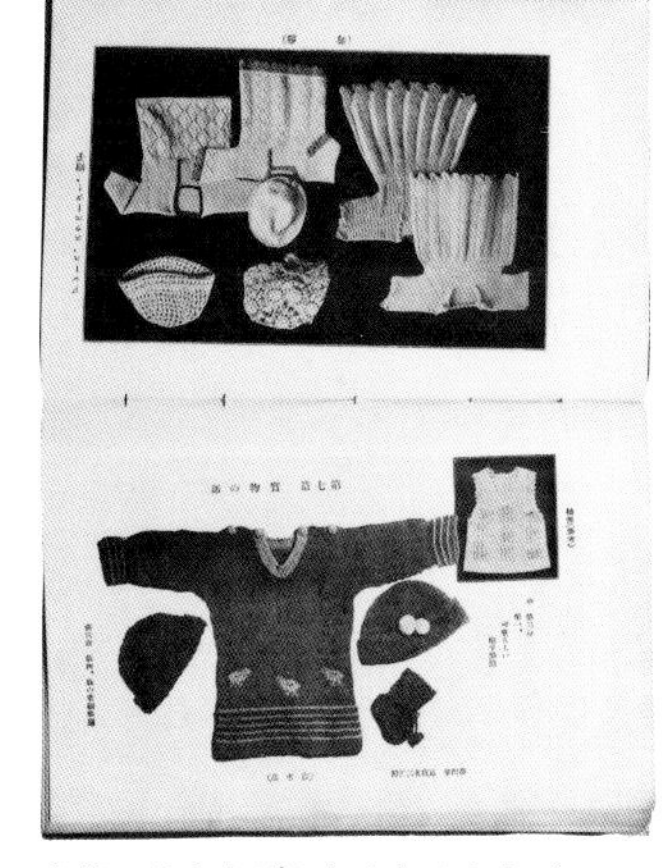

書籍で取り上げられたきせかえパーツ。

日本人形用も、石井とみ子デザインの小物をきせかえに。

『編物指南』で編造花を紹介

北川　そんな感じで、子どもの間で少女雑誌がすごく人気になったんですね。それが1、2年続いて、あまりにも好評だったので、今度は大人向け『編物指南』（P.11）という本ができたんです。

横山　へえー。

北川　こちらに掲載された作品は、大人向けでちょっと手も混んでいるんです。その中に子どもの雑誌では絶対に出てこなかった、編造花が紹介されます。

横山　編造花っていうと？

北川　かぎ針で草花を立体的に編む手法なんです。編造花はこの後でお話しようと思っている寺西緑子が有名なんですけれど、石井とみ子も編造花をやっていました。

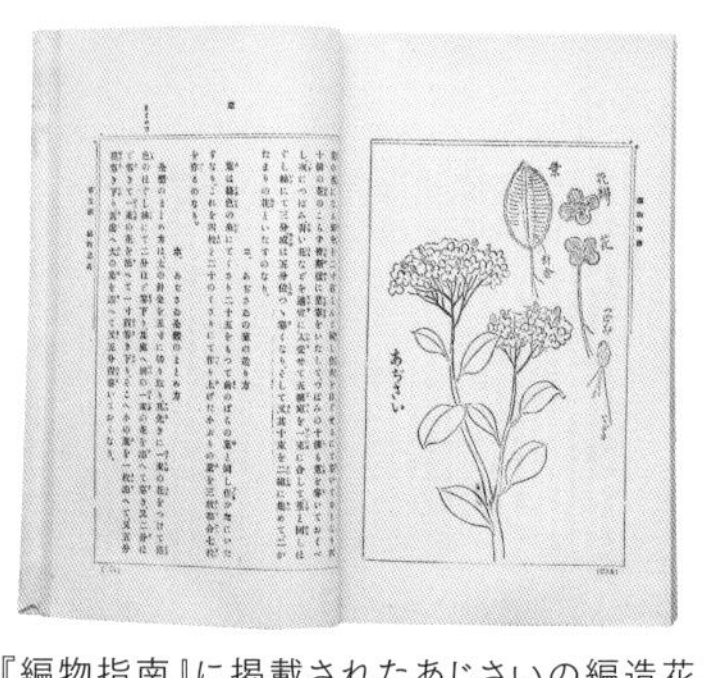

『編物指南』に掲載されたあじさいの編造花のページ。

横山　お二人は知り合いだったのでしょうか。

北川　この頃、すでに寺西緑子が紹介していた九重編造花が大ブームだったはずなんですよ。だから多分、石井とみ子は彼女と会って、作り方を教わっているんじゃないかなと。そして、編造花を本で紹介するにあたって、本の説明でも作れるような、簡単にできるものを自分で作ったんだと思います。そこは編集者の視点ですよね。

横山　へえー。

北川　手ほどきだけでも教えてもらって。ちゃんと丁寧にお手紙を出して、本に載せるおうかがいもしたと思いますね。掲載記事にある言葉の端々に寺西緑子と友情みたいなものが漂っている気がします。すごく彼女に配慮して、まるっきり同じにならないように考えているところとか。

横山　えー。なんか面白いですね。

北川　で、これの4年ぐらい後に、続編が出るんです。それには、1冊目が出た後、お手紙が殺到したと。

横山　なるほど。

北川　はい。当時の清国（今の中国）は西太后が亡くなって（明治41年／1908年）、動乱の時代を迎えていました。日本への留学が近代化へ一貫として奨励され、清国から多くの留学生が来日してたんですけど、奥さんと一緒に来ている人もいて。

横山　なるほど。

北川　その奥さんが編み物や編造花を習っていて、国に帰った後も、石井とみ子の元には質問の手紙が届いていたようです。

横山　じゃあ、中国の方に、石井とみ子さんは編造花を伝えていた。

北川　手紙に編造花とは書いていないんですけれど、大人向けの『編物指南』が出た後の質問なので、そうかなと。

横山　ということは、編造花が中国の方に渡ったかもしれない、というような仮説が考えられますね。

北川　そうですね。

横山　そうすると、2022年2月に開催された北京オリンピックの時に、ビクトリーブーケとして編造花が出ていましたね。そのルーツはひょっとしたら日本かもしれないですね。

北川　中国でも造花の文化はあったと思うんですけど、宮廷でしか使っていないと思うし、風水上、飾るとしたら貴石のはず。中国の手仕事ならば、まず刺繍をするだろうし、清朝の末期にあったのは、大きな布の造花みたいなんですよね。毛糸の文化はない。下着以外は。

横山　なるほど。

北川　それを考えると編造花は渡っているじゃないかなと。それというのも江藤春代が出した昭和11年の江藤式合理的符号の編み物の本に、編造花が載っていて、その写真が北京のビクトリーブーケとそっくりなんです。すずらんとか薔薇とか。

横山　なんか傍証はたくさんありますね。直接的物証ではないですけれ

『合理的符号入り江藤式編物書』（江藤春代／昭和11年）に掲載された編造花。

ど、非常に面白いお話です。その頃の江藤さんは、編造花も多く手掛けていたんですか。

北川　作品には必ず入っています。花つき帽子って流行ったんですよ。子ども用には雪帽子というのがあるんですけれど、それにはお花を目一杯くっつけていたんです。親の愛情のかわりに。

横山　編造花というのは、明治から昭和へと流れる編み物の歴史の中で、「飛び道具だぞ」と僕は思ったんですけれど、かなり軸になっていたってことなんですね。

北川　基本も基本、土台だったと思います。でもやっぱり、編造花は習うより編んでいる方が楽しい。

横山　習うより楽しいっていうのは、手習いにちょうど良いですよね。僕の編みキノコもそういう感じ。

毛糸から、綿糸や絹糸へ。編造花と九重編造花

横山　話の中にちょっと出てきましたが、編造花には普通の編造花と九重編造花と呼ばれるものがあるんですよね。その2つの差というのは、どういうところなのでしょうか。

北川　編造花は、明治20年代から登場していて、当初は毛糸を使っているものでした。編み方は帽子編み(P.14)が主流になっています。ところが明治30年前後から、毛糸が軍需品として品薄になってくると、毛糸の代わりに綿糸や絹糸を使った編造花がだんだんと増えていきます。寺西緑子が作る編造花はその代表で、九重編造花と呼ばれて、人気を集めるようになっていくんです。

横山　なるほど。見た目としては、普通の編造花の方がポップで、九重編造花の方が繊細。雰囲気が全然違いますね。

北川　寺西緑子が作った九重編造花は、日英博覧会名誉賞を獲っています。あえてヨーロッパの欧風の籠に、様々な花を飾った、バスケット盛りです。海外からの注文をたくさん受けていました。

横山　輸出産業として成り立っていたということですか。

北川　成り立ってましたね。

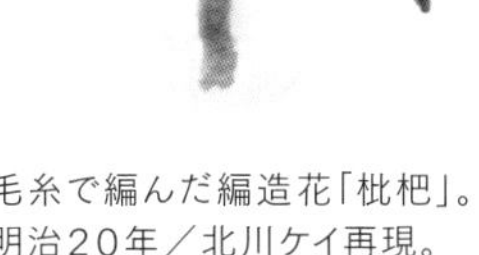

毛糸で編んだ編造花「枇杷」。明治20年／北川ケイ再現。

絹糸で編んだ九重編造花「山茶花」／北川ケイ再現。

寺西緑子 編造花で一躍スターへ

横山　編造花の話が九重編造花へ移ったところで、作家の話も寺西緑子さんへ移りたいと思います。寺西さんは明治後半、大正期に活躍された編み物作家さんで、やっぱり編造花といえば、この方。

北川　そうですね。小さい頃は毛糸で編むスタイルの編造花に夢中だったと思うんですけれど、彼女の作品は次第に精巧な草花の編造花に変わっていきました。

横山　変化というより、進化ですね。

北川　大人になってからは植物園に通って、スケッチをしては造花を編み出していくんです。そうこうするうちに、絹糸で編んで、西洋水彩絵の具を使って染色をして、膠(にかわ)で固めるという独自の手法を編み出します。当時は西洋の技術である編み物で造花を作って、西洋の絵の具で染色する、というのも、ステータスだったのでしょうね。だから、あえて水彩絵の具なんですよ。それがどんどんすごくなって、品評会などが多くなってきた時に賞をとりだす。

横山　なるほど。

北川　一躍スターですね。

横山　最初から絹糸や綿糸で編む編造花だったんですか?

北川　最初は毛糸の編造花を発表していたと思います。並行して、絹糸で編んで、色を染めることはやっていたと思うんですけれど。そして、ある時、「九重」とつけられるきっかけになった、大きな出来事が起こるんです。

横山　へえ。

北川　実はとある品評会で、昭憲皇太后のお買い上げがあったそうなんです。その記念に「九重」とつけた。九重って宮廷の代名詞みたいなところがあるんですね。だから、普通の編造花とは違うという意味で、「九重編造花」と命名したんだそう。

葉は和紙にした編造花の朝顔／北川ケイ再現。

横山　ああ、じゃあもうロイヤルってついた感じなんだ。

北川　そうなんです。菊の簪（かんざし）やお花を、皇室の方々がたくさん買ってくださったということです。

横山　まさかの昭憲皇太后さまが、ここでも登場されるとは。

北川　作り手が女性で、輸出品としても人気だった絹糸を使っていましたから、昭憲皇太后も奨励されたんだと思います。寺西緑子は、この名称で登録商標もとりました。その後、東京の芝に「寺西九重編造花塾」を立ち上げるんです。人の出入りもすごく多かったようです。

横山　皇室御用達ですからね。

北川　でも、だからって型にはめるわけじゃなくて、どんどん開発していって、自由にやりなさいっていう。そこがまたすごいんですよね。

横山　僕、北川さんに編造花のワークショップを受けたことがあったじゃないですか。

北川　朝顔でしたね。

横山　びっくりしましたよ。編み方が自由すぎて。たとえば面を広げていく時に、普通は増し目で目数を増やして広げていくじゃないですか。でも、編造花は違う。編み針で編み目を長く引っ張って、大きくするというだけなんですよね。たったそれだけで、目数は変わらないんです。

北川　だから上手に編める人ほど辛いんですよ。「こんな感じ〜」って、感覚的に編める人じゃないと辛い。

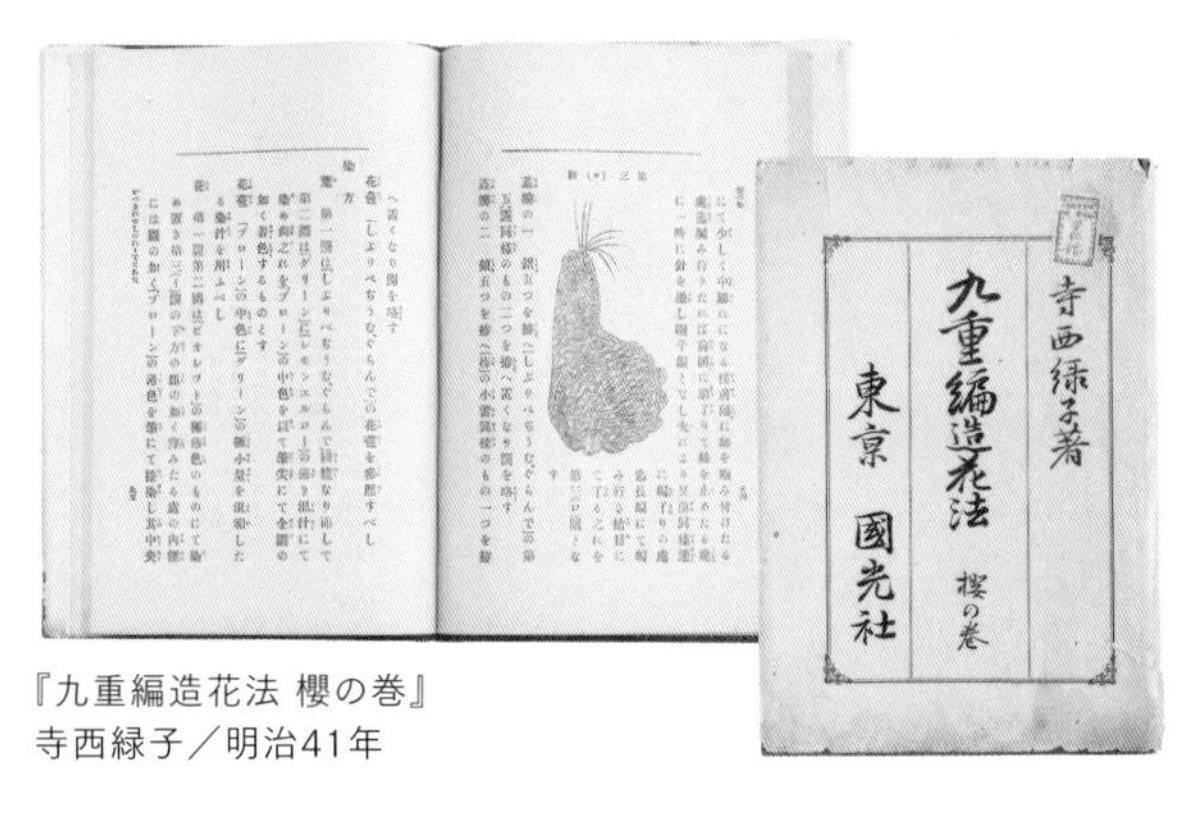

『九重編造花法 櫻の巻』
寺西緑子／明治41年

横山　寺西さんは、そういう自由な精神を皇室御用達になった後も、変わらずに持ったまま、発展していくんですね。その後どうなるんですか。

北川　九重編造花の作り方をまとめた教本を作りました。松の巻、梅の巻、竹の巻、蘭の巻、櫻の巻という5巻。これを出版します。たくさんいたお弟子さんたちも、この教本を持って地方に帰れば独立できるというところまできたんです。

九重編物造花の本、焼ける

北川　ところが、再び大事件がおきます。半年も経たないうちに、大火で本が全部焼けちゃうんです。

横山　えっ。

北川　これには、陰謀説というのがありまして。当時はプラントハンター＊という職業が盛り上がりをみせた時期なんですね。寺西緑子は、そういう人たちが集めてきた希少な植物がいっぱいある植物園に行っては、絵を描いていたわけです。それを全部編み物にして、図鑑のようにして5巻作り上げているわけですよ。しかも、序には東京帝国大学教授、村松任三が。

横山　確かプラントハンターが集めてきた植物っていうのは、ただ希少なだけでなく、医薬品なんかを開発するときの新たな材料になるものだったり、自国にはない新種の植物だったりするんですよね。当時の植物園というのは、そういうプラントハンターが苦労して見つけてきた、まだ解析されていない、これからの可能性をたくさん秘めていた植物たちが育てられていた玉手箱みたいな場所だった。そんな植物たちを載せた本ですからね。

北川　しかも100種類以上。全部が企業秘密じゃないにしても、ちょっと危険だと。でも、彼女には昭憲皇太后との繋がりもあるから、どうしよう、ってなったと思うんです。

横山　なるほど、なるほど。

北川　発売しちゃダメとも言えないし、どうしよう。…そこで、まあ、運良く火事になってしまうんですけど。その時の寺西緑子の衝撃はすごかっただろうなと思うんです。「編造花塾」として独立を考えていた生徒さんたちは、故郷に帰る準備をして看板を立てようとしているのに、

＊プラントハンター
プロの植物収集家。主に17世紀から20世紀中期にかけてヨーロッパで活躍した。

教本がなくなっちゃったわけですから。でもね。そこで寺西緑子は発想転換します。編造花の塾だから困るんだと。造花の教本がなくなったのなら、編物塾にしようと。

横山　なるほど。

北川　編造花ではなくて、広い意味での編物塾にして、その中の九重編造花。それであれば、教本がとりあえずなくても、他のことを教えて独立できますよね。そうやって塾生を励ましたんだと思います。寺西緑子は立ち直りが早いんですよ。どう見ても立ち直りが早い。だって次の年は、日英博覧会へ九重編造花の出品が決まっていて、すでに輸出の道が開かれているのに、教本が全部消えちゃったわけですよ。でもそこには出品しなくちゃいけないから、みんなの士気を盛り上げなきゃいけない。「寺西九重編造花塾」が「寺西九重編物女塾」に変わったのが、まさにこの時なんです。

横山　陰謀説…、なんか信じるか信じないかはあなた次第です、みたいな話になってきましたね。

北川　ははは。まあ、そんなこともあり、気持ちを新たにして日英博覧会への準備を始めたんだと思います。

大火で教本が、全部、焼けちゃったんです

横山　結局出られたんですか。

北川　出ました。九重編造花の籠盛り（P.10）っていうのがそれです。

横山　私、常日頃から北川さんが解析する明治、大正期の編み物史ってのは、連続ドラマにぴったりだと思っているんですけど、このエピソードもまた超ぴったりですね。「緑子はその時、決意したのでございました」ってナレーションが入りそう。

北川　「本日からここは編物女塾にいたします。だから来年の日英博覧会に向けて、頑張りましょう」「おー！」みたいな。

横山　で、本当に頑張っちゃって、資料がないのに日英博覧会用に籠盛りを作っちゃう。

北川　しかも日英博覧会では、名誉賞をとって、海外輸出の道が開ける。

横山　ははは。ともかく、資料はほとんど焼けちゃったけど、九重編造花は九重編造花で一応残ったということなんですね。技術を覚えている人間は残っているわけですから。で、塾の名前は「寺西編物女塾」に変わった。

北川　本の方は縮小版にはなりましたが、次の年に再編集されて女学校用の教科書として再販されました。前編、後編の2冊の教科書になっています。

横山　その後、寺西さんはどういう風な活動展開をされていくんですか。

北川　結局編み物ですごく活躍されていくんですね。彼女の創意工夫ってすごいんです。帽子に菊の花がどんっと乗っていたりとか。それがまた可愛らしいと評判になっていく。

横山　へえー。

北川　ところが、今度はここで、関東大震災ですよ。

横山　困難がたたみかけてきますね。

北川　これまでの彼女はずっと東京で教えてきたんですけど、震災後に、拠点を愛知に移すんです。

ヘアピンレースの道具を作る

北川　愛知に移った寺西緑子は、そこで日本編み物研究会というものを作ります。名古屋中央放送局発行の『家庭手藝毛糸編み物』で講師をしたり、愛知の編み物に貢献しました。

横山　愛知は昔からものづくりが盛んですよね。

北川　関東大震災後、編み物にもいろんな種類が出てきて、彼女は今度ヘアピンレースの本を出すんですよ。

横山　ヘアピンレースって、専用の道具を使いますよね。

北川　そうそう。寺西緑子はこの本

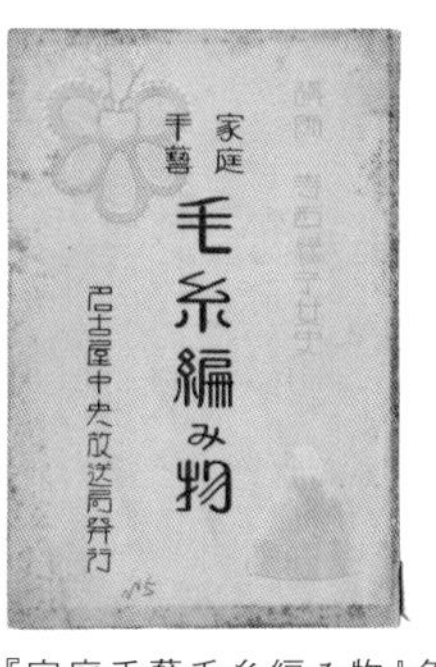

『家庭手藝毛糸編み物』名古屋中央放送局／昭和5年

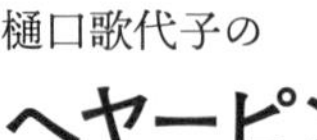

どの先生も、創意工夫をすごく許している

寺西緑子の
ヘヤーピン

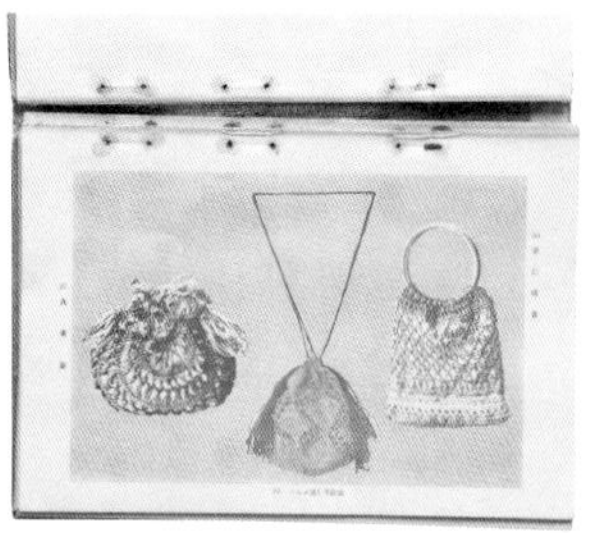

左_『新型スピンとリリーヤンの編法』寺西緑子／大正15年
右_作品例にもアイディアが光る。

樋口歌代子の
ヘヤーピン

『新ヘヤーピン編物と編み方』
樋口歌代子／大正14年

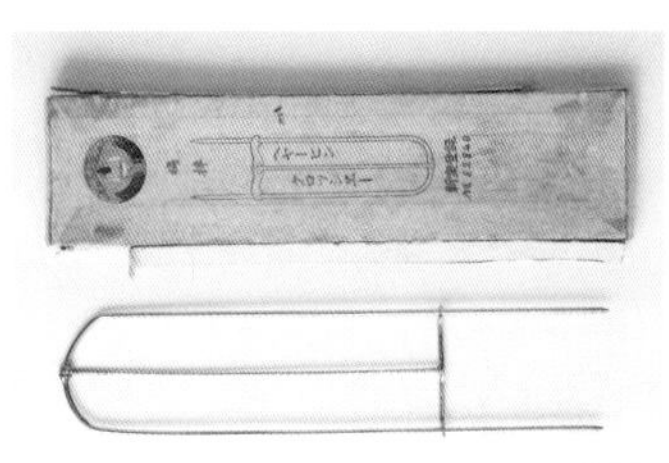

寺西緑子考案、ヘヤーピンクロッシェ編棒。大中小がある。

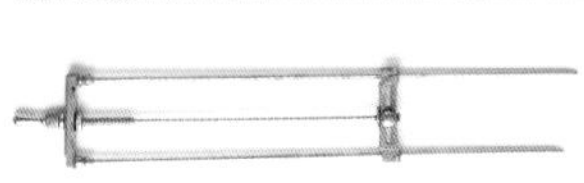

樋口式編物器、伸縮自在實用ヘヤーピン。

をきっかけに、道具を作ったりする大御所になるんですね。

横山　へえ。

北川　ライバルに樋口歌代子という方がいるんですけど、その方も同時期にヘアピンレースの本と道具を出しているんです。

横山　海外のものを日本人向きに改良した感じかな。

北川　はい。じゃあ元祖、ヘアピンを使っていたのは誰かなと思って、いろんな人の教本を調べた感じだと、一番初めは江藤春代でした。

横山　じゃあ、江藤さんはヘアピンレースを日本に紹介した人でもあるんですね。それを引き継いだのが、寺西緑子さん。

北川　やっと時代の流れが来て、こういう新しい道具が出たり、スピンという新しい化繊の新しい糸も出たんだと思います。

横山　いやあ、この頃の作家のみなさんは、普及にすごく力を入れていますね。商品を作って独占するのではなくて、普及していくという流れがあったんでしょうか。

北川　当時は創意工夫が必要だったんです。各個人の生活に合わせて必要なものを作っていかなければならなかったから。そのためには、いろんなものに目を向けなきゃいけないし、いろんな問題に対処しなきゃいけない。だから基本は、どの先生も生徒たちの創意工夫をすごく許しているし、奨励しています。これは本当に普及のことを考えて、生徒さんのことを大事にした証ではないかなと思っています。

残していくべき原風景「手仕事がある暮らし」

横山　今回、教えていただいた日本における編み物の歴史は、前著の視点とはちょっと違っていて、同じ時代、同じ人物ではありながら、かなりドラマティックだったと思うんです。事実は目に見えるけれど、その背景にあった「先人の真意」というものは、想像力を駆使しなければ知り得ない部分ですからね。そういう昔の熱き思いを汲み取る努力をしている北川さんにお聞きします。これからの編み物に関して思うところがあればお話いただけますか。

北川　そうですね。ここの資料室をやっていても、ちょうど40代から50代のバブル期に学生や社会人だった方って見向きもしないんですよ。どちらかというと、もう少し若い年代のほうが、ふらっと飛び込んで来たりする。この差は何だろうと考えた時、要するに、バブル期って何かを手作りするってことをあまりしなかったんです。だから興味もないし、懐かしいとも思わない。そういう環境になかった世代が、今だんだん高齢化してきているわけですよ。よっぽど若い子のほうが、就職氷河期で収入に不安があったり、コロナ禍で実際に物がない時期を経験しているので、手作りに興味を持っていると思います。

横山　確かにそうですね。

北川　だから、これから先の未来、「ものづくり」をする人を途絶えさせないためには、手仕事に対して何も携わらなかった環境の子たちが、

資料室には貴重なお宝がいっぱい。

どうしたら興味を持つのか考えるのが課題だと思うんです。

横山　そうですね。

北川　そのために、私は編み物の歴史をアプローチにして興味を持ってもらいたいと思ったんです。でも、大体の人は歴史と手芸を一緒に考えない。こういうお話の機会があれば別ですけれど、やっぱり歴史は歴史、手芸は手芸。

横山　うんうん。

北川　だからどうすればいいかなと考えた時に、手芸がある生活の場面が増えなきゃいけないって思ったんです。手芸をしない人の目にも触れるように。漫画でも本でも、テレビのコマーシャルだっていいんです。編み物がある風景、手芸がある風景、それを増やさない限りは、手作りがこの世にあるんだというリアルな感覚が持てないんだと思うんですよね。それにはまず、生活に使える物から入っていくしかない。今は特にアクセサリーが人気ですよね。その延長で自分で作るというのがもっともっと増えていけばいいなと思います。インターネットの普及で、知識を得るのも、発表の場もグローバル化してますし、そんな中で創意工夫

対談場所 / 彩レース資料室

北川ケイさんが収集した世界各国のレースや編み物、手芸に関する資料などを一般公開している情報施設。

【問い合わせ先】>P.160

が増えていったらいいなと思っています。

横山　まさに今、世界中で求められていることが創意工夫だと思うんですよ。サステナビリティとか、ダイバーシティとか、世界中が声を大にして取り組んでいることって、明治、大正期の作家さんにしてみれば、「そんなの日々の創意工夫だから」で終わっちゃうと思うんですね。これから僕らが元気にやっていく鍵がそこにあるんじゃないかな。

北川　今すぐ自分が作らなくてもいいんです。ただ、手作りされたものや作っている人が存在しているってことに気づく感覚を失わずにいてほしい。だから、私たちは手芸が人々の目の端にとまるような、そういう情景をたくさん作っていくのが役目だと思うんです。

【参考資料】
『明治期～昭和期に活躍した江藤春代の編物普及活動と日本における編物の変遷』
『明治末から大正期に活躍した編物作家・石井とみ子の人気解明と作品の軌跡』
『明治期の編造花の歴史と周辺文化』（すべて日本家政学会誌）

心をほどく × ハーブティー

彩レース資料室では、北川さんが手入れをする駅前のガーデンで摘んだハーブティーを楽しめる。フレッシュな香りで、気分も頭もすっきり。編み物の複雑な歴史もどんとこい！

How to makeの前にちょっと一息

九重編造花の水仙と樋口一葉

北川　寺西緑子は九重編造花の本として5巻作ったんですけれど、1巻目の松の巻で、最初に習うのが水仙なんです。

横山　ほう。

北川　ちょっと形が違うなと思ったんですが、こういうまとめ方にした花は、生け花の一輪挿し、茶花の一輪挿しで根締めに使う花なんです。

横山　じゃあ、茶花で使っていたということなんですか。

北川　そう使えるようにも考えていたと思います。1本ぽっと置いても良いですし。

北川　簪(かんざし)、髪挿しにも使えるように、葉が横に広がった感じにもなっているんです。

横山　髪につけた時に映えますもんね。

北川　あと特徴は蕾(つぼみ)です。造花って満開の花が多いんですけど、編造花には蕾があって、それが最高に可愛いんです。

横山　それって茶花の精神がちょっと生きていますよね。

北川　実は樋口一葉の『たけくらべ』というお話、明治28年のものなんですけど、その最後に「水仙の作り花を誰かが格子門に挿していった」という文章が出てくるんです。その時、なんで「造花」ではなく、「作り花」なの、と思ったんですよね。

横山　あえて「作」にしていると。

北川　当時の時代背景を見ると、まさに編み物と造花のブームなんです。

横山　なるほど。

北川　まあ編造花だけでなく、布や和紙の造花もそれぞれ販路があって、全部の造花業が内職の道として成り立っていっている時代。だから樋口一葉は、あえて全部の意味を込めて「作」という字を使ったんではないかなと思います。編み物とか造花の技術を手にしていたらもうちょっといい道にいったのではないかという気持ちも込めて。「水仙の作り花」となっていたのではないかなと。

横山　なるほど。

北川　ちょうど時代背景が女性自立のために注目された編造花の全盛期なんです。

横山　樋口一葉の『たけくらべ』は、花がすごく象徴的に使われていますからね。

北川　時代背景としては編造花ブーム。それは女性の内職で、当時、編み物の内職というのはすごく賃金が良かった。でも樋口一葉は頭痛持ちで目が悪かったために、お裁縫といった手仕事の内職ができずにいた。だから彼女が、もしそこで編み物をすることができていたら、もうちょっと命が延びていたんじゃないかなと。

横山　なるほど。

北川　もっといい作品ができてきたんじゃないかなと思います。文学的にはいろんな解釈があると思うんですけれど。

横山　北川さんの歴史学の視点から見ると、いろんな分野に繋がりができてきますね。

How to make

立体的でかわいい

編造花 〜水仙〜

明治期に一大ブームを巻き起こした「編造花」。立体的に仕上げるために、膠で固めたり、ワイヤーを編みくるんだりするのは、現代の技法にも通じるものがあります。昔の人のアイディアは偉大！

編み図はあくまでも参考に！「水仙の花弁のようにな〜れ」と思いを込めて編んでください。

作品は、水仙の花を３輪、蕾を１本、葉を４本編みます。大きさは長編みの長さを変えてバランスよく調節します。そして、一番の注目ポイントは、丸く編んだ時、最後に引き抜きをせず、細編みを編んで目をとめる「帽子編み」の手法を使っていることです！

外弁 7枚

作り目

編み終わり

外瓣之圖

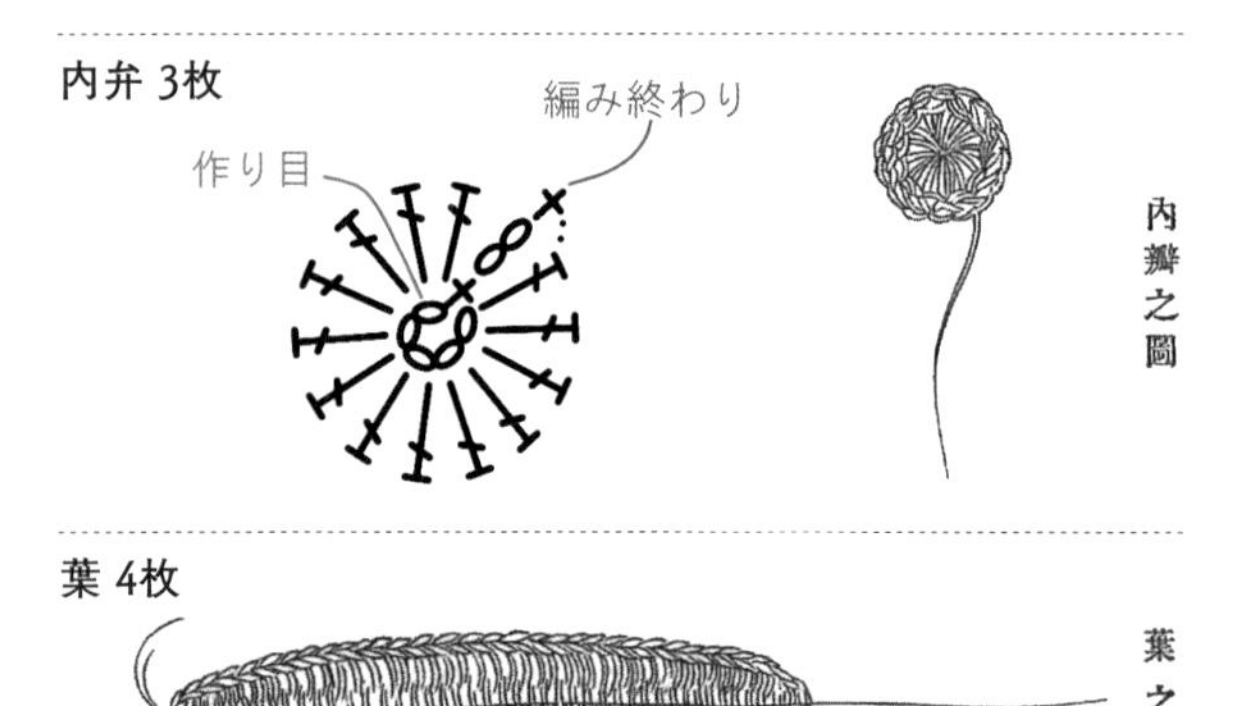

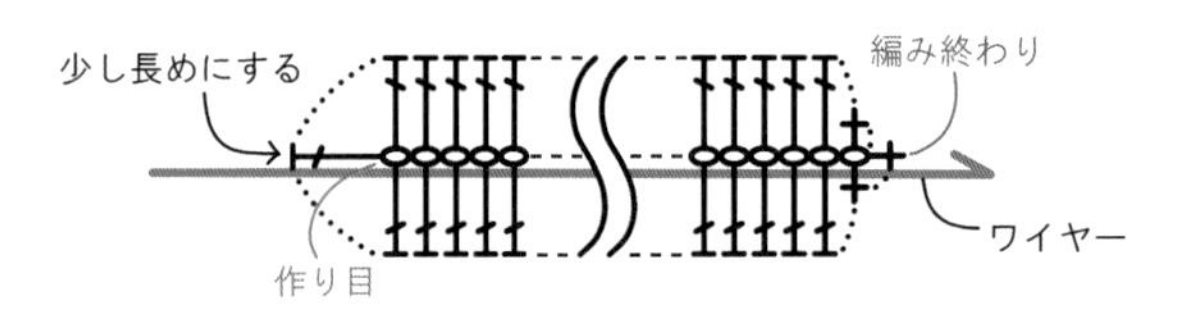

４枚の葉は、それぞれ作り目を34目、31目、28目、25目で編む。

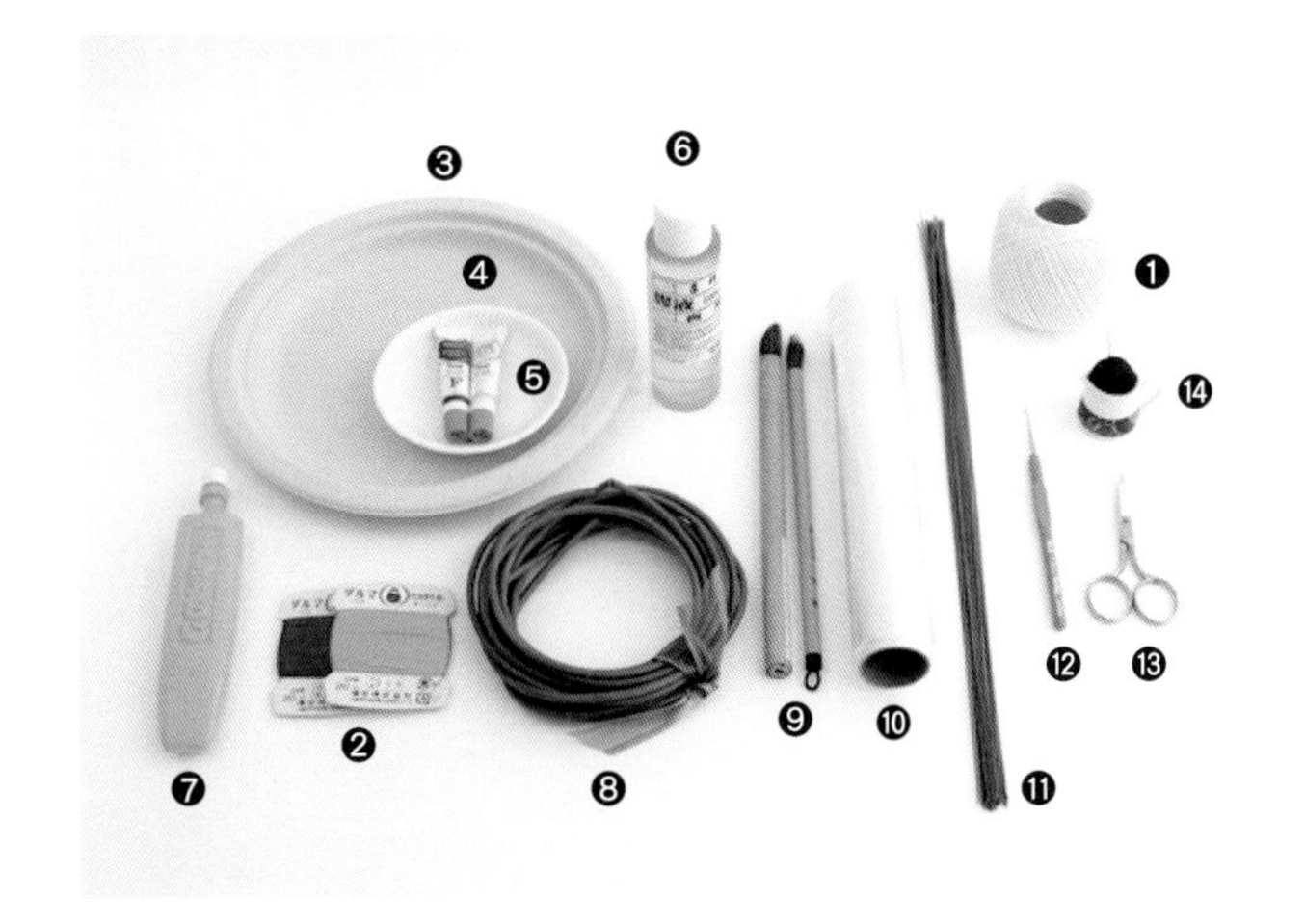

材料と用具

❶絹のレース糸#30★　きなり(1)
❷絹穴カガリ糸★　緑系
❸紙皿
❹深皿
❺水彩絵の具
❻膠液
❼大和のり
❽チューブ(花用)
❾毛筆用の筆
❿ラップ
⓫ワイヤー(花用)
⓬レース針6/0号
⓭ハサミ
⓮とじ針
⓯造花用ペップ
⓰竹串(約12cm)

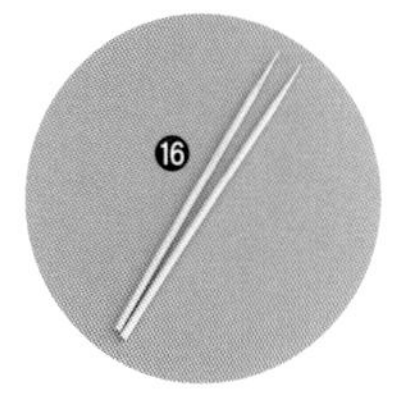

←代用の花2種
(❶❷❸❺❻❼❽使用)

代用の材料 染色をしない場合

❶レース糸#20★　レモン(12)
❷❸❹レース糸#30葵★　うぐいす(6)、グレイッシュオリーブ(19)、きなり(2)
❺手縫糸(ダルマ家庭糸〈太口〉★)　緑系
❻フラワーテープ
❼ストロー
❽手作りペップ

※材料の★はDARUMA(問P.160)のものです。

Message from Kitagawa

『九重編造花』は、明治期に寺西緑子によって、考案された編み物による造花法です。四季の草花から珍しい蘭、カトレア類、植物園にある草花百余種を観察しては、編物造花にして染色する美術的要素の高い技藝として明治40年に実用新案登録を受けました。

明治天皇両陛下の御用品としてお買上の栄を受けたことから『九重編造花』と命名されたのです。教本は松・梅・櫻・菊・蘭の五巻で構成されています。しかし、翌年、出版社が大火災に逢い、大半を焼き尽くし絶版となってしまいました。

明治44年、新技法とともに日本35種を選び『九重編造花法 前編・後編』に改定されたのでした。女子の手芸界に清新高尚の一科目として、編み物を学ぶ者は併せて学んでほしいという寺西緑子の想いが込められているのです。私(北川ケイ)が所有しております原本の『松の巻』には染色が施されております。当時の諸事情を偲び確認しながら再現したいと思っております。

再現に際し、お稽古としても復活させたいと思っております。編造花独特のシルク糸の編み方と染色がありますが、まずは色レース糸で編造花の独特の足の長さを調節しながらの長編みに慣れて、可愛らしい編造花を楽しいんでいただければ幸いです。

再現資料　一般社団法人　彩レース資料室
北川ケイ

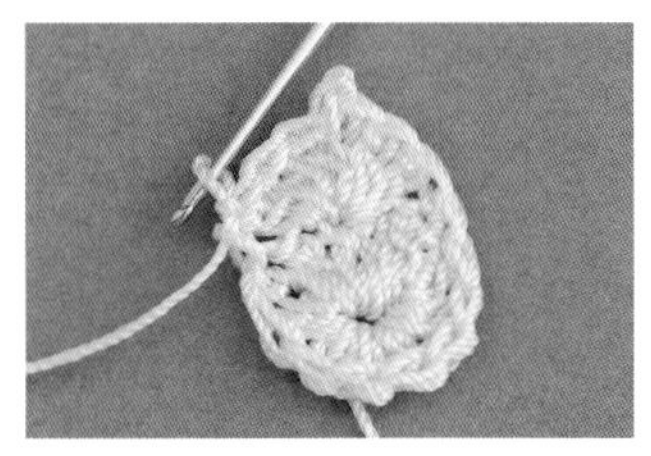

12 また同じ目に長編みを3目編み、前段の長編みの4目めに細編みでとめる(帽子編み)。

13 同様にして、全部で花びらを3弁編む。次の目に細編みでとめる(帽子編み)。

14 最後、針に糸をかけて引き抜き、糸端を約10cm残して糸を切る。全部で7枚編む。

内弁

15 内弁も編み図のとおり、長編みで1段編み、最後は細編みでとめる(帽子編み)。全部で3枚編む。

葉

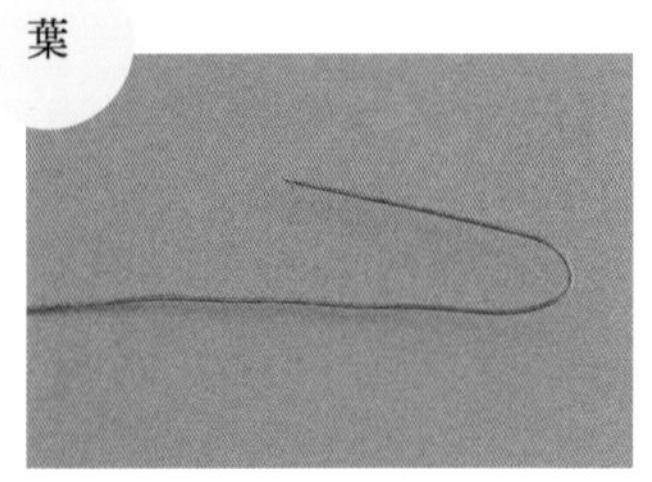

16 ワイヤー(約20cm)を用意する。先を曲げると編みやすい。

水仙の外弁の編み方はこちら

工程1〜3

工程4〜5

工程6〜7

工程8〜10

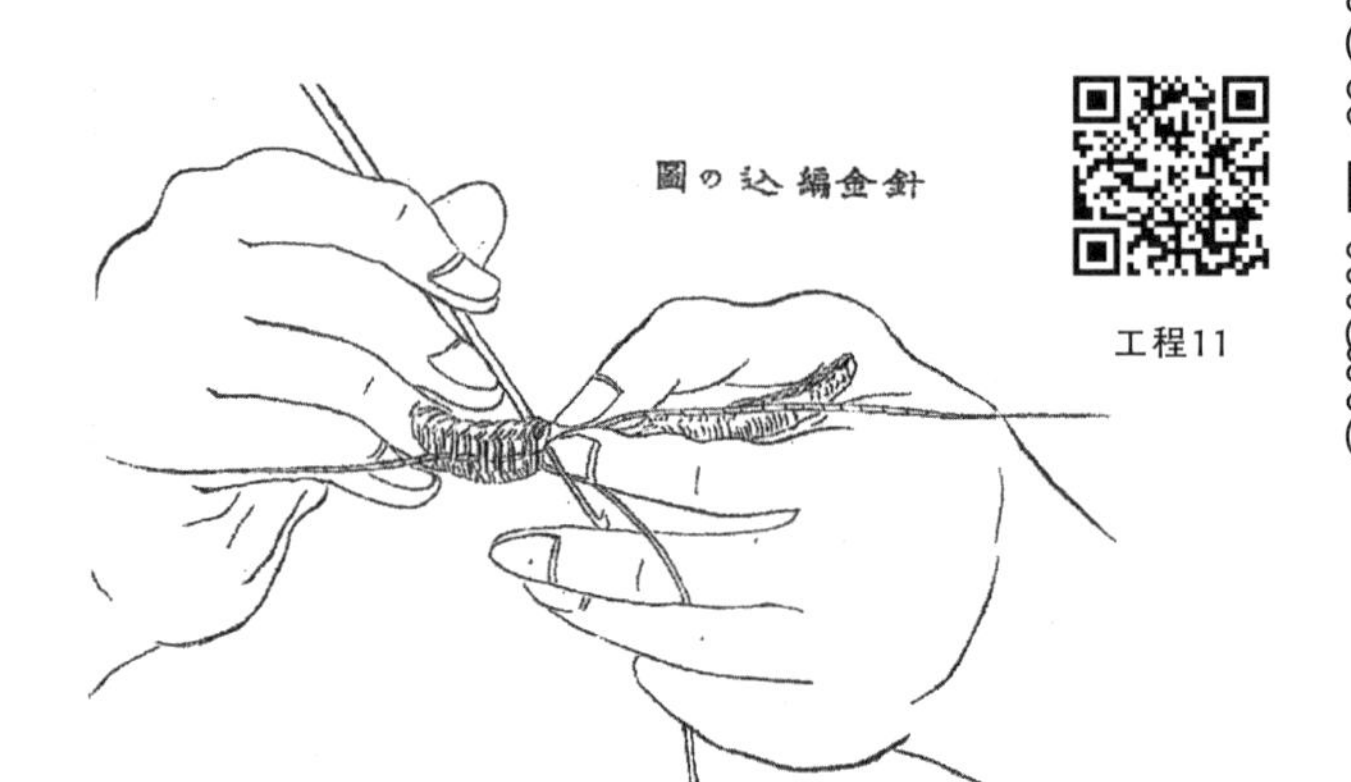

工程11

17 編み図のとおりに作り目をし、作り目の片側を拾って編む。端の目に細編み3目を編み入れたら、ワイヤーを添えて持ち、長編みで編みくるむ。

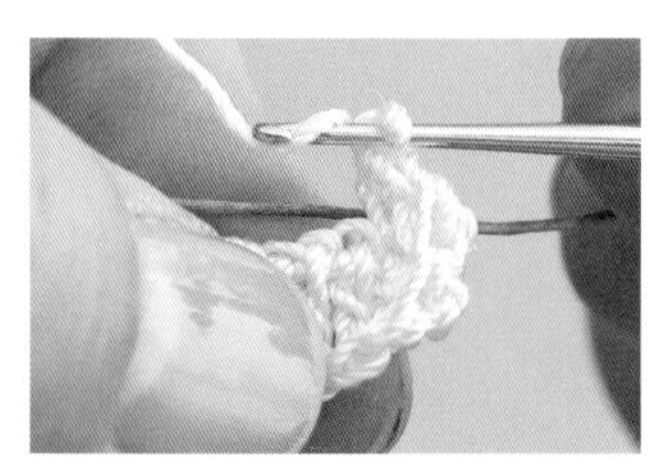

18 ワイヤーを編みくるんだところ。

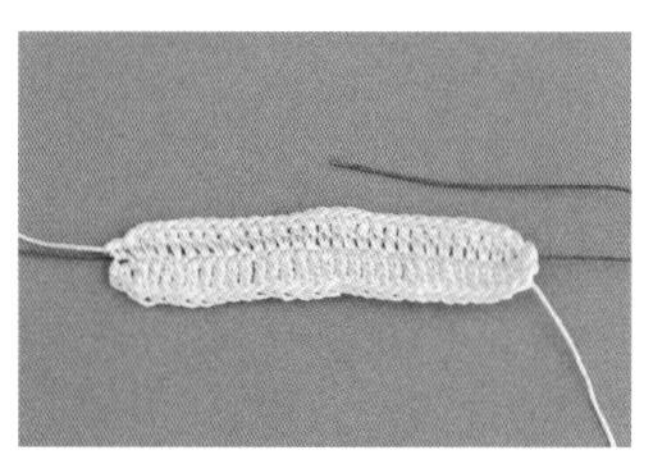

19 残りの目もワイヤーを編みくるみながら、最後まで編む。全部で4枚作る。

編造花

水仙の作り方

＊プロセス解説では絹のレース糸＃30（きなり）を使用。
＊水仙の外弁の編み方、水仙のまとめ方は動画も参照ください。

1. 水仙を編む

外弁

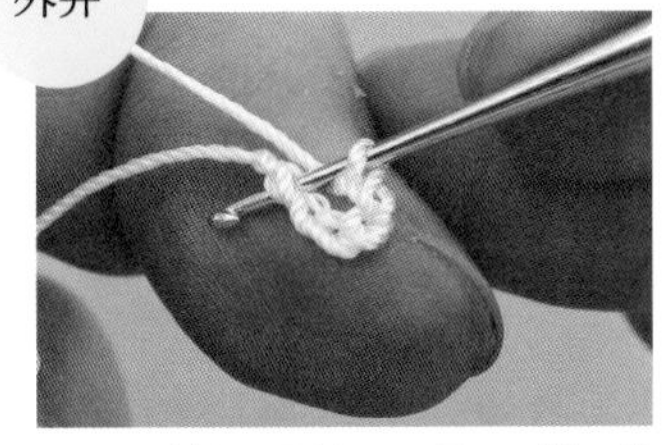

1 鎖を5目編み、1目めの鎖の半目と裏山を拾って針を入れる。

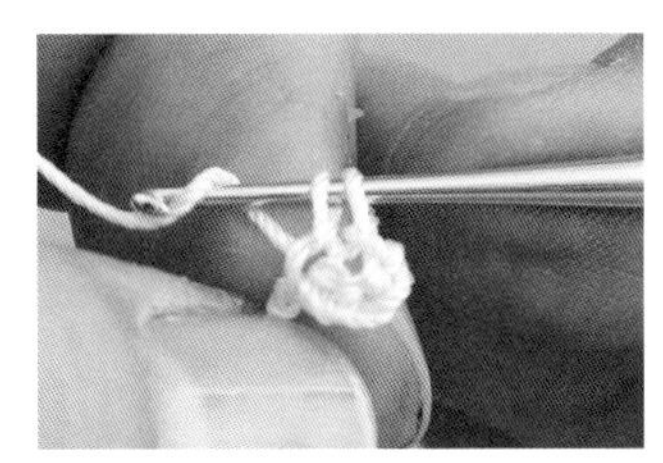

2 糸をかけて引き出し、細編みを編む。

これが帽子編み！

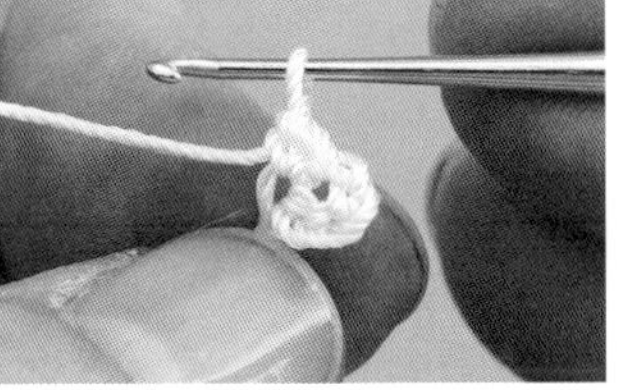

3 細編みが編めた。細編みでとめることを「帽子編み」という。

4 2段めは、まず鎖2目を編む。

5 作り目の鎖をそっくりすくって長めに長編み1目を編む。

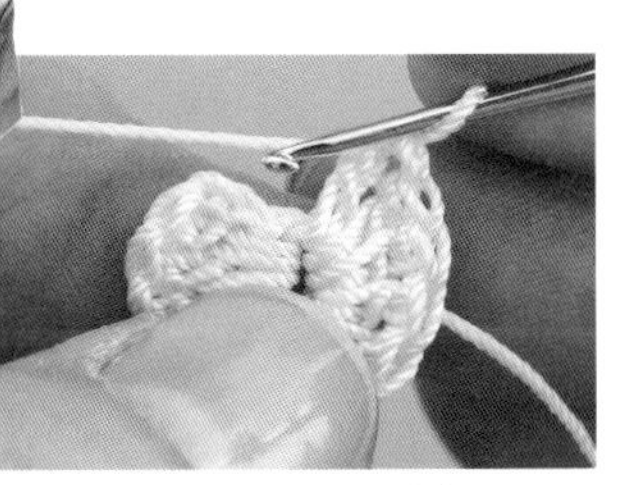

6 同様に長編みを全部で12目編む。

7 最初の鎖の2目めに針を入れ、細編みでとめる（帽子編み）。

8 前段の長編みの2目めに長編みを編む。

9 長編みを編んだところ。

10 あと2目、長編みを編む。それぞれ少しずつ、引き出す糸を長くして、扇状になるように編む。

11 鎖2目を編む。続けて、長編みの足の上部の糸1本を拾って引き抜き編みをする。

5. 仕上げる

32 花と蕾を合わせて持ち、茎に大和のりをたっぷり塗り、その上に木綿糸をのせる。

33 茎に絹穴カガリ糸(または絹縫糸/緑系)を巻きつけて固定する。

34 花や蕾の形を整える。

35 32、33と同じ要領で、葉4枚も茎に沿わせて固定する。

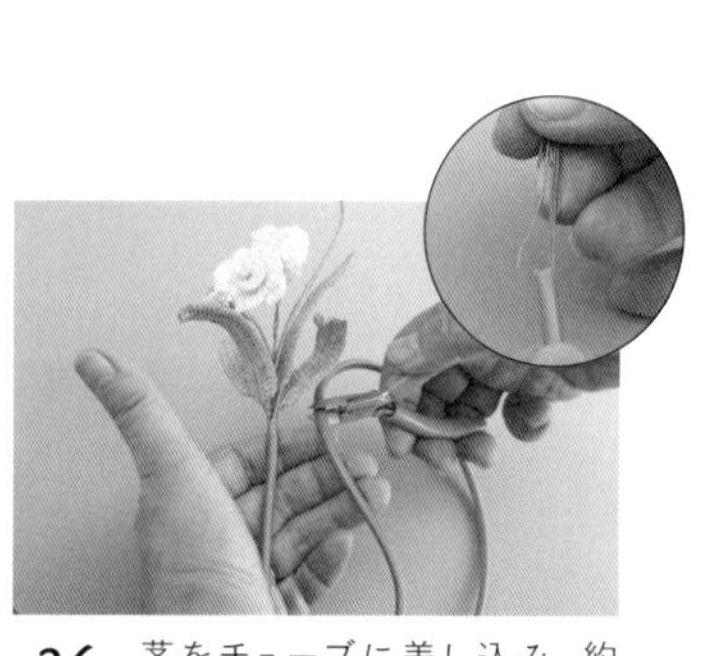

36 茎をチューブに差し込み、約20cmくらいの長さでカットする。二つ折りして手で握りやすい長さが目安。

37 竹串をチューブ(竹串より少し長いくらい)に差し込む。ワイヤーを約10cm用意する。

38 花束の茎を二つ折りし、竹串を差し込んだチューブを添わせる。葉の下側でチューブ3本をまとめてワイヤーを巻き、固定する。

39 できあがり。

<九重編造花の教室はこちら>
ヴォーグ学園東京校/読売カルチャー恵比寿/ユザワヤ芸術学院浦和校、津田沼校

2. 色をつける

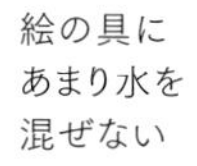

20 葉に緑の色をつける。毛筆用の筆で絵の具をパーツにしみ込ませるように塗る。

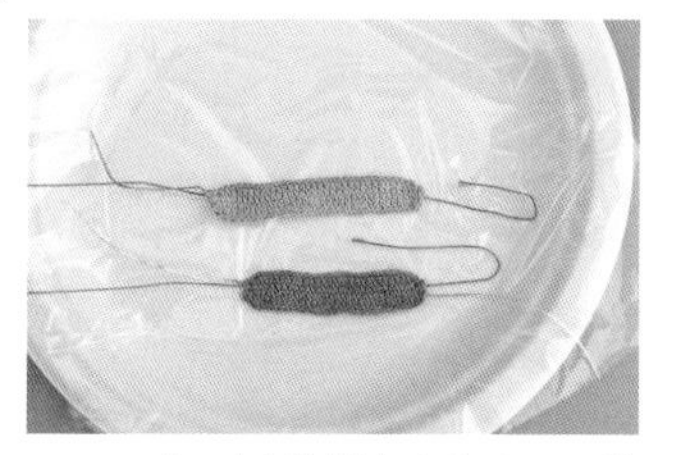

21 そのまま乾燥させる。21、22は紙皿をラップでくるみ、下に敷いて作業するとよい。

22 内弁にも黄色で色をつける。

3. 膠で固める

23 膠を小皿に出し、各パーツを浸す。

24 ラップの上で乾燥させる。洗濯用の吊るしフックに下げても良い。

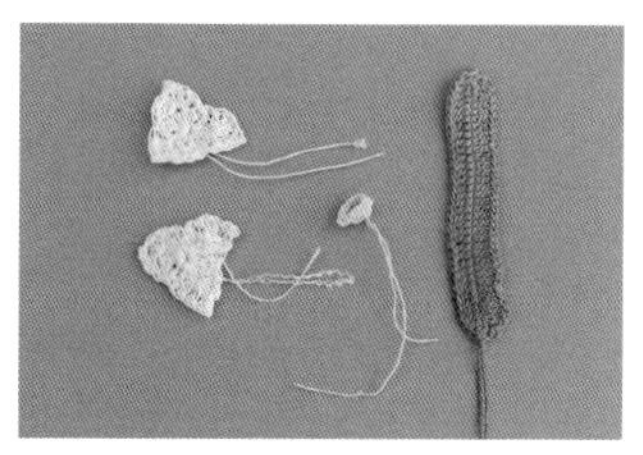

25 固めたところ。

4. 花をまとめる

花

毎回パーツを
糸で巻いて
固定する

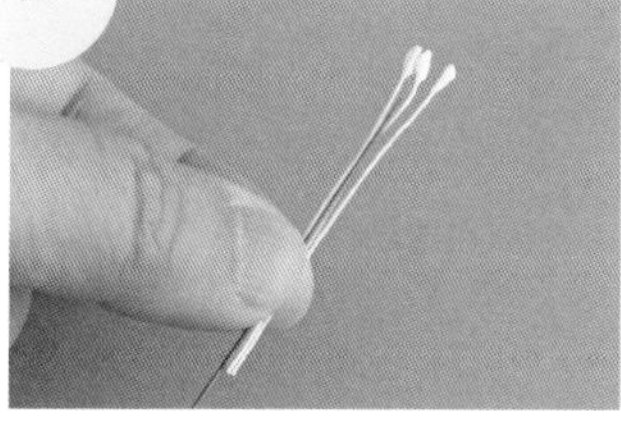

26 ペップを3本、花用ワイヤーの先に沿わせて持つ。

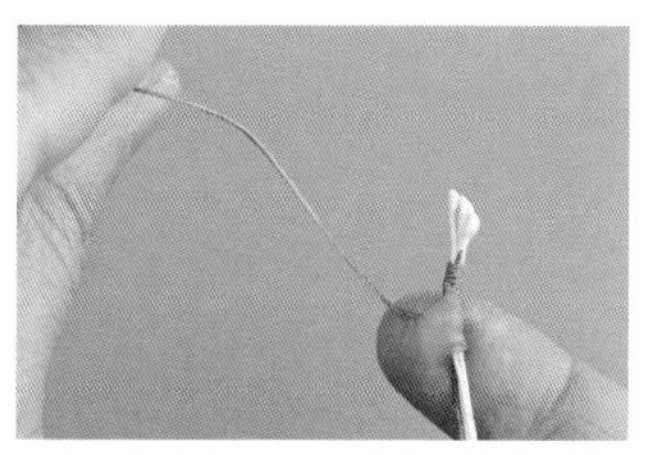

27 ペップとワイヤーは絹穴カガリ糸(または絹縫糸/緑系)を巻いて固定する。

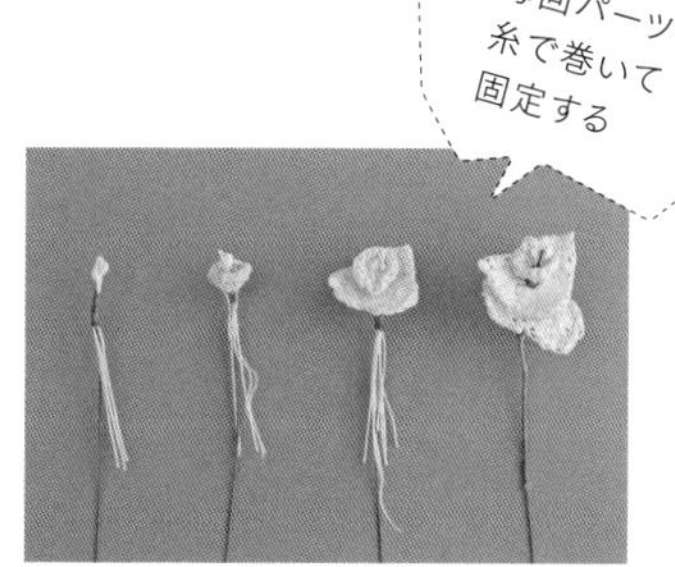

28 写真の左から、ペップをつけ、内弁をワイヤーに通し、外弁2枚を互い違いになるようにワイヤーに通す。全部で3輪作る。

蕾

29 ワイヤーの先をしずく状の輪を作り、外弁に通す。

30 ワイヤーを引いて、外弁でワイヤーの先をくるむようにまつり合わせて、丸く形を整える。

31 花、蕾、葉ができた。

「編み物」と「キリスト教」の意外な関係

Guest **渡辺晋哉さん**（牧師／会社員／編み手）

渡辺晋哉
Shinya Watanabe

牧師、会社員、編み手。クリスチャン家庭に育ち、11歳で洗礼を受ける。6歳で編み物を開始。自由学園で美術、工芸を学ぶ。挫折や失敗を繰り返し、それでも愛してくださる神様と出会い、49歳でJTJ宣教神学校入学、2017年卒業。2019年より上野の森キリスト教会副牧師。芸術を用いて人々に寄り添い、共に生きる働きを模索している。

渡辺さんは素晴らしい編み手だ。
自分で紡いだ糸でプルオーバーやら帽子やら編んでしまう。
その編み方は自由で、
昔ながらの編み方は
このような感じだろうな、と思わせる。

渡辺さんは牧師でもある。
つまり、「編み牧師」なのだ。
それはとても興味深いことだ。

考えてみて欲しい。
安土桃山の時代、編み物の靴下などを日本に持ち込んだとされるのは、
南蛮からやってきたキリスト教の宣教師なのだ。
また、明治時代に入って編み物文化が「再輸入」される時も、
伝えたのは主にキリスト教関係者と聞いている。
この歴史の流れを見れば、
日本の編み物文化がキリスト教と無関係とは決して言えないだろう。

渡辺さんは、あまり知られていない編み物の側面を
話してくれるかもしれない。

「そういうことなら、良い場所がある」
編み牧師に連れられて行ったのは素晴らしい教会だった。

今回のゲスト、渡辺晋哉さんが対談場所に選んだのは、埼玉県にある「飯能の山キリスト教会」。この教会の牧師を務める中村穣さんが2年の月日をかけて手作りした教会は、人の手のぬくもりに満ちた空間でした。

実際に存在しているのは「今」だけ

渡辺　ここの教会、カフェが併設されているんです。めずらしいでしょう。今、いただいているコーヒーも、中村穣先生（飯能の山キリスト教会牧師）が自分で焙煎して、入れてくれたものなんですよ。

横山　いい香りですね。

渡辺　中村先生っていうのはキリスト教思想史の研究者でね。ユダヤ人っていう民族は、時間の進み方を後ろ向きで見るっていうんですよ。

横山　へえ。

渡辺　つまり未来に進んで行くんだけども、見てるのは常に過去で、自分の背中側の方へ進んで行っているって表現するのね。だから、彼らは先の見えない道を進んでいく時に、過去の歴史を見ながら、イスラエル民族がどういうふうに歩んできたかを学んで、これから先の指針にして進んでいくんです。それが未来に進むということなわけ。ただ歴史を振り返るだけではなく、常に未来へ向かっていくための糧にするというか。多分、僕らもそうしないと、歴史ってあんまり意味がないものになってしまうよね。

横山　僕は大学院で「文化史」という歴史学を専攻したのですが、『現在』生きている人たちが納得する『物語』を『歴史』と呼んでいるんだって習ったんです。時の権力者によって改変されていきますしね。一方で、「未来」っていうのはなかなか掴みどころがないけれど、実は「現在」でもある、とも教わりました。その「未来」を考えているのは今を生きている私たちですからね。突き詰めれば、未来も過去も現在なんだっていうような歴史観もあるんだ、と習ったんです。

渡辺　うん。我々は「過去から現在があって未来」っていう時間軸で考えているけれど、実際に存在している時間って、いつでも今しかないんだよね。つまりそれが永遠っていうことなんだろうなって僕は思っているんだけど。

横山　なるほど。

渡辺　そして未来が、我々にとって未知であるように、過去も実はすごく未知な世界なんだよね。だから常に、今っていうものを意識するためには、その両方の視点が必要になるんじゃないかな。

横山　そういう意味では、編み物や手芸、ものづくりを中心にして、歴史を見直してみたらもっと面白くなるかもしれませんね。

おさらい「江戸時代の編み物」

横山　それでは早速、日本の編み物の歴史をちょっとずつ紐解いていきましょう。実際に編み物が日本でいつ始まったかっていうのは、前著の『どこにもない編み物研究室』の、僕の章で話したんですけど、キーパーソンは宣教師です。彼らが最初に日本へやってきたのは、安土桃山時代。織田信長、豊臣秀吉の時代ぐらいですね。キリスト教系で、ポルトガルやスペインあたりの宣教師だったと思います。おそらくはこの時に本人か、一緒に来た人たちの誰かが手編みの物を身につけていたであろうといわれています。次が江戸時代。江戸時代には、侍が編み物をしていたという資料がちゃんとあるんですね。前著では掲載できなかった原典の資料がこちらです。『守貞謾稿』っていう、江戸期に書かれた民衆の生活史みたいなものです。道具のイラストとその用途が書かれた辞典みたいな本なんですけど、ここに編み物の記載があるんです。

渡辺　ほーお。

横山　これが面白いのが、輪なんですよ。やっぱりね、輪編みなんですよ。手袋靴下の類ってやっぱり輪編みでね、伝統的に作られているはずであろうと思うんですよ。多分、絹か木綿の糸を使って。

渡辺　綿や絹だとあんまり伸縮しなかったかもしれないけど、平織りの織物と比べると、ちょっと伸縮性があったってことなのかね。

横山　あとはまあ、ちょっと諸外国に言われて作らざるを得なかったところもあるんですよね。たとえば大砲の打ち方を習いに行くのに、軍手

喜田川季荘 編『守貞謾稿』巻15 国立国会図書館所蔵

を用意せよっていう命令で、侍たちが編んでいたわけですから。

渡辺　なるほど。

横山　で、下級武士が内職したってことが、この『日本メリヤス史』っていう本に載っているんです。

渡辺　ああ、これね。

横山　渡辺さんには何回もご覧になっていただいていますね。「手編の図」といって、ちょっと無精ひげを生やしたような、下級武士が編み針を持っているやつ。この資料が本当ならば、横に書いてある説明がまた興味深い。「手編の図。メリヤスの手編は、一ツ橋家田安家及龍ケ崎家の藩士、最も巧にして、三本の延べの鐵串を用ゐ、一本は帯際に指し、左右の手に一本づゝ持ちて編む」。

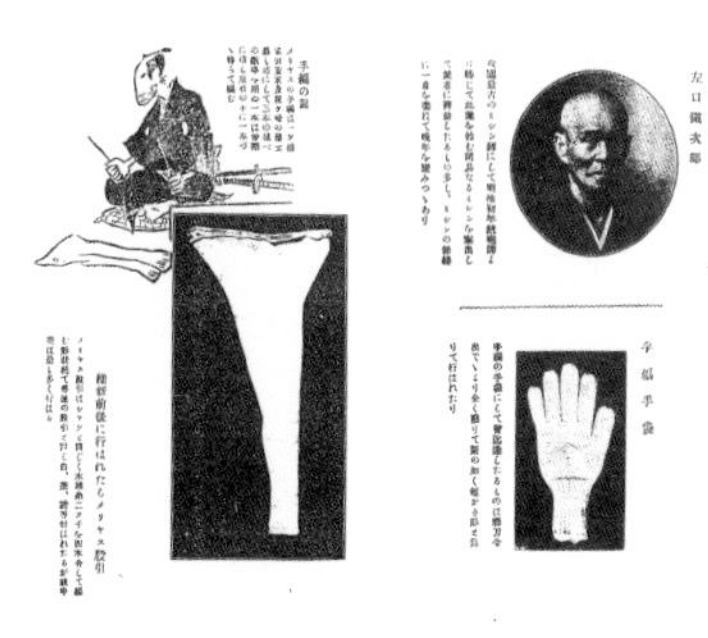

ともに藤本昌義 著『日本メリヤス史』上巻
莫大小同業組合 国立国会図書館所蔵

渡辺　へえ。

横山　これ最初に僕が読んだ時、輪に編むんだから4本針の間違いだろうと思ったんですよね。で、周りの人に意見を聞いて回ってたら、3本針のことを教えてくれたのが渡辺さんだったんです。

渡辺　ニッティングベルトね。

横山　そうそうそう。「横山さん、フェアアイルは3本で編むよ」っておっしゃったんですよ。しかも、ニッティングベルトっていう特別な道具を使って。この資料にも、「帯際に一本を指し」って書いてありますが、本来、ベルトがあるんですよね。

渡辺　そうそう。ニッティングベルトは小さな枕みたいなのがついたベルトでね。腰に巻いて、針の端っこを枕に刺して使うんです。

横山　フェアアイルの、現地の人は結構使っているような話は聞きますね。

渡辺　常に押している力が針にかかっているので、編みやすく、とても便利なんですって。

横山　やっぱり伝統とか歴史に裏打ちされているものは、便利な点がたくさんあるんでしょうね。だから、『日本メリヤス史』にわざわざ3本

横山起也も驚いた!

3本針とニッティングベルト

渡辺さんが教えてくれた3本針とニッティングベルトがこちら。使い方は帯刀貴子さん(P.78)に教えていただきました。ニッティングベルトはウエストに巻いて使い、枕に空いた小さな穴に棒針の端を差し込んで固定します。

3本の針で輪に編んだところ。2本の針に編み地を振り分け、残りの1本で三角形を作って編んでいきます。編み糸は右手でかけます。写真のニッティングベルト2点は帯刀さん所蔵。

現代版3本針も便利!

棒針の中央がコードになっているため、くの字に曲がって編み地に角度がつくので、輪編みがしやすくなります。

㊐チューリップ＞P.160

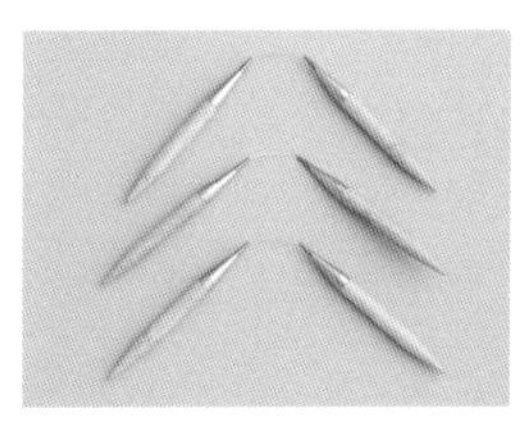

で編むって書いてあるっていうのは、本当なんじゃないかなって思ったんです。

渡辺　そうでしょうね。後からだったら4本っていう風に書き直しちゃうもんね。

横山　そして、実はですね、私、この編み物をする侍をモチーフにして小説を書きまして。ぜひお楽しみいただければ幸いです。

描き下ろし 長編時代小説
『編み物ざむらい』
横山起也 著（角川文庫）
幕末、文明開化を経て、急速な変化を遂げた日本の美術や手仕事。エコやサスティナブルが叫ばれる今、あらためて手仕事の意義と価値を見つめ直す1冊。

教会はコミュニティー

横山　ここまで安土桃山時代に日本に編み物の文化を持ち込んだのは、おそらくスペインやポルトガルの宣教師だろうということを話してまいりましたが、そこに何らかの意図があったのか、なかったのかはちょっと気になるところでもあります。その辺を現役の牧師であり、そして素晴らしいフェアアイルやガンジーの編み手でもある渡辺さんにですね、どんどんうかがっていきたいと思います。

渡辺　はい。

横山　海外から日本にやって来た文化っていうのは、ビジネスメインの輸出入みたいなところもあったかもしれないけれど、やっぱりそこにはキリスト教が関わっていたわけですよね。渡辺さんはどういう風にお考えですか。

渡辺　ええとですね。それにお答えする前に、まずはキリスト教についての誤解を最初に3つ話しておかなければいけないと思うんです。

横山　お願いします。

渡辺　1つ目が、教会というものですけど。教会ってみんな、場所のことだと思っているじゃないですか。たとえば「3丁目の角に教会があるよね」っていう。ここがまず違う。

横山　ほう。

渡辺　2つ目は、教会はお祈りするところだと思われてること。で、3つ目が、お祈り。願いことを言って、叶えてもらうのがお祈りだと思われていること。

横山　うんうん。

渡辺　全否定はしないけど、どれもちょっとずつ、意味合いが違うんです。

横山　なるほど。それはぜひお聞きしたいと思うんですけれど。

渡辺　まず、教会ですけど、それは「コミュニティー」のことなんですよね。

横山　なるほど。

渡辺　ラテン語（元はギリシア語）でエクレシア（ecclecia）っていうんですけど、呼び出された者たちの集まりっていう意味なんです。

横山　誰に呼び出されたんですか。

渡辺　神様に。神様という方に呼ばれた、呼び出された人たちのコミュニティーっていう意味なんですね。

横山　へえ。

渡辺　それで、みんな、教会へやってきて祈るわけなんだけれど、祈るっていうのは、人間が自分の願いを叶えてもらうのではなくて、対話なんですよ。

横山　なるほど。

渡辺　つまり、お祈りっていうのは、神様と人間との対話。今、こうやって横山さんと親しげに話している、そういうことなの。自分からの問いかけだけじゃなくて、神様がどういう風に自分を見てくれているのかとか、君の人生のために、こんな素晴らしいことを私は計画してるよっていうこととか、そういう神様の声を聞くのが、祈りなんですよね。その神様が秩序だった世界をお作りになるのに、どういうことを自分にさせようとしておられるのかっていうことを受け止めて、みんなで行動していくのが教会っていうコミュニティーなんです。

横山　そうなんですね。

キリスト教の世界観

渡辺　ちょっと専門的になるけど、僕の師匠の一人、古屋安雄先生からは、「福音宣教、交わり、隣人愛の実践」という3つのものを用いて、この世界に神様の意思を表していくってことをするのが教会っていうコミュニティーなんだって教わりました。

横山　今の3つを、もうちょっと一般的な日常用語に代えてもらってもいいですか。ちょっと難しい。

渡辺さんが彫られた銅版画。

渡辺　ごめんごめん。まず福音宣教っていうのは、キリスト教の救いというのを人に伝えていくことです。「この世界には、とっても素晴らしいことが起こっているんだよ」っていうことを、伝えていくのが福音宣教。

横山　なるほど。

渡辺　今日は絵を1枚持ってきているんですけど。

横山　渡辺さんが彫られた銅版画ですね。これは一体？

渡辺　これはクリスマスのことを描いている絵なんです。イエス様がお生まれになった小さな小屋が下の方にあって、そこには灯りが灯っている。ここに、星に導かれた博士たちが東の国から訪ねて来るっていうね。なので、この絵の小屋の上に一番大きい星が輝いているんです。地上でこの方が被った冠は、罪と死の象徴である茨の冠なんですよね。

横山　イエス・キリストが被っていた冠ですね。

本当のことは星だけが知っている

渡辺　そう、十字架にかかる時です。つまりここで、御子である方が、不条理にも私たちの身代わりになって死んだっていうことなんですよ。

横山　なるほど。

渡辺　つまりこの世界には本当にいろんな歪みがあって、それで悲惨な目に遭っている人とか、悲しんでいる人、それから良くない行いだと思っても加害者になってしまう時もあるっていう。そういう一切の不条理をこの方が全部身に受けて、神の御子である方が死んだっていうことなんですよね。

横山　うんうん。

渡辺　それによって何が起こったかっていうと、それがイエス様の復活になるわけです。で、この方は復活によって栄光をお受けになるんですね。それで十字架を表すために茨の冠を描いているんだけど、本当にこの方が被った冠は、星だけが知っていて、王冠を描いている。そして、この方の王国は、天にあって、地上から見えるようになっていて。そこには聖霊の鳩が飛んでいるわけです（絵の右上）。

横山　なるほど、これはそういう意匠なわけですね。

渡辺　何が素晴らしいことかっていうと、我々が生きているのは、いろんな不条理がたくさんある世の中なんだけども、それに縛られ続けなくていいんだっていうグッドニュースが、ここにあるんです。そのグッドニュースによって、不条理はすべて神の御子が負い、栄光に代えてくださったという。これを伝えていくのが1つ目の福音宣教。そして、その復活を信じることによって、何が起こるかというと、良好な人間と人間との関係性が生まれるんですよね。

横山　仲良くなるってことですね。

渡辺　神様と自分とが仲良くなったのと同じように、人との関係が良くなっていくんですね。そこにコミュニティーの交わりが生まれてくるっていうのが、2つ目のことです。

横山　うんうん、なるほど。
渡辺　そして、そのコミュニティーは自己満足で教会の中だけで仲良くやってるっていうことじゃなくて、それを本当に世界中に広げていくんだっていう発想があって、それが3つ目の隣人愛の実践になるんです。
横山　ああ、なるほど。なんかそこでは、キリスト教がどうだとかそういう話さえも超えているっていうことになるんですね。
渡辺　そうなんです。だから相手がクリスチャンであるかどうかってことは関係なく、本当に出て行って仕える。その神様の愛みたいなものを伝えていくんだ、実践していくんだっていうのが、キリスト教の考え方としてあるんですね。
横山　うんうん。
渡辺　だからね。父子御霊の三位一体*の神様が、愛する対象としてこの世界を作ったという「天地創造」は、隣人愛の実践の、大きなモデルなんですよ。そして、その時に神様は「地を従えさせよ」、地の調和をもって、調和する世界に管理していきなさいっておっしゃった。
横山　壮大な話。
渡辺　これをキリスト教の専門用語でいうと文化命令っていうんです。最初に話した福音宣教っていうのは、宣教命令ともいって、この2つの命令は神様から人間に与えられている使命って意味なんですよ。
横山　宣教命令ってまあ布教せよ、みたいなところですね。
渡辺　わかりやすくいうと「この世界を調和した、良いものにしていくっていうことを、神様とあなたたちとが一緒にやるよ」っていうのがキリスト教なんですよね。
横山　へえ。確かに、海外ではキリスト教をはじめ、様々な宗教とアート、もしくはものづくりって必ず絡んできますよね。
渡辺　そうですね。
横山　音楽なんかも、クラシック、ロック、ジャズと、ジャンルを問わず絡んでくる。それって、そういう土地で、そういう文化なんだろうなっていうぐらいにしか思っていなかったんですけれど、実はある種、そうなるべくしてなっていたんだっていうところがあるわけなんですね。
渡辺　だからキリスト教では、この世界で起こっている社会活動の一切は、神様がなさっていることで、それに我々が参画して、一緒に働いて

＊三位一体
キリスト教において、神は父・御子・聖霊が一体となった存在であるということを「三位一体」と呼ぶ。

いるっていう世界観なんですよ。

横山　キリスト教にとっては。

渡辺　キリスト教にとっては。

キリスト教がもたらした慈しみと手仕事

横山　僕としては、別にこの本でキリスト教を推してるとか、そういう話ではないんです。ただ仕事上、編み物に関する情報をインターネットとかで調べていると、SNSで人知れずメンタル的に辛い思いをしているような人の書き込みを見かけることが多くって。そして、そういう方々が編み物をしているというのも聞きますし、私が設立させていただいたNPO法人LIFE KNITでも、被災地支援として南相馬の活動とかに編み物で関わらせていただいたりしたんです。そんな僕が今、ふと感じたのは、キリスト教というのは、古くから人が抱える辛さみたいなものをきちんと捉えていたんだなと。それがわかった上で、ちゃんと行動してたんですよね。そして世界をより良くしていく、その手段の一つに手仕事を含め、「何かを作る」というのが関係していたんじゃないかと、思い至ってしまいました。そういう世界観で、みなさん動いていた、と。

様々な宗教とものづくりは絡んでくる

渡辺　そう。なので、日本に、明治時代に海外の宣教師が来た時に、彼らが何をしたかというと、たとえばまずは社会体制として、医療と教育を整えようとした。特に教育は男子に比べ、ほったらかしだった女子のために学校を作った。それがミッションスクール。だから今でもミッションスクールには女子校が多いでしょ。

横山　確かに！

渡辺　そして、ミッションスクールというのはつまり、海外の宣教師たちのミッションのことで、宣教活動の一環だったんです。

横山　なるほど。

渡辺　だから明治時代の宣教では教会が学校を作ったり、病院を作ったり、そういうのが当たり前なんですよ。「この世界を誰も困らないようにしていこうよ」っていう神様の意図を具現化していくっていう働き。

横山　なんか明治期に何が起きたっていうのが、また少し明るみになったような気がします。

渡辺　これは、長いヨーロッパのキリスト教の歴史の中にもあるんだよね。たとえば、修道院みたいなところだって、あの中で薬草を育て、病んでいる人を迎え入れて治療をするといったことをすごくやったわけで。決して閉ざされた空間でお祈りだけしていたわけじゃないんです。

横山　反面、宣教師の活動は植民地政策の先端を切ってやっていくみたいなこともあったわけですよね。それとは矛盾しないんですか。

渡辺　あのね、僕が言うのもなんですけれど、キリスト教というのも、たくさん間違いをしたよね。

横山　そうですね。

渡辺　安土桃山、植民地時代のことだって、彼らの中では純粋に、相手の国を良い国にしたいっていうのもあったけど、圧倒的な優越感っていうのが彼らにあったから。欧米化していくのを良いことだと、はき違えてるところがあるんだと思うよね。

横山　うんうん。

渡辺　で、そうすると、相手の国を自分の国の一環にしていくっていうことになり、いつの間にか、それを搾取する方向に間違っていったのが植民地っていうものの歴史なんじゃないかなって思いますね。

横山　なるほど。

渡辺　そういう危険はたくさんあるんですよ。だから人間の不条理みたいなことを考えた時に、全然意識していなかったのに加害者側になってしまうってことも起こるし、それが罪っていうものになってしまう。それは贖（あがな）われなきゃいけない。

横山　いろんな思惑と、現代でも解決できないどころか、より多くなっている個人と組織の問題が複雑に絡んでいるわけだ。

渡辺　ただそういう悲しい目や悲惨な目にあっても、人間の力でどうしようもできないことってたくさんあるじゃないですか。で、その時に解決に導いてくださるのは神様だけだと思ってるのね、キリスト教って。じゃあ人間はどういうことができるのかっていうと、第一に寄り添うことだと僕は思うんですよ。

横山　ああ…。

渡辺　そうすると横山さんがなさっていたような、南相馬に行って、一緒にその人たちと編むこと。横山さんの中にそういう意識はなかったかもしれないけれど、それがやっぱり、神様がそういう悲惨な目に合っている人たちになさっている計画の、人間の役割として与えられていることなんだと思うんですよね。人間が元気になっていくっていうプロセスとして必要だったんだろうという風に思いますね。

横山　これはまったくもっての僕のただの推測なんですけれど、ものづくりって、受け手に寄り添うっていうことが大きなトピックになっていると思うんです。もちろん、音楽であるとか様々なアートであるとか、漫画とかアニメとか、そういう今の文化も全部そうで。それって今、すごく必要とされていることだし、渡辺さんがおっしゃることと、奥深いところで繋がっている気がします。

知ることでリスペクトが生まれる

横山　いろいろな考え方があるのでそれはそういうことでいいだろうと私はもちろん思うんですけれど、こういう話をすると「編み物とキリスト教をそんな無理やり結びつけなくていいよ、横山さん」って言う人が必ずいるんですよ。

渡辺　うんうん。

横山　でもね、別に自分がキリスト教徒にならなくても、自分がやっているものがどんな歴史を経て、自分のところに届いてきたものかっていうのは、知っておいたほうが絶対に面白いし、自分の活動の糧にもなるんですね。これからジャズをやろうと思っている人が「ジャズは好きだけど、黒人の歴史は勉強しません」っていうのと、似たような違和感があるんじゃないかなと。それはしなきゃいけないよっていうのは誰も言わないけれど、今風に言ったら文化盗用にまでなっちゃう可能性もあるんですよね。最近、ニュースにもなっていたのが、ブラックの方々が髪の毛を固く編み込む髪型のことでして。

渡辺　はい。

横山　あの髪型を留学生や海外に住んでいる日本人とかが、真似してするらしいんですよ。で、だいたい美容師に止められるらしいんですけど、やっちゃうのね。なんで止めるかっていうと、ブラックの人たちは、そのヘアスタイルをする権利を歴史上、勝ち取ってきたっていう意識があるらしいんです。

渡辺　へえ、そうなの。

横山　喧嘩の時でも、差別される時でも、そこを掴まれて引きちぎられたりとか、ひどいと燃やされたりするようなことがあった中でも、彼らはアフロアメリカンで、ブラックはこの髪型に誇りを持っているという歴史に基づいてあの髪型をしているから、下手に真似してやるもんじゃないっていう。

渡辺　そのリスペクトがなくなってしまったらね。

横山　そうなんですよ。それを知らないで、ただ真似しているだけだと、「なんだあいつ」っていう話になるんです。で、それって「なんか頭固いよね」っていう話もあるかもしれないし、一方で、「勝ち取ってきたっていう歴史も知らないでやるのって、ちょっと我々としては心中穏やかでない」っていう気持ちになるのも僕にはわかる。文化盗用っていうのは、たとえばそういうものだったりするわけですよね。まあね、無理やり勉強しなくていいけれど、今、渡辺さんがお話ししてくれたようなことが歴史上あるっていうのは、やっぱり知っておいた方がいいかなって僕は思いますね。

編み物は祈り編み物は悟り

横山　宣教師の話を聞けば聞くほど、身の回りの環境を改善するために何かを作るということは、多岐に渡るんだということがわかりますね。

渡辺　だからね、ものづくりを趣味と仕事という二極に分けて生きる近代は、もうそろそろ終わってもいい頃なのにと思ってるのね。

横山　それ、前著でもおっしゃってましたよね。僕もその通りだと思います。そこでそろそろお聞きしたいのが、今回、対談させていただいているこちらの教会です。

渡辺　こちらはですね。飯能の山キリスト教会といいまして、牧師であ

❶教会の入り口。❷この教会の牧師、中村穣先生。1杯ずつ丁寧に入れる珈琲が人気。教会に併設したカフェ、Cafe Living Room 61にて。❸建物は夫婦でリフォーム。❹ご自宅エリア。❺❻どの場所にもおだやかな時間が流れている。

編んでる場所が僕のサードプレイス

る中村穣先生が、中古の家を一軒買って、それを教会とカフェに使えるように、ご自分でどんどん改造していった家なんです。

横山　ある意味、理想ですね。

渡辺　だからこそ、これだけ居心地の良い空間になっているのだろうし、彼が本当に今を生きている人なんだろうなっていうのをすごく感じますよね。

横山　目的のためだけに作られているっていうよりも、ご自身も心地良いところを求めてやっているだろうし。

渡辺　実はこの部屋は、教会内に併設された週1オープンのカフェのスペースなんですよ。でも、**カフェを営業するというのが目的じゃなくて、みんなの居場所を作りたいっていうのが目的**なんですね。だから教会として礼拝をする空間としても、カフェとしても、とにかくみんながここにいて居心地が良い場所を作りたいっていうことで始まっているわけ。だから本当に、どこに座っても居心地が良いんだよ、ここ。

横山　本当に落着きますよね。あの、私が編み物の活動をしていて思うのが、いろいろ調べていくと、サードプレイスという場所が近代ではどんどん無くなっていっているといわれているんです。

渡辺　第3の場所ね。

横山　そうそう。アメリカの社会学者、レイ・オルデンバーグによる、**1番目の場所が家、2番目が職場、仕事場で、3番目が家でも職場でもないところっていう定義**なんですけど、サードプレイスは実は人間にとってとても大事で、そういうところが心地良いっていってるのね。本書の対談ゲストの一人で、編み物の手法を京都芸術大学で研究していた森國さん（P.138）もこの概念に注目しているんですよね。

渡辺　なるほど。

横山　常連になっている飲み屋、毎日行っちゃって、とりあえず1杯飲んで、1杯だけしか飲まないんだけど、千円払って帰るような飲み屋とか、そういうところは全部サードプレイス。で、面白いのが、編み物っていうのは、編んでる場所が自分にとってのサードプレイスになっちゃうんですよ。

渡辺　持ち歩いて編む人が多いのは、そこですよね。

渡辺さんが着用していたマフラーは、実はクッションの配色を考えた時のスワッチ。これも有名な絵画、アンリ・マチスの「赤の調和」と「ダンス」から採色している。

横山　だと思います。何にせよ、どこでもできて、その人にとって良い時間が作れるっていうようなことって、これからの時代、結構大事だと思うんですよね。それはもちろん手芸、手仕事、編み物だけではないんだけれど、その一つのシンボリックなものとしては必ず挙げられるだろうなっていう風には思います。

渡辺　そういう編み物をしている場所がサードプレイスになるっていうことからすると、おそらく編み物と祈りってすごく似ていると僕は思いますね。

横山　それはどうして。

渡辺　つまり、編み物をしている時って、そこに持って行かれるリズムみたいなので息が整うみたいなのがあって、自分の目に見えない相手と、対話してるみたいなさ、交流のある、交わりのある、そういう空間になるじゃないですか。

横山　はいはい。

渡辺　だから、人間と神様との対話である祈りや祈りの場っていうのも、どこでもできるサードプレイスなんですよね。

横山　私はですね、大きな編み物教室の三代目として生まれているので、編み物の活動に入る時に、祖母の世代の先生方ともたくさん話をしたんです。で、みなさん、編み物についていろんなことをおっしゃっていたんですよ。編み物をしているといろんなことを忘れられるとか、癒されるとか、夢中になれるとか。その中に、編み物は悟りだという人がいて。

渡辺　ああ、面白いね。

横山　無念無想。だから、結局、渡辺さんがおっしゃることと一緒なんですよね。

渡辺　そうだね。禅の世界でも、息ってものをすごく意識するよね。

横山　そうですね。

渡辺　こういうことって、心を健やかに保つには大切なことだよね。

横山　うんうん。人間がものを作っている時って、すごく厳しい目にあったりするじゃないですか。外からだけでなく、自分の内側からも。

渡辺　思った通りにいかないとかね。

横山　結局作ったものには自らが現れてくるので、自分が思っていなかった面を見せつけられたりとか、自分の中のもっと大きなものと対面させられたりするみたいなことがあって、まあだいたいがうまくいかなくて悩む、みたいな。

渡辺　うんうん。

横山　それって技法の話に還元されちゃうこともあるんだけど、僕は技法よりもっとメンタルの話じゃないかなと思ってるんです。そんなの含めても、この話っていうのは通じているし、解決の糸口にもなるんじゃないかな。

渡辺　本当にね。確かにね。

身体に直結しているものを大切にしていく

横山　編み物ってこれからどうなるんでしょうね。

渡辺　生活ってことからすると、これだけバーチャルなものの世の中になってきちゃって、本当に行き詰まっているでしょう。

これぞ編み物の
愉しみ！

おおらかさを持って、居心地の良いものを作っていく

対談当日に編んでいたショートジャケットが仕上がった。シンプルな編み地にニュアンスを与えているのは、ナチュラルウールならではの色のゆらぎ。寒暖差のある時期に着るウエアは、少しフォーマルにして小さな衿をアクセントにしてみた。ベストのヨーク部分の縞は微妙にずれてしまったけれど、その偶然を楽しむのもまた編み物。防寒には密に編んだガーンジーセーターを。ミモザの季節、その配色で編んだTABANEマフラーからは春のぬくもりを感じる。

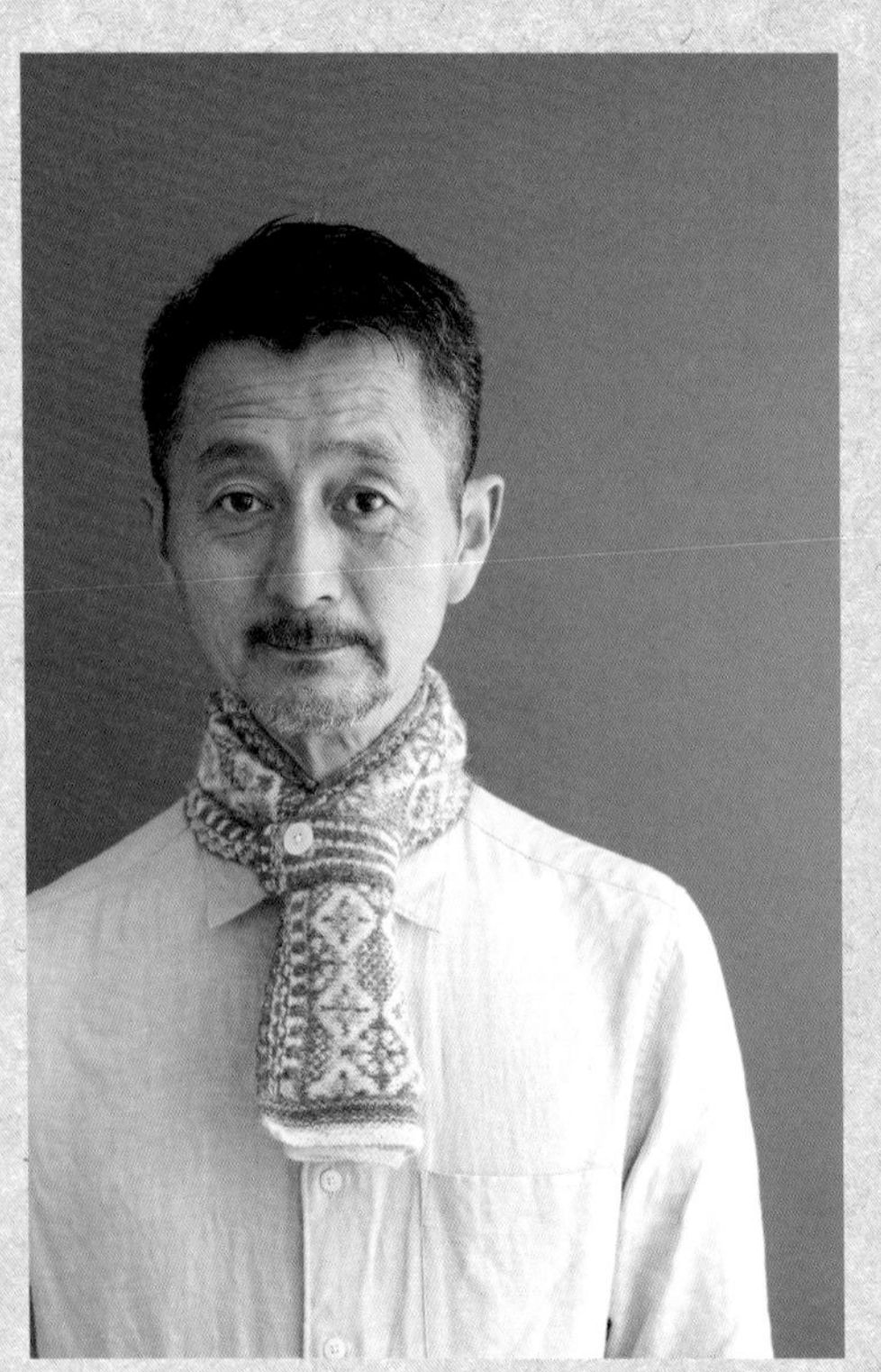

横山　そうですね。

渡辺　そうするともう一度やっぱりバーチャルじゃない方向にっていうことはきっとあるだろうなって思っているんだよね。人間が肉体を持った存在として生きている限り、必ずそうだろうと思うんですよ。

横山　それはすごく説得力があるなと思いますね。

渡辺　そうでしょう。でね、今日は僕を牧師と紹介していただいたので、そういうことも言おうかなと思うんですけれど。

横山　おっ！

渡辺　キリスト教用語で「受肉（じゅにく）」という言葉があるんですね。イエス・キリストという神である方が、生身の人間になったという意味なんです。

横山　はあ。

渡辺　近代のキリスト教の中で、その部分がね、ちょっと精神的に理性的になりすぎた傾向があると思っているの、僕は。

横山　…と言いますと。

渡辺　つまり体を持った存在ということよりも、もっと観念的な世界観にキリスト教が、なってしまった傾向があるのかなと思うんですよね。体というものが重要視されていない。

横山　美大の先生とかは、身体性がはく奪されたと言いますよね。

渡辺　そうですね。

横山　こういうことなのかな。身体で感じることというのはいろんなことがあるけど、**近代的な感覚として挙げられるのが目と耳。「視覚」と「聴覚」だって言われていますよね。**ネット上のバーチャルな世界で重要視されるのは、だいたいその2つ。

渡辺　うん、そうですね。

横山　でも、生まれたばかりの赤ちゃんだと、一番最初に発達するのが「嗅覚」「触覚」といわれている。あとは「味覚」だったりとか。でも、この辺の感覚っていうのは、視覚、聴覚と比べて、アナログというか、少し古い感覚と思われてしまう。で、おそらく、身体性がはく奪されているっていうのは、体験したこと以上の情報を得られる「視覚」「聴覚」だけを使った、その分野のデータだけの状態ってことで。

渡辺　**それが全部頭脳だけで処理されてることが問題になっているんだよね。**

横山　なるほど。

渡辺　その過程で、精神や魂といったところで受け止めていく傾向があるんだと思う。だから、メンタルがやられる人って多い気がするんだよ、今は。**そういう人が辛くて相談に行った先で、人と直接言葉を交わすことで、実際に元気になれるとしたら、そこに心っていうレベルでの対話があった時なんだろうなと。**

横山　今の話と必ず関係してくるだろうなっていう話があるんですけれど、メンタル的に仕事とかですごい辛くなっちゃって、仕事をお休みしたりして、編み物を始めましたっていう話を時々聞くんですよ。

渡辺　うんうん。

横山　そういう人に何で編み物を始めたのかって話を聞くと、毛糸のふかふかした感触がいい、とか。実際に手を動かした分だけ編み地ができあがっていくのがいいって言うんです。おそらくは、それはさっき話した身体に関わることなんだと思うんですよね。体感っていうのかな。

渡辺　自分で着る時にも、実際にふわふわで温もりがあって、暖かいって実感できる。そういう**身体性というか、五感で感じるものを求めていくってことが「生活」っていうことなんだと思うんですよね。**

横山　うん。なるほど。生活。

渡辺　朝起きてご飯食べて、身の回りのことをいろいろやって、汚れたものや片づかなかったものを処理し、整えて、風呂入って寝るみたいな感じだと思うんですよ。

横山　わかります。今言ったことって、全部身体を使っていますよね、

渡辺　でしょう。で、それをもっと大事にしていくっていうところが、これから求められるかなぁと思うと、その一つとして、**売れる売れないではない価値観のものを生み出していくっていう編み物みたいなものが、注目されてくるんじゃないかなと思うのね。**

横山　うんうん。

渡辺　編み物を編んでいて、これで正しいですかっていう質問があるらしいんだけども、それはその資格を取ったりとか、規格のものを作らなきゃならないとかにはいいことなんだけど、僕はもともと編み図なんて見ないでそのまま身体に合わせてびびびって編んでいくから、「あ、ちょっと今回は最終的に丈が長かった…」みたいなことがあっても、まあ

いいわけですよね。

横山　いいですね。

渡辺　それぐらいのおおらかさをもって、自分の居心地の良いものを作っていくって、すごく良いことだなと思う。で、たぶんコロナ禍でそういうことに気づき始めた人が多いような感じがするかなあ。

横山　コロナ以前は、何が正しいか、自分で決めていくこと自体が難しかったというか。近代的なやり方が深まっていけばいくほど、マニュアル化されていくから。

渡辺　うん。考える余地がなくなってくるんだよね。

横山　そうなんですよ。だけど、もう一回それを見直してみようよっていう時に、まあもともと編み物って伸び縮みするしね、みたいなところもあるし。

渡辺　そうだね。

横山　もうね、たくさん編んでいる人に聞けば聞くほど、「そんなの、こうしちゃえばわからないから」みたいなことばっかりなわけですよね。そういう部分は非常によろしいんじゃないかなっていう風に僕も思いますね。だって、伸縮性のある編み地ってのは、本来、そういうことが得意な分野なわけですから。

美しいという価値観で ものを見ていく目が必要

渡辺　そうですよね。

横山　何にでも寄り添える。その人の時間にも、環境にも、状況にも、そういう分野って探してみるとなかなかどうして、実はない。場所が限定されていたりとか、技法が限定されていたりとか、いろいろなところで限定が入ってくるものなので。そういう風に考えてみた時に、編み物っていうのは、シンボリックな分野になり得るなとは思っていますね。

説明しきれないものが「美しい」で判断すべきこと

渡辺　近代の行き詰まりっていうことからすると、これ半分キリスト教の歴史の残念だった部分っていうこともあるかなぁと思うんだけど。

横山　はい。

渡辺　あまりに、善い悪いだけで来ちゃったところがあると思うんだよね。

横山　あー、うんうん。

渡辺　でも、それって本当に旧約聖書、新約聖書全体を通して、聖書がいいたいことかなぁと思うとちょっと疑問で。ひょっとしたらそれは西洋化の中で後づけされていったものかもしれないとも思っているのね。

横山　西洋化って、二元論を元にするギリシャ思想がありますからね。

渡辺　で、善いか悪いかで分けちゃったら、その他を考える余地がないんですよ。

横山　そう思います。だいたい、これだったらもうダメみたいな、究極の選択なんて、そうそう、ないんですよ。世の中の出来事に、一つや二つのわかりやすい原因で、その結果が全部導き出されるなんてありえない。

渡辺　そうですよね。

横山　で、近代は、原因を解決する大きな力をみんなで目指していこうみたいな流れが出てきてはいるけれど、やっぱり、それでも解決できないものがたくさん生まれてきた。たとえば、東日本大震災の時のように、人の手ではどうしても解決できないことっていうのも出てきちゃったわけですよね。その時に、解決できないままでも元気に生きていける力として、編み物があるんじゃないかなって、僕は思ったんです。編み物って本当に、そういうことを全部、打ち消してくれる力がある。

渡辺　本当にそうだと思うね。人間が社会活動していく、良い社会を作っていくっていうことのモデルは、天地創造にあるんだっていうことを話したんだけど、あの天地創造の話のところで、この世界ができて、その世界を神様がご覧になって、「見よ、すべては良かった」って書いてあるんですね。で、その「良かった」なんだけど、ヘブル語の元の意味は、「美しかった」とも訳せる言葉なんです。

横山　なるほど。

渡辺　で、今みたいに、善いか悪いかだけの価値判断でやっている社会が、これだけ行き詰まりを見せてくると、みんなどんどん生き辛さを感じてくるわけじゃない。じゃあ、そこから抜け出そうと思った時、必要になって来るのが新しい視点なんだよ。僕は、そこに美しいっていう価値観でものを見ていく目っていうのが、必要かなぁと思うんですよね。

横山　なるほど。

渡辺　で、それはおそらく芸術の力だよね。ものづくりの力。

横山　美しいってかなり重層的な言葉で、ただ綺麗とかそういうことではないですもんね。美学っていう言葉を掲げる世界は、かなり多様だけれど、そこには一本、芯の通った精神がある。

渡辺　で、それっておそらく、説明できるかっていうと、説明しきれないものが「美しい」で判断すべきことなんだよね、きっと。

横山　なるほど。

渡辺　近代って全部説明できるかどうかになっちゃってるじゃない。でも、美っていう感覚的なものを、説明しなきゃ伝わらないっていうのがすごく残念だって思います。

横山　ああ、そのジレンマってすごいありますよね。

渡辺　おそらく神っていう方も、説明しきれない部分がたくさんあるんだけど、でも神様っていう方と交わりを持つと、すごい感動が確かにあったりするわけだよね。

横山　僕もね。編み物の話でいえば、編み物をする人たちにだったら、言葉にしなくてもいいだろうっていう事柄ってたくさんあるんですよ。

渡辺　うんうん。でも説明しなきゃなんない時は語らなきゃいけないんだよね。

横山　だって、言葉で説明できることって、言葉で説明できる範囲を超えないんですよ。

渡辺　そうそう。だから、キリスト教でいうと信じるっていうことと、わかるっていうことは、ちょっと違うことなんですよ。聖書にこういうことが書いてあるということがわかるというのはとても大事なことなんだけど、わからない、その先のところを信じてるっていうところがあるんだよね。

横山　僕なんかは実際に作品制作をする時、同じように信じるというか、「いい編みキノコができる」というのが心の中で決まっていて、その上で編んでいる感はありますね。

渡辺　イメージの最終形に向かって編んでいくんだね。

横山　そうです。にじり寄っていく。もうそのできあがりっていうのがどこかにあるから。映画監督の宮崎駿さんは40代くらいの時に「映画っていうのはここにあって」って頭の上を指すわけですよ。ここに映画があって、あとはそこににじり寄っていくだけなんだって言ったんですよ。なるほどそういうことなのかなぁと思っているんですけれど。

ものづくりには無限の可能性がある

渡辺　知るっていう言葉があるじゃない。聖書では「知る」っていうのは、知識を得るっていうことじゃなくって、それと深い関係性を持つっていう意味なんですよ。

横山　なるほど。

渡辺　だから神を知るっていうことは、神との近い関係性を築くっていうことなので、それが、自分が神を知るというよりは、神に知られている自分を知るっていうことなんですよね。

横山　なるほど。

渡辺　その感覚って、多分、信じるかどうかっていう領域であり、すごく「美しい」っていうものの領域なの。単純化して説明できるようなこととちょっと違うんだよね。

横山　いや、だって、その話って、結局、自分の知らない自分に会っていくっていう話じゃないですか。

渡辺　そうそう。絶対的な他者と会うっていうことでもあるんだけど。

横山　それってまさに、ものづくりの過程やできあがったものを見て、自分の未熟さを思い知らされたり、満足したり、することじゃないですか。そして、さらに次はこういう風にしていきたいって、自己研鑽を繰り返していく。それとまったく一緒ですね。

渡辺　で、それを形にして示せるっていうのが芸術家に与えられた、これからの役割なんだろうと思うんですよね。

横山　なるほど。

渡辺　これまではヒエラルキーの上の方でお高くとまっている芸術を、みんな求めてしまったけど、そうじゃなくて、一人ひとりの生活の中にある美しさっていうものを共有していく、寄り添っていくみたいな働きが必要かなっていう風にすごく僕は思います。

横山　なるほど。確かに編み物の世界でいうならば、コミュニティーの核になるだろうっていう話も出てきますしね。

渡辺　そうでしょうね。きっとね。

横山　確かにこれから新しい形としていうのが出てくるかもしれない。だけど、今までと同じものに対しても、新しい価値がつけられたり、強い必要性を見出されたりするだろうって、僕はまさにそう思いますね。だから何かを作っていくってことには、無限の可能性があるという風に改めて思ってしまうわけです。

対談場所 / 飯能の山キリスト教会

埼玉県飯能市にある教会。併設のカフェは毎週木曜日11:00〜17:00頃まで営業。
【問い合わせ先】
>P.160

心をほどく × 抹茶（プロローグ）

渡辺さんが点ててくれた抹茶は、豊かな苦味と甘みが口の中に広がった。心を楽にしてこそ、味わえる、味。心をほどいた瞬間の、味。

心をほどく × 珈琲

豆を挽いてから、1杯ずつ煎れていく珈琲。その工程には茶道や編み物にも似たリズムがある。中村先生の所作にも惹き込まれてしまった至福の1杯。

How to make

とんがり帽子

スヌード

フェアアイルの

とんがり帽子 または スヌード

～「人の創造」マルク・シャガールへのオマージュ～

愛と祈りを軸に据え、幻想的な世界を描いたシャガール。「色彩の詩人」と呼ばれ、『旧約聖書』を発想の源とした画家の魂に敬意を込めて。

材料

Jamieson's Spindrift　中細毛糸(1玉25g)　各1玉
青：134番(Blue Danube)、660番(Lagoon)、
　175番(Twilight)、162番(Neptune)
黄：350番(Lemon)、390番(Daffodil)、
　182番(Buttercup)
紫：273番(Foxglove)、599番(Zodiac)
緑：286番(Moorgrass)、790番(Celtic)
赤：524番(Poppy)

※サイズ通りに作れば、この材料でとんがり帽子、スヌードの両方が編めるでしょう。

道具

棒針(80㎝輪針)　3号、2号、1号

※編んでみてサイズが出なければ号数を変える。
写真の作品はテンションが強く、5号、4号、3号を使っている。

かぎ針　1/0～3/0号くらいを1本(帽子の場合)
とじ針

首周りにフィットするショートスヌード。上にいくにしたがって、棒針の号数を細くして台形のフォルムにします。

スヌードの段数より少なく編み、トップは前後で1段差をつけてはぎます。そうすると、はいだ部分に1模様できて、きれいに繋がります。

【作り方】

I 下の縁を編む

①1号針を使い524番の糸で作り目を156目する。
②輪にして524番の糸で6段ガーター編みをする。(輪にしてガーター編みするとはすなわち表編み裏編みを1段ずつ交互に編む。)

II 本体を編む

①3号針に替えて660番の糸で1段編む。(配色図に含まれている)
②配色図の24段まで編んだら2号針に替えて25段から46段まで編む
③配色図の47段からは1号針に替えて編む
＊スヌードより帽子の方が、細い針に代える度、少しきつめに編んで、差を出すようにする必要がある。

III 帽子の場合

①配色図の59段目(柄の中央)は柄の真ん中79目まで編む
②裏返して、かぎ針を使い134番の糸で引き抜きはぎをする。最初は柄の真ん中と、前後1目ずつ、合計3目を引き抜き、その後は前後に1目ずつ合計2目を引き抜く。最後は3目引き抜く。こうすることで、頂点で柄がピタリと合う。

III スヌードの場合

①配色図71段まで編んだら、続けて162番の糸で、表編みからガーター編みを7段編む。
②全周の約3倍の糸を残して切り、とじ針を用いて伸び縮みするとめ方でとめる。(SEWN Bind off)

IV 仕上げ

①裏糸の処理をする
②ぬるま湯でウール用洗剤を用いて洗う。この時、全体を左右、上下に軽く引き伸ばし、表面の凹凸をなくし平滑に仕上げる。表面を手でこすり、軽くフェルト化する。(収縮するほどフェルト化してはいけない)ぬるま湯で十分にすすぎ、形を整えて平干しする。

How to make

【寸法図】

配色	524	134	660	175	162	350	390	182	273	599	286	790

スヌード

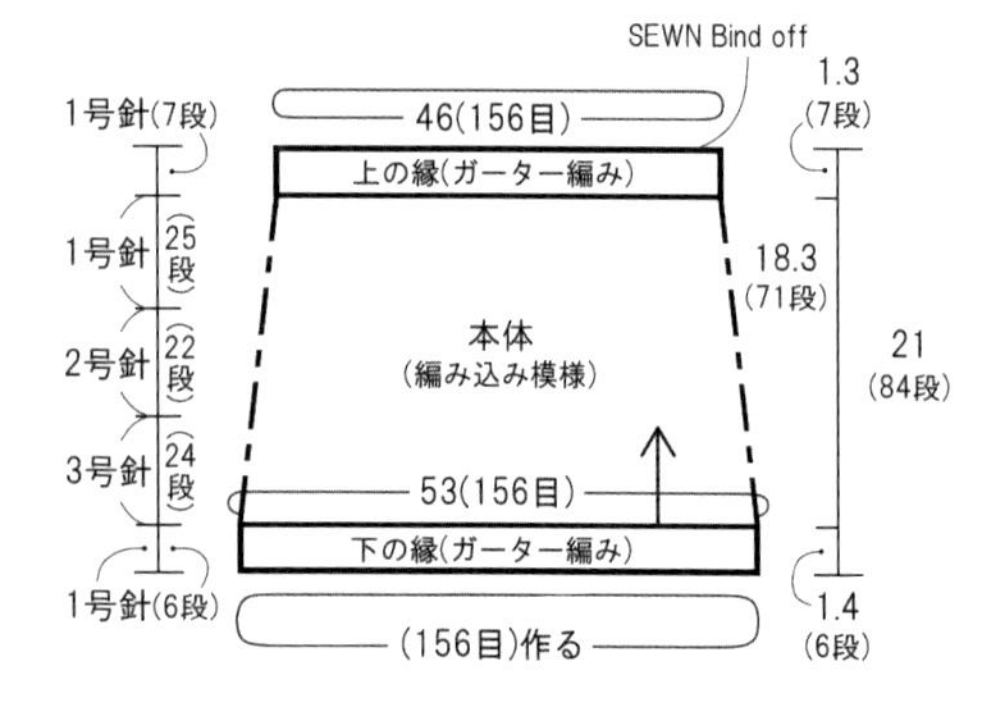

とんがり帽子

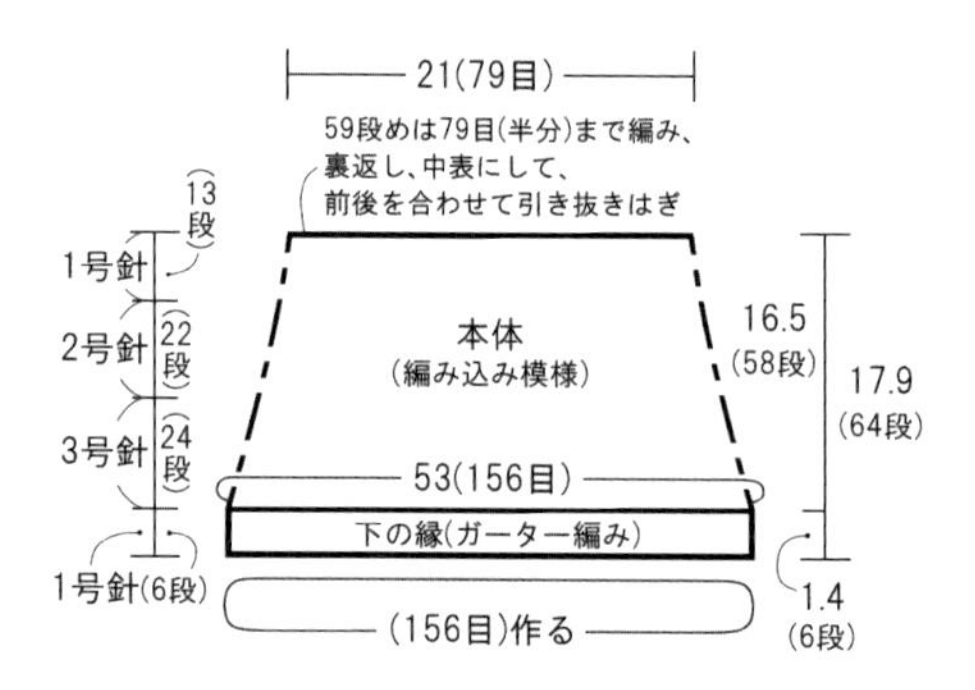

※図内の数字の単位は cm

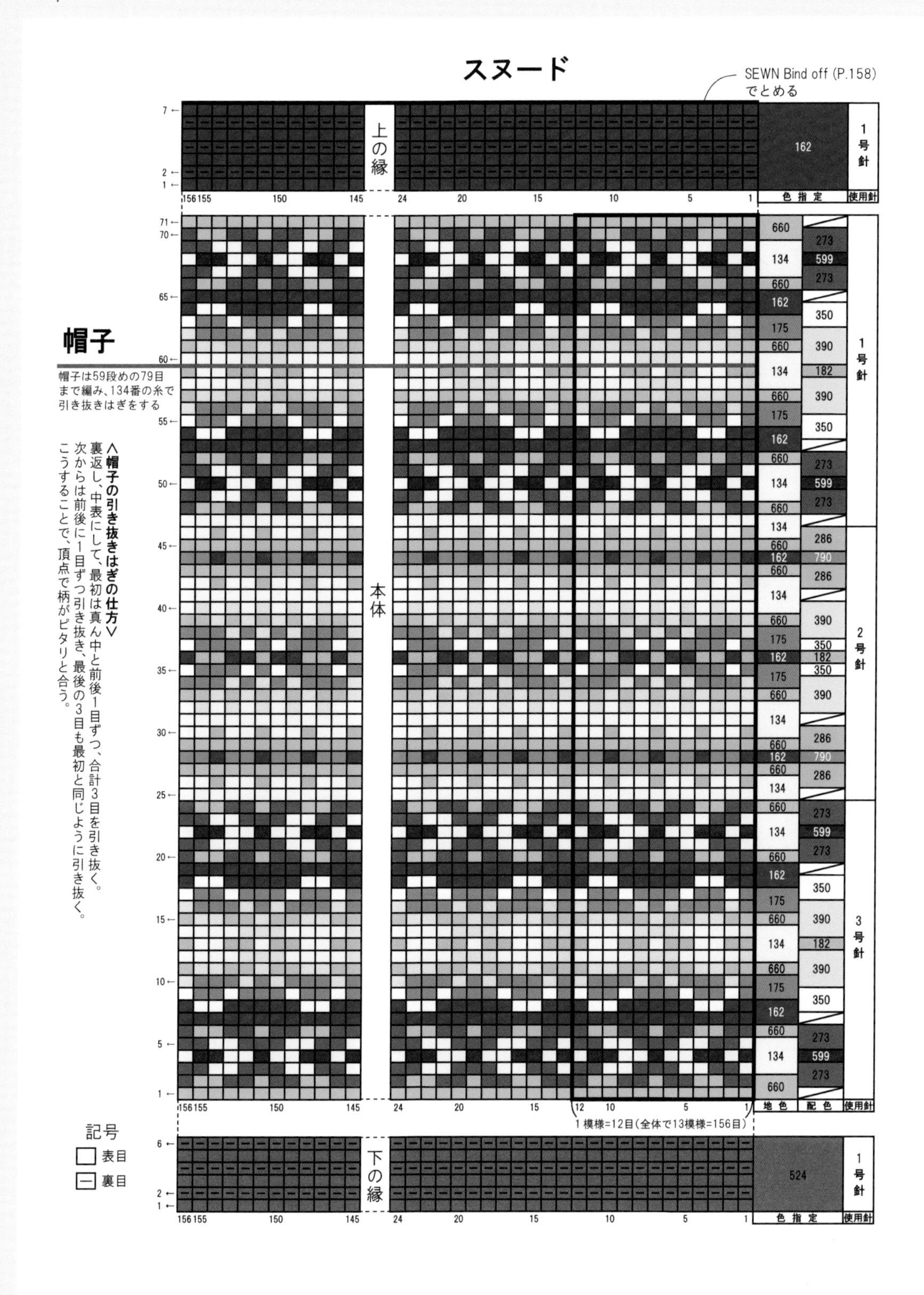
スヌード
SEWN Bind off (P.158)
でとめる
上の縁
162
1号針
色指定
使用針
帽子
帽子は59段めの79目
まで編み、134番の糸で
引き抜きはぎをする
＜帽子の引き抜きはぎの仕方＞
裏返し、中表にして、最初は真ん中と前後1目ずつ、合計3目を引き抜く。
次からは前後に1目ずつ引き抜き、最後の3目も最初と同じように引き抜く。
こうすることで、頂点で柄がピタリと合う。
本体
1号針
2号針
3号針
地色
配色
使用針
1模様=12目(全体で13模様=156目)
記号
表目
裏目
下の縁
524
1号針
色指定
使用針

編み物をはじめとする「手芸」は
芸術や工芸を含む「ものづくり」の中で
下に見られているような気がする。
Twitterなどでそういう経験を投稿される方もいるし、
私のところに相談が寄せられることも少なくないのだ。

素敵なフェルト作品の本も出している芸能人の女性が、
「一生懸命作ったものを、
番組内でとても安い値段をつけて笑いものにした」と
テレビ番組のことをネットで告発したこともある。

「そういう経験をしたことがない」という方もいらっしゃると思うけれど、
事は個人的な問題ではないと、私には思える。
よく考えていただきたい。
最終的には「編み物作品が安く値付けされること」
「手芸に関わる仕事の報酬が少ないこと」にもつながるトピックなのだ。

なぜ「手芸」はそういう風に扱われてしまうのだろう。

そう思っていたところ、
千葉大学名誉教授の池田忍先生にお会いすることができた。
驚くことに、池田先生はその疑問についての
一つの歴史学的な答えをご存じだったのだ。

国家存亡と国際経済に翻弄される「手芸」をはじめとした「ものづくり」。
どうかページをめくり、
壮大な歴史の一幕をご一緒に体験しようじゃありませんか!

池田忍

Shinobu Ikeda

1995年より千葉大学にて日本美術史、文化資料論、ジェンダー表象論などを担当。
2023年3月に退職。現在は、名誉教授。北海道生まれ。
古代・中世の物語絵画(絵巻物)研究の傍らで、人々の手仕事や民族文化についても探る。
著書に『手仕事の帝国日本－民藝、手芸、農民美術の時代』(岩波書店)、
『問いかけるアイヌ・アート』(編著、岩波書店)など。

手芸はなぜ「手芸」なのか

Guest **池田忍さん**（千葉大学名誉教授／美術史研究者）

アートは生きるための術

問うて学ぶ。それが学問というもの。今回は、長年抱えてきた手芸の疑問を懐いっぱいに忍ばせ、歴史学者の池田忍さんが待つ、千葉大学西千葉キャンパスへ向かいました。

価値を付加させる額縁という魔法

横山　まず始めに、池田先生がどんな歴史の研究をされているのか、ご説明していただけますか。

池田　はい。私が研究しているのは歴史といっても、美術史という分野になります。美術というと、一般的には絵画や彫刻、もしくは陶芸、漆器などの工芸といわれるジャンルのものを連想されると思うのですが、今は映像や写真なども入ってくるんですよ。歴史学科で、美術史の卒論を書く人の中には、漫画をテーマにする人もいますし、手仕事、手芸、ファッションなんかにも関心を持つ人がたくさんいます。そういう物や事柄が歴史の中で、どのような人にどんな影響を与えてきたのか。どのタイミングで価値を見出されたり、忘れ去られたりしたのか。そんな評価の歴史、享受の歴史、楽しまれ方みたいなことも研究しています。

横山　美術の歴史というと、やはり西洋アート、ファインアートの歴史みたいなことを思い描いてしまうんですが、池田先生の研究はそれよりもっと広い分野なんですね。

池田　そもそも、私が美術史を研究しようと思ったきっかけは、平安時代の物語に描かれた絵が好きだったからなんです。

横山　あっ、絵巻物！

池田　はい。でも興味を持ったのは、巻物の状態になった絵巻物ではなく、女絵とか絵物語とか呼ばれる1枚ずつ、ばらばらになった絵で。10世紀から11世紀の初め頃、そういう女絵を集めて、交換したり、物語を作ったりすることが流行したんですよ。

横山　今だったら、子ども向けのお菓子についているカードみたいなものかな。

池田　そうです。子ども向けとは言えませんが、発想は共通するかも。

横山　まず、そこから研究がスタートしたと。

池田　はい。そんな風に歴史を遡っていくと、日本には西洋の絵画のような「立派な額縁に入っている傑作」という形ではくくれないアートがたくさんあったんです。近代の区分けでいえば、屏風とか家具という扱いだったり、絵巻物だったら本という扱いになっていたり。

横山　確かに日本の美術や工芸は、ただ飾って愛でるものとはちょっと違いますね。

池田　でも、ある時期、日本の美術の概念ががらりと変わるんです。

横山　ほう。

池田　顕著な例は、1893年にアメリカで開催された「シカゴ・コロンブス万国博覧会」に日本が参加した時ですね。それまで暮らしの中で楽しんでいたものや、日本の文化の中で面白いと思われていたものを、違う価値観を持った人々を相手に展示をしなければならなくなった。そこで日本人は考えるんです。西洋に日本の美術を持っていこうとする時に、家具や本のようなフォーマットだと、西洋の人にあまり理解されないんじゃないかって。そこで、わざわざ額縁に仕立て変えて、展示したということが起きたんです。美術は人の評価を得るために、時に形まで変えなきゃいけない。そんなことにも興味が生まれたんですよね。

横山　それ、すごく面白い話です。本当はその作品自体が大事なのに、海外で展示する時には、西洋流の展示の仕方や見せ方を付随させないと、価値が認められなかったということですよね。

池田　とりあえず向こうのお約束に合わせましょう、という感じでしょうね。後に、日本ではこういうものが視覚的にも文化的にも非常に大事にされていたということを発信していくようにはなるんですけれど。

手仕事の価値の転換期は幕末～明治維新

横山　僕は手芸に関わる人間として、池田先生が美術という範疇に手芸などの手仕事を含めていただいているのが、すごくうれしいですね。

池田　私は人が手でものを作り出し

ていくということこそが、アートの基本だと思っているんです。そして、アートという言葉の意味はまさにライフスタイルそのもの。生きるための術というか、技術なわけですよね。それは何かを器用に作るということだけではなくて、それをどういう風に楽しむかということ。だから、ある意味、私たちが知っている「美術館で観る美術」とされてきたものの方が、狭い範疇のものになってるのかもしれません。

横山　確かに。ただ、それでもいわゆる美術や工芸などの手仕事というのは、社会から一定の評価を受けていると思うんです。でも、手芸に関してはどちらかというと、下に見られがちなまま、今に至ってしまっている。その下地になった原因はどこにあるんだろうって、僕はずっと不思議でならなかったんです。でも、もしかしたら、今の「シカゴ・コロンブス万国博覧会」の話は、僕に答えをもたらしてくれるのかもしれない。1893年はもう明治時代だと思うのですが、この頃を含め、日本が激動の時代だった幕末〜明治維新あたりにかけて日本の手仕事にどんなことが起きたのか、お聞きしてもいいですか。

池田　ふふ。あの、あまり堅苦しくなると講義みたいになってしまうので、リラックスして聞いてくださいね。

横山　はい！

池田　まず江戸時代ですが、一言でいえば、この時代の手仕事は非常に豊かだったということです。日本各地で、その土地の特産品を作るということをいろいろな階層の人たちが行っていました。男女それぞれが主に行う仕事はあったとは思いますけれど、男の人たちが糸と針を使うようなことだって実際にあったようです。その一方で、近世の幕藩体制のもとでは、藩に多額の収入をもたらす特別な技術が、職人たちが他所と自由に交流ができないくらいの厳しい情報統制下で伝承されました。鍋島焼き*はその一例です。

横山　お茶の世界で使うものとかもそうですね。

池田　そんな風に作られたものは、評価を受ける場もきちんと設けられていて、手仕事がよく回っていたのが江戸時代なんです。

横山　そこからどう変わるんですか。

＊鍋島焼き
江戸時代、伊万里市大川内山（おおかわち）で、佐賀藩（通称、鍋島藩）が焼いていた高級磁器。

池田　開国ということで、否が応でも、海外と向き合わなくてはならなくなります。日本国内で作られ、国内で消費されてきた様々なものを、今度はどれだったら海外に売れて、高く評価されるかを考えるようになりました。そして、当時、世界的な先進国として国力を競っていた国々で開催されていた博覧会というシステムに、日本も参入していくんです。生糸なんかは輸出品としてすごく重要だったとは知られていますけれども、実は工芸品もまた、日本を代表する輸出品として大きな期待を担っていました。私も研究をしているうちに、日本が博覧会というものに遭遇したということが、美術を考える上ですごく重要だということを知ったんですよね。

横山　なるほど。日本からしてみたら、幕末に黒船がやって来て、国が無くなっちゃうかもしれないっていう危機感の中で、明治維新を起こして西洋文化を日本に取り入れて、何とか強くなっていこうって頑張ったんですよね。その時期に、海外で行われていた万国博覧会に日本が参加していくってことですよね。

池田　すでに幕末には、薩摩藩のように、藩としての出品はあったんです。でも、日本政府が国家として博覧会に初めて参加したのが、１８７３年、明治6年のウィーン万博ということになります。

1873年ウィーン万国博覧会日本館エントランス。[澳国博覧会場本館日本列品所入口内部之図]
田中芳男・平山成信編『澳国博覧会参同記要』(1897)国立国会図書館ウェブサイトより

横山　万国博覧会というのは、当時、うちの国はこれだけのことができますよ、もしくは、こんな文化があって、こういうものを輸出できますよっていうようなプロモーションの場だったんですよね。

池田　そうですね。その通りなんですけれど、初期の段階ではまだ日本自体が何を海外に打ち出すか試行錯誤の時代だったんです。だから、参加することで他の国の様子を探りつつ、技術を習得させる人材をヨーロッパに置いてきたりしていました。

横山　なるほど、なるほど。

池田　そういうことをしているうちに、この分野だったら日本で良いものが作れるんじゃないかっていう品が絞られてくるんですね。今度はそれを伝統工芸として磨き上げていったんです。

横山　つまり、西洋ヨーロッパでたくさん売れるぞと、力を入れて作っていったものの中から残ったのを伝統工芸と呼ぶようにしたみたいな所があるということなんですか。

池田　まあ、明治になって初めてジャンル化したとは、ちょっと言えない部分もあるんですけど。たとえば、江戸時代から受け継がれている「金工（かなだくみ）」と呼ばれているようなものがありますから。

横山　金属を細工した工芸品を作ったりするやつですね。

池田　そうです。北陸の高岡をはじめ、いろんな所に特産地があって、それらを組織化していくことで残っていった工芸もあるんですよ。でも、それを伝統と呼ぶようになるのはやはり近代になってからで。

横山　なるほど。

池田　他にも美術に関していえば、明治になって入ってきた西洋の美術に対する価値観を知り、絵画や彫刻を非常に価値が高いものと位置づける考え方に変わってきます。そうすると、帝室技芸員制度*での保護下に工芸のジャンルが入ってくるんですよ。彫金とか漆芸とか、その他の残されていった手仕事ですね。そういう制度ができることによって、工芸も日本が誇るべき独自の伝統であるという認識が作られていったんだと思います。かたや文展（文部省美術展覧会の通称）と呼ばれる一番権威のある展覧会に工芸が入るのは、実はすごく後のことなんですけど。

1893年シカゴ・コロンブス万国博覧会における日本の鳳凰殿の内部。
Photo by Museum of Science and Industry, Chicago：ゲッティイメージズ提供

横山　新しい価値観を受け入れるのにも時間差があったのかな。

池田　長く続いているから伝統になるのではなく、いろんな制度と抱き合わせで作られていくという風に私は理解しています。

横山　なるほど。ここで大事なのは、それまでの日本での手仕事に対して、「伝統」という価値が新しく生まれたということですね。幕末明治維新を経て、万博に出して、海外の人たちに買ってもらわなければいけないという状況になって、売れる／売れないを基準にランキングができた。しかも、そのランキングが結構シビア。売れれば偉い、だめなら偉くない。そういう評価の仕方が、すでにこの時代にあったっていう話がすごいショッキングなんですけど。

価値を得た手仕事とは？

横山　気を取り直してお聞きしたいのですが、実際に海外でどんなものが売れるかっていうのは、誰がどういう風に決めていったんでしょうか。

＊帝室技芸員制度
1890年（明治23年）に発足した帝室（皇室）による美術や工芸の作家の保護と制作の奨励を目的として設けられた制度。

輸出は日本の独自性をアピールできるものに絞る

池田　そうですね、この博覧会事業に関わった人たちは数多くいたんですけれども、例をあげるなら、中心的な役割を果たしたのが佐賀藩出身の佐野常民でしょうか。幕末に蘭学やいろんな技術的なことを学んでいて、蒸気汽関車の開発事業にも関わっていたらしいです。博覧会事業に関しては、幕末の1867年に第2回パリ万博*へも参加していて、日本の海外でのニーズを最も早く調査していました。大政奉還の翌年に来日したドイツ人の化学者、ゴットフリード・ワグネルとの出会いも大きかったようですね。

横山　陶磁の発展に尽力をした人ですね。

池田　そうです。ですのでそういった知識のある御雇外国人*たちの知見も判断基準に含まれていたんですね。シーボルトの息子なんかも関わって博覧会に出すものを考えていったようなんです。

横山　なるほど。いろんな方が関わっていたということですね。

池田　試行錯誤を重ねていた初期の頃には、縄や藁、糸などの細工品も入っていましたし、日本政府が初めて公式に参加したウィーン万博（1873年）では、アイヌの工芸品なども、かなり広範に出すということもやっていました。

横山　なるほど。

池田　最初はもちろん、売れる／売れないってことも重要なんですけれど、やっぱり目を引く／引かないっていう点も課題だったので。

横山　まずは目をとめてもらわないと。

池田　だから大提灯とか、仏像とかも出品していたんですけどね。ただ宗教的なものは、西洋人にとっては異教なので、博覧会を通じて日本が産業化し、外貨を得るためのものとしては、あまり適さないっていうのも、次第にわかっていくことになります。

横山　うんうん。

池田　それから単価が低いものも淘汰されていきました。木や藁で作ったようなものは難しいとか。

横山　すごくよくわかります。

池田　それと、万博を通じて海外に渡ったものは、その後、主要なヨーロッパの博物館に収蔵されているものが多いんです。そこから推察すると、それぞれの国の国民が見て、これは日本のものなのか、中国のものなのかっていう風に比較できるもの、比較しやすいようなものが購入され、集められていたんじゃないかと思います。

横山　いずれにしても、本当に日本で日本人が日常的に使っているものよりも、ある意味、悪目立ちも含めてキャッチーなものが勝ち残っていったみたいなのがあったんですね。

池田　ちょっと面白いなと思ったのは、その博覧会の日本展示風景を描いた向こうの絵とかがあるんですけれど。幕末のパリ万博の時なんかは、日本人の男性がちょんまげ姿で歩いている絵などが残っています。その後も演劇で有名な川上貞奴が行った博覧会で、演目として侍腹切りが出てくるものがあったのもよく知られていますし。まあ目立つこともありますが、視覚的なものと連動しながら日本のイメージが作られていき、それにわかりやすく乗ったものが選ばれていったんじゃないですかね。だから生活の道具、これは手芸の話にちょっと繋がっていきますけれども、そういう基層文化に近いところで豊かに存在した手仕事は、海外に出ていくことが無かった。こぼれていくっていう過程があったんだと私は考えます。

横山　いやあ、私の調べだと、幕末には編み物をする侍たちがいて、いろんなものを編んでいたはずなんです。本書で対談させていただいている、北川ケイさん（P.8）という編み物の歴史を研究されている方からも、明治時代、レース編みを始めとする日本の技術力は海外で高評価されていたと聞きました。でもそこ止まりで、後々、あまり評価されない歴史をたどるのは、「これは日本のものだね、すごいね」っていう風には目立たなかったんですね。特に生

＊第2回パリ万博
1867年開催。日本から初出展した万国博覧会。徳川幕府、薩摩藩、鍋島藩（佐賀藩）がそれぞれ出展した。

＊御雇外国人
幕末から明治時代にかけて、海外の知識や技能導入のため、日本政府や民間期間に雇用された外国人のこと。

活の道具というのは、似たようなものが外国にもあっただろうし。だから、こぼれ落ちてしまった。

池田 佐野常民にしても、力を入れていくのは、「日本の独自性をアピールできるものに絞る」と言っていますし。

横山 そうでしょうね。そこには売れればいいというだけの理由ではなくて、やっぱり日本の良さに誇りを持っていたみたいなのも、あったような気もしますね。

ファインアートという芸術の概念を知る

横山 海外では自国らしさをアピールするのに、ファインアート＊と呼ばれる絵画や彫刻の芸術作品が使われていた印象があるんですけれど、日本としてはどうだったんですか？

池田 これが意外と難しいんですね。日本は最初の博覧会に、本当にいろいろなものを持って行ったんです。仏像から掛け軸からすべて。でも、欧米の博覧会には、各国展示とは別に美術館っていうところがあって、そこはファインアートというものを展示するところだっていうのを初めて知ったんです。

横山 あっ、別なんですね、枠が。

池田 そうなんです。ウィーン万博などの日本が参加した初期の博覧会では、その別枠のところに出品するという発想がなかったんですよ。でも、それはいけないって反省して、シカゴ万博（1893年）にはファインアートを出品するぞってなったんです。しかも、そこへは「洋画は持って行かない」って決めて。

横山 目立たないから！

池田 そうです、まさにそうですね。洋画を持って行くと、ヨーロッパや欧米の絵画との比較をされるだけだから、日本画に絞ろうと。特にファインアートの分野のアイテムは、彫刻と絵画ですから、屏風はどうだ？となったんですけど、家具なのでだめだと。

横山 ああ、そうか！

池田 じゃあ、額縁に入れたものにしよう、と。掛け軸ではなく。

横山 日本では部屋に屏風を置いて、それでみんなで見るという美術、そういう美術のあり方だったのに、それをわざわざあの額に入れちゃったっていうことですよね。

池田 そうですね、壁に掛けて。でも一度やってみて、そんな風に無理やり適合させる方法がいいわけじゃないというのにも気づいて、1900年頃には、日本ならではの伝統的な展示空間に美術品を置くといった工夫もしていたんです。手探りでいろいろやってみた感じですね。日本の中でも日本の独自の演出の中での美術のあり方を見せるのがいいか、それとも欧米風の制度に則った方がいいかっていうことをかなり迷っていた部分もあるんじゃないですか。

横山 やー、今お話を伺っていて、思い出したんですけど、日本画っていう言葉は明治以降に作られたんだそうですね。しかも、そういう日本画をやっている人たちは、格式が高いというイメージが僕の中にずっとあるんですよ。もしかしたら、日本画が放つ印象は、その頃に作られたのかもしれないって思えてきました。

池田 まさに美術史の分野では、日本画とはなんぞやっていう問題は、おそらく大テーマだと思うんですね。

横山 なるほど。

池田 これはもう、私の元々の研究テーマにもなるんですが、歴史を平安時代まで遡ると、日本で描かれた絵は「大和絵」と表現されるんですよ。それに対になるのは唐絵という中国伝来のもの。それが近代になった時に編成し直されて、洋画と日本画になるんです。だから、日本画の中には、元々は中国から入ってきた水墨画なんかも含まれますし、明治維新以前に受け止めてきた海外からの絵画の技術も全部吸収されちゃっている。その上で、洋画と対峙されるんです。

横山 なるほど。

池田 そういう枠組みだったんで、絵画の伝統もまた、作られていくものだと思います。

横山 いやはや。僕らが無意識のうちに、「こういうものは格式高いな、だから値段が高くて当然だな」って思わされている状態が、この万博の話に結びついてくるというのは、本日2度目の衝撃なんですけど。まあ、茶道具なんかは、それこそ安土桃山時代でも茶碗1個で地方の国が一つ買えるみたいな話もありましたから、元々そうだったのかもしれませんけど。ただ国際的な見解から、手仕事の価値付けがどんどん明確化されていったっていうのは、非常に興味深い話ですね。

＊ファインアート
美的・知的な目的のためにのみ創作された絵画や彫刻などを指す概念。純粋芸術とも呼ばれる。

技術の伝承はどう変わったのか

横山　明治維新以降、美術や工芸、手仕事の対外的な価値に優劣ができたわけですが、その結果、受け継がれ方というのにも違いができたんでしょうか。

池田　大きく分けて、近代の手仕事が伝承されていく場って、3つあるのかなって思うんです。

横山　ほう。

池田　1つ目は、教育制度の中に組み込まれるかどうかっていうことですね。2つ目は、工房のようなところで先生から、限定的な弟子へ教えていく方法。近代以前でしたら、一子相伝とかね、鍋島焼き（P.65）のように、藩が特別に要請して外の弟子も入れないっていう場合もあったのかもしれませんけれども、基本的には師弟関係で。3つ目はローカルな地域共同体といいますか、地域と家族というような単位だと思うんです。そして、それを考えた時に、前者の2つは価値が高いものと結びついていき、最後の地域共同体からは民藝が出てきたりするものなのです。少なくとも明治の段階では、美術を学校で学ぶということ自体が極めて新しい初めての試みなので、そこで学べるものは非常に価値が高いということになりました。でも現在の東京芸術大学に繋がる東京美術学校でも、最初はファインアートといえば、日本独自のものである日本画と彫刻というのが来るんです。洋画はやっぱり博覧会と連動していて、パリ万博にも出品した有名な画家、黒田清輝がイギリス留学から帰ってきて、ようやく洋画を学ぶ場所が東京美術学校にできるんですね。「洋画も教えない美術学校があるものか」って。

横山　面白いですね。学校では元々日本にあるものだから、日本画を教えていたんだけど、万博の影響で後発で洋画を教えるようになるって。

池田　学校自体の制度は西洋から持ってきてるんですけどね。

横山　ね。

池田　そこに洋画を入れないで始めるっていう辺りは、やっぱり一国の文化を示すものとして、何を選ぶかっていう発想だったんだと思いますね。

横山　なるほど。かなり万博の影響を受けていますね。

池田　だけど、やっぱり最初からは工芸が入らなくて。

横山　あっ、工芸は入らなかった。

池田　その後、少しずつ加えられていくんですけれど、非常に技術的なものだったり、産業に近いと考えられていたものが先に選ばれていきました。さらにいうと、焼き物などの窯業を学校で教え始めるのは、今の東京工業大学の前身になる、官立の学校が先なんです。

横山　東工大かあ。

池田　そこを出た人の中には、民藝で有名な濱田庄司や河井寛次郎とかがいたんですよね。窯業は技術だけでなく、釉薬のこととか、むしろ化学の知識が必要になる部分が多いので、工業の学校で学ぶっていうのも納得するんですけれど。東京美術学校も、次第にデザイン的なものを教えるようになるにつれて、工芸の分野も増えていったように思います。

横山　今だったら美大に工芸科や工芸デザイン科とかがあるのは普通だと思うんですけど、もともと工芸は美術学校の範疇ではない、つまりアートじゃないっていう風に扱われていたところがあるんですね。

池田　いわゆる本流の芸術からは外れているという理解でしたし、日本の中ではそれは学校ではなく、工房で学ぶものであったわけだから。それでも作る現場では、織物や焼き物の下絵を日本画家に描いてもらったりして、より価値の高いものを作ろうとしたりもしていたんです。

家庭で伝承されるものの価値

横山　今までの話だと技術の伝承の場は3つで、前者2つはある程度、技術を身につけられる人の数が限られてきますけど、3つ目の家庭や地域で伝承されていくものは、かなりオープンな技術ですよね。ほとんどの地域にそういう手仕事があるわけですし、世の中には職人じゃない人のほうが多いわけですから。まあ、家庭の手仕事から、後々、民藝になっていくものもあるんだと思うんだけど。だけど、やっぱり学校に行って習うようなものは特別で、家庭で覚えるものは普通っていう考え方は、ここからも作られてきたんだなと、話を伺っていて感じました。でも、今、一般的に残っている手仕事がそんなに価値の低いものかっていったら、そうではないと僕は思ってい

て。

池田　はい。

横山　現に、編み物の手法を芸大（京都芸術大学）にて研究されていた森國さん（P.138）は、編み物や手芸を新しいコミュニケーションツールなんだという位置づけをして、作品を発信しているんです。これって人間関係が希薄化してきている今だからこそ、求められている価値観ですよね。歴史的な流れやビジネスの観点から、美術や手仕事に対する優劣の刷り込みが起きてしまってはいるけれど、本当は家庭や地域でずっと伝承されているものほど、必要性という価値があるものなんじゃないかなって思うんです。池田先生が見てきた中で、そういう事例というのはないですか？

池田　そうですね、たとえば、高知では大きな気づきがありました。そこは藁細工が盛んだったんですよね。ほら、稲を作ると、とにかく藁が出るじゃないですか。

横山　出ますよね。

池田　戦後の頃まではそれでロープをたくさん作っていたんです。それを保管しておく倉庫っていうのが高知の中に何棟も建っていたりして。歴史的な記憶を宿している建物群なので、今はギャラリーや新しい店舗に改装されているんですけれど、そういうものが地域に残っているのを見ると、藁細工は高知のそこではとても必要とされて残ってきたものなんだなって感じるんです。漁師さんがする網の修理なんかもそう。生活には欠かせない手仕事は今も残っているじゃないですか。

横山　そうですね

民藝が目指すもの

池田　でもそういう手仕事って、藁のロープしかり、材料が変わると伝承されなくなってしまうおそれもあるんですよね。そう考えると民藝というものは、日本の今の手仕事の中で非常に重要な立ち位置だとは考えています。まあ、民藝自体も、やっぱりどこかで手仕事を選別してきた結果ではあるんですけれど。「これは民藝的だよね」って。

横山　あーはいはい！　ありますよね。

池田　戦前、柳宗悦たちが民藝の価値観を作っていた時代には、作り手のほとんどは男性の職人さんや無名の職人さんたちだったのに、むしろ戦後は手仕事をする女性たちが作家的になって民藝と繋がっていくという動きができていったように思います。

横山　本来、民藝というのは明治維新あたりの過渡期に、日本の伝統工芸として勝ち抜けなかった多くの手仕事の中から、地域に根ざした手仕事をもう一度、価値づけをして世に出していく運動や手仕事品だったと思うんです。でも結局、民藝もまた、生き残るために、お洒落なもの、こうやったら売れるっていうものを作っていく別路線の歴史みたいなものが、結構ありましたよね。

池田　そうですね。最初から柳宗悦が目指したのは、お洒落さではなかったと思うんですけれど、彼の中での美の線引きっていうのがかなりはっきりあったというか。だから、どこかにすごく洗練されているなと感じるものが残っているのが、民藝ってイメージはありますね。

横山　そうですね。

池田　私はアイヌの手仕事についても、関心をもって研究しているんですが、ある民藝館に所蔵されているアイヌの手仕事の類は、ただ手が込んでいたり、技術的にすごかったりするだけじゃなくて、やっぱりデザイン的にも優れたものなんですね。でも、そういう民藝と接しながらものづくりをする人の中には、その出来を高く評価されるほど、個人作家として価値と権威を帯びていく、みたいなところがあるんです。それは新たな線引きを生んで、生活の中で培ってきた手仕事とは一線を画したものになってしまうんです。だから、一方で森國さんのような若い世代から、世代を越えて受け継いできた手芸をコミュニケーションツールとして世間に広めようとする新しい作家さんが出てきているのも、すごく面白いことだなと思います。今はアートそのものが「個人」ではなく、「コレクティブ（Collective／集まる）」「コーポラティブ（Cooperative／助け合う）」と呼ばれて、協働的なところからアートは生まれていくんだっていう思想が出来てきているんですよね。個人作家を大事にするファインアートもあれば、複数の人が作家として集団で動くコレクティブっていうようなことが、割と浮上してきていたりするんです。そういう現状を背景にして、失われてきた手仕事が再度、注目を集めているっていうのは、私はすごく面白いし、面白い作品が出てくる可能性に満ち満ちているんじゃないかなと思います。

横山　やっぱり手芸っていうのは、日本の中ではそんなに価値があるものとしては扱われていなかった歴史があって、それは海外へ向けて日本の手仕事を発信するための戦略であったり、伝承の仕方が根底にあったりする。そういう、過去に決まったことや連綿と続いているあきらめみたいなものが、そのまま僕ら現代人にも刷り込まれて、今の現状を作っている感はあるんですよね。

池田　はい。

横山　ただ、面白いのは、さらに先生の話をうかがっていると、現代になってその価値が逆転しそうな瞬間というのが、これからあるんじゃないかなというところなんです。最初におっしゃられていた、とても豊かだったという江戸時代のものづくりの姿、環境が、形を変えて、もしくはその視点を変えて、もう1回我々のまわりに現れてくるんじゃないかなって、少し思えるような気がするんですよね。日本だけじゃなく世界的にも。

アイヌの手仕事が教えてくれるもの

池田　確かに若い作家さんの中で、手芸、手仕事をコミュニケーションツールとして、協働的に作品を立ち上げていくっていう考え方が出てきたのは、期待できますよね。これは国際的な動きでもあると思うんです。そして、そういう人たちと地域との関連性を復元していこうという動きもまた始まっているんですよ。

横山　好ましい変化ですね。

池田　ここまで、あまり触れられなかったのですが、実は私は北海道の札幌出身なんですね。そんなこともあって、アイヌの人たちの手仕事に20年くらい前から、関心を持つようになって、今はアイヌアートに関する研究をしたり、作家の方と共同で本を書いたりしているんです。そんな関係で、今、北海道平取町の二風谷というところで始まった、アイヌの文化的景観を取り戻すという取り組みのことも詳しく知ることになりました。ここは北海道の中でも、アイヌの方々がかなり多く住んでいる地域なんですよ。

横山　アイヌといえば独特の文化が

ありますよね。

池田　そうですね。例えば沙流川（さるがわ）の流域にある集落には、アイヌの伝統的な織物、アットゥシの材料になる木があるんです。ニレ科のオヒョウという木で、その樹皮を採取して、糸作りをします。

横山　へー！

池田　その織物は通産省によって、日本の伝統工芸品にも指定されているんですけど、今回の取り組みでは、そういう伝統工芸品を復活させるだけではなくて、その技術をさらに発展させて、自分たちが今、使いたいものにアレンジしたり、アイヌの人間として、自分たちの歴史を伝えられるような「物語のある手仕事」みたいなものを試みる人もかなり出てきています。アイヌの手仕事と、今まで工芸や手芸と呼ばれてきたものをクロスオーバーさせたり、融合させたりするような、自由な表現も見ることができるんですよ。

横山　楽しそうですね。

池田　チセと呼ばれる伝統的な住宅に使う和笹を植えたり、織物や木彫りの原料になる木を植樹したり。これは、地域の中で材料を育てるところから始めましょうっていう、コンセプトなんですよね。他にも外からの観光客にも参加してもらえるようなワークショップやエコロジカルツアーみたいなものとも合体しています。

平取町アイヌ文化振興公社企画・実施の取り組み「アイヌの伝統的生活空間（イオル）の再生」の紹介・体験事業の様子。アイヌの手仕事に用いる自然素材（ガマ）について説明を受けている。

横山　その土地ならではの地域性をみんなに楽しんでもらったり、もしくはプロモーションするために、昔ながらの手仕事や、特にアイヌの人たちのような貴重な少数民族の文化を見せていくのは、よく考えられているなと思います。しかもそういうものが、大規模かつ総合的にされているのがすばらしいですね。

技術を伝承するのと同時に発想を広げていく

池田　その通りだと思います。地域共同体と外部をつなぐ視点や発想が重要で、同じものを反復的に作るだけではだめだと、多くのアイヌの人たちは考えています。だから、技術を伝承するのと同時に、みんなで発想を広げていこうとしているんですよね。これから先どういう風なものが生まれてくるんだろうかっていう期待も大きいです。

横山　うんうん。だから面白いのですね。今回、先生にお聞きした前半の話では、手仕事を巡る価値っていうのは、当時の日本が世界に対してものが売れるかどうかとか、向こうの人が日本に対してどう思うかどうかっていうような基準、そういう視点で手仕事の価値を決めていた。でも、今、うかがった話は全然違いますよね。町の外に対してプロモーションするとか、もちろんそれもあるけれども、本質はそうではなくて、町の人たちが、どういう風に感じていて、どう動くかだってこと。それって発信する側がすごく能動的だし、時代を反映しているし、大きな価値の見つけ方の一つだろうなあ、と思うんですね。

池田　そうですね。

横山　それとね。必要な材料を育てる、身近な自然環境から入手するための努力は重要ですね。そのことを、みんながきちんと理解しているから、このまま育っていくとすごく良いものができていくんじゃないかなと見守っていきたくなる。

池田　手仕事って、作っている人たちが楽しくってなんぼのものだから、関わる人たちにとって、その喜びがないところには、やっぱり面白いものは作れないと思うんです。たとえば、あの東日本大震災後のあの地で、人が集まって手仕事をするような場を作っていくということが、

とても大事だっていうことを、実際に現地で活動した横山さんならよくご存じですよね。

横山　作る喜びって、生きる喜びでもあると思うんですよね。

「面白い」が原動力

池田　北海道平取町を例に取り上げましたが、地域的なプロジェクトっていうのは、探すとあちこちで行われているんですよね。「国際芸術祭あいち２０２２」もその一つ。これは展示会場を愛知芸術文化センター、常滑市、一宮市、有松地区の4つの地域に分けて行われた大規模なイベントでした。実は愛知って、すごい手仕事王国だったりするんですよ。常滑市は焼き物の産地ですし。

横山　はいはい。

池田　羊毛で非常に栄えた一宮市に、絞り染めの産地の有松地区。

横山　一宮は糸の町ですね。

池田　毛糸屋さんがいっぱいあるんですよね。

横山　もうメッカですよ。編み物マニアはまず一宮に行けっていうくらい。

池田　会期中は一宮の市役所のところで太い毛糸で大きな縄を作っていくプロジェクトというのもありました。有松も、古い染色のお家の蔵とか、邸宅を会場にしていましたし、あちこちで手芸イベントなんかも行われていて。参加する人たちに面白いと思ってもらえて、その場所が持つ意味を考えてもらえて、さらにものづくりで繋がっていく、いいプロジェクトだったと思います。だからこそ、今後もサステナブルにやっていけるかどうか、っていうところにかかっているんです。芸術祭ってお祭りなので、次を楽しみに待てるといいなと思うんですよね。

昔は当たり前だったことの価値を再発見している

『国際芸術祭あいち 2022』で行われた眞田岳彦氏による参加型ワークショップ企画「あいちNAU（綯う）プロジェクト」での羊毛を用いたオブジェ。撮影／池田忍

横山　楽しいとね、人って集まるんですよ。snowpeak っていうアウトドア製品の会社のイベントもそうで。僕は２０２１年に、その会社の10回年間イベントに全部帯同して、ワークショップをやったんです。対象は子どもにしろ大人にしろ、一切、編み針や毛糸に触ったことがない人。それでも楽しめますよっていうシステムを作って臨んだんですけ

ど、結果、すごく人が集まったんです。参加者は延べ、千何百人。素地がなくても面白ければ、楽しめるっていう事実を、実は手芸の業界側は把握していない。そのギャップを僕はどうにかしたいと思っているんですよ。

池田　実際にやってみなければわからないことって、たくさんありますから。

今は昔が、巡り巡って、昔が今に

横山　さあ、どうやったらプロジェクトを継続していけるかという話なんですけれど、僕の見解としては、そのプロジェクトと一般社会の社会問題を、どれだけ関連づけられるかっていうのが、結構なポイントだと思っていまして。そういう意味で、北海道の平取町の例は、すごく上手なパターンだなと思うんですよね。地産地消やSDGs問題なんかと自然な感じで結びついていますもの。

池田　そうですね。

横山　僕が経験した例だと、今年の春にChloé（クロエ）っていう、フランスのファッションブランドの方から呼ばれて、ワークショップをしたんですね。Chloéとしては、プロダクトとともにそれに関するサステナビリティーをPRしたかったんです。実は、アパレル業界の企業では、国際的に法規制がかかり始めて、糸や布地を捨てられなくなっているんですよ。だから、手芸やハンドクラフトに長けた人たちだったら、それらを素材にして、新しいものが作れるじゃないかと。そのためのワークショップを世界中でやるので、つきましては日本のワークショップは、横山さんがしてくださいといった流れだったんですけどね。普段から手芸と社会問題を絡めた話をしている僕なら、堅苦しくならずにできるだろうと思っていただいたみたいで。

池田　なるほど。

横山　で、そういうものと結びつけた時に、受け手側に「こういうことがサステナビリティで、これから自分や自分の子孫が生きていく上で大事な何かがあるんだな」って思ってもらえるだけでも、僕は行う意味っていうのが相当あるんじゃないかなって思ってるんですよね。ワークショップをやると、「これをきっかけに手仕事をする人が増えるんじゃないかな」って思っちゃうんですよね。だから北海道平取町の例は、そういういろんな問題の解決の糸口をみんなで導き出しているのがいいなって。…でも先生、今、こうして話していて気づいたんですけど、本当はここで取り上げて大事だって話しているようなことって、昔は自然にやっていたことばかりなんですよね。

池田　だから、今、あらためてそういうものの価値を、再発見しているっていうことですよね。

横山　そういうことなんですね。

人は布なしには生きていけない

池田　横山さんは、昔、日本全国で盛んに行われていた、裂き織りって覚えてますか？　襤褸（ぼろ）を裂いて、織物にするという。私は東北で実際に見ていますけど。

横山　はいはい。

池田　再発見という意味では、今まさに、その裂き織りの手法を現代アートに取り入れて、作品制作している遠藤薫さんという作家さんがいらっしゃるんです。裂き織りが盛んだった青森では、もう長い間、女性たちが協同で織りをしているんだけど、それだと、「ああ、あの人たちは裂き織りが好きな人たちだから」っていう感じで、世代や地域を越えて関心が広がっていかないように思います。そこに、遠藤薫さんというアーティストが現れて、地域の歴史や遺されてきた布をリサーチして、独自の造形を生み出し、次々と作品

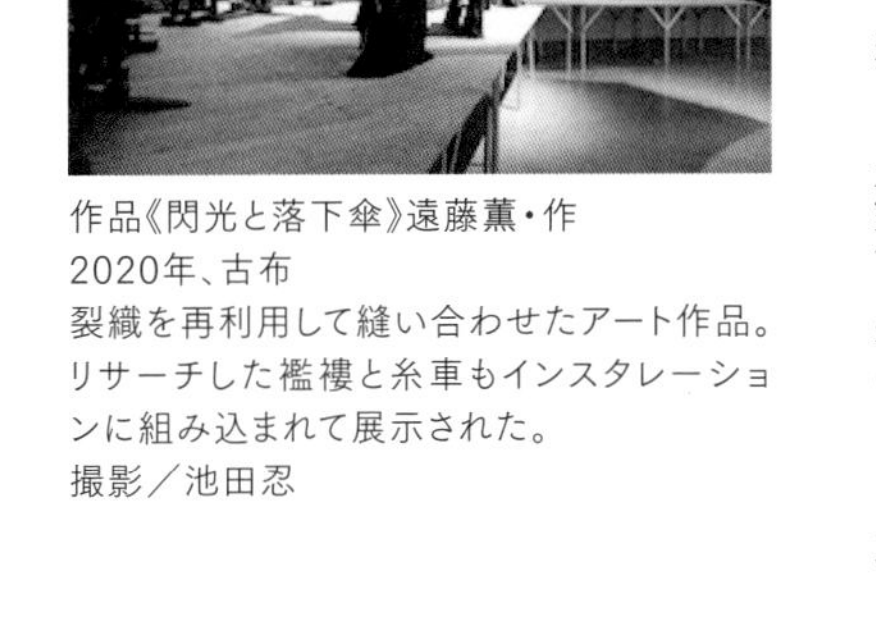

作品《閃光と落下傘》遠藤薫・作
2020年、古布
裂織を再利用して縫い合わせたアート作品。リサーチした襤褸と糸車もインスタレーションに組み込まれて展示された。
撮影／池田忍

を発表している。そうするとそこに新しい価値を見出す人たちが現れるから、関心も大きく広がっていくと思うのです。

横山　そうですね。

池田　これからは、そういう動きにすごく期待したいと思います。

横山　今、先生がお話しくださった襤褸（ぼろ）というのは、最初は服として仕立てたものが擦れて破れてきた時に、それを捨ててしまうんじゃなくて、継ぎ接ぎしたり、別のものに縫い直したりして使い続けたもののことですよね。だいたいは藍染めにすることが多いようですが。東北の方でよく見られる文化ですね。

**歴史に翻弄された
ものづくりの意義を
問い正す！**

『手仕事の帝国日本』

池田忍 著（岩波書店）
幕末、文明開化を経て、急速な変化を遂げた日本の美術や手仕事。エコやサステティナブルが叫ばれる今、あらためて手仕事の意義と価値を見つめ直す1冊。

池田　裂き織りだったら、服だけでなく、いわゆる古くなってボロボロになった布ならなんでも使います。布の再利用ですから。

横山　裂き織りはそうですね。襤褸の衣類に関しては、海外でかなり高い評価を受けていると聞きますが。

池田　はい。「BORO」とローマ字で書いて、読み方もボロで通じます。

横山　そうですよね。

池田　それも田中忠三郎さんという青森出身の方が、長年かけて収集した襤褸というものに、心惹かれた人が多かったからでしょう。技術だけでなく、どうしてそれが作られたかという背景にまで、価値を見出された。今では田中さんの教えを離れて、自立的に展開しているし、またそれが新しい関心を呼んで、新しいアーティストさんに新しい作品を作るヒントを与えて、どんどん広がっていますよね。

横山　いやあ、面白いのは、そういうような価値を与えられると、経済的な面でも価値が高くなっていくっていうところですね。かつては「汚い」「貧しい」と敬遠されていたものが、サステナブルを見直すという今の時流の中では、芸術とまではいわないけれど、「アート」で「おしゃれ」なものとして、結構なお値段になってしまうことに驚いているんです。

池田　コレクションアイテムになる部分もあるんじゃないですか。

横山　結局そうなんですよ。

池田　日本でも博物館とかが収集していますし、主要なところが集め出すと、いろんな意味で注目を集めるようになりますよね。

横山　そうだと思います。

池田　サステナブルという今の思想、あるいは人の一生に対して、布っていうものがどうやって寄り添ってきたのかがわかるのが襤褸なんでしょうね。人は布なしには生きていけない。人生の伴走者でもある布というものに、今、関心が集まっているんだと思います。

横山　国内外で襤褸が評価されているのは、けっして上手い、下手が基準になっているわけではないですものね。

池田　私自身は不器用コンプレックスっていうのがあって、ものづくりというものにすごくハードルを高く感じる人間なんです。でも、人の手によって変身していく糸とか、布とかっていうものに対して、ものすごく惹かれるんですよね。ですので、そういう手仕事が得意な人やお好きな人たちは、その楽しみをちょっとでもいいから分かち合っていただけるといいなと思います。展示会や対談会で上質の手仕事に触れるのはとてもためになりますし、ワークショップのような協働の場が増えることは自身の手仕事のきっかけになると思います。手仕事が、手仕事から少し離れている人たちにも届く機会が増えるといいですね。

心をほどく × 抹茶

お茶を点てて、ふるまう。かつて渡辺さん（P.6）に習ったコミュニケーション。ゆるりと一服。近すぎず、遠すぎず、始まりの距離感にはちょうどいい。

幕末〜明治時代における

日本美術と手仕事の海外への進出

年代		海外の万国博覧会	日本の博覧会	日本の出来事
1851	嘉永4	第1回ロンドン万博		
1853	嘉永6	ニューヨーク万博		ペリー来航
1855	安政2	第1回パリ万博		
1862	文久2	第2回ロンドン万博		日本の遣欧使節団が万博を視察
1867	慶応3	第2回パリ万博		日本から幕府のほか、薩摩・佐賀の両藩が万博へ出品。日本が始めて正式に参加した万博
1873	明治6	ウィーン万博		日本政府として万博へ公式参加
1876	明治9	フィラデルフィア万博		
1877	明治10		第一回内国勧業博覧会	
1878	明治11	第3回パリ万博		
1879	明治12	シドニー万博		
1880	明治13	メルボルン万博		
1881	明治20		第二回内国勧業博覧会	
1888	明治21	バルセロナ万博		
1889	明治22	第4回パリ万博		
1890	明治23		4月 大日本美術展覧会 6月 第三回内国勧業博覧会	
1893	明治26	シカゴ万博 (シカゴ・コロンブス万博)		
1894	明治27			日清戦争(〜1895)
1895	明治28		第四回内国勧業博覧会	
1897	明治30	ブリュッセル万博		
1900	明治33	パリ万博		
1903	明治36		第五回内国勧業博覧会	
1904	明治37	セントルイス万博		日露戦争(〜1904)
1905	明治38	リエージュ万博		
1906	明治39	ミラノ万博		
1907	明治40		婦人博覧会	
1910	明治43	ブリュッセル万博	日英博覧会	
1913	大正2	ヘント万博		
1914	大正3			第一次世界大戦(〜1918)
1915	大正4	サンフランシスコ万博		関東大震災
1926	大正15 (昭和元年)	フィラデルフィア万博		
1929	昭和4	バルセロナ万博		
1932	昭和7			五・一五事件
1933	昭和8	シカゴ万博		
1935	昭和10	ブリュッセル万博		
1936	昭和11			二・二六事件
1939	昭和14			第二次世界大戦(〜1945)

1867年
大政奉還
↓
1868年
明治に改元

＊年代の単位は年

帯刀貴子
Takako Tatewaki

「手紡ぎ糸で編み物しましょう」をコンセプトに世田谷の工房で糸紡ぎ・編み物教室を主催。野望は世界中の羊毛を紡ぐこと。そして古来の技法、スプラング・ボスニアンクロシェ・ノールビンドニング・ルーピングなどに精通した、いにしえの編物師となるべく精進しています。

「古流」のわざで、「未来」も紡ぐ

Guest **帯刀貴子さん**（スピナー／「古流の編み物」研究家）

帯刀さんは糸の紡ぎ手、いわゆる「スピナー」だ。
さらに紡いだ糸でさまざまな作品を編まれる作家さんでもある。
その紡ぎから編み上げるまでを人に伝える教室も開かれている。

それだけでもなかなか聞かない話なのだけれど、
さらに様々な「古流の編み物」の研究、実践をされているのが面白い。

スプラング。
ルーピング。
ノールビンドニング。
ボスニアンクロッシェ。

実は私たちの知っている「編み物」は
けっこう最近になってできあがった洗練された「近代編み物」で、
さらに古くから伝わる技法がこれだけあるのだ。

少なくとも私は、帯刀さんほど
「糸を紡ぐところから始まり、それで何かを作る」ことに関して
多様な「古流」の技法を実践している作家さんを知らない。

そのような「過去」から伝わる技法を網羅された帯刀さんは、
「未来」の編み物についてどう考えるだろうか。

これはぜひお聞きしなければ！

手紡ぎの糸で編み物をしましょう。そう呼びかけている帯刀さんのアトリエは、都心の見晴らしのよいアパートの一室。ものづくりへの好奇心から、様々な編み物に対する見識を広げ、自分の作品を糸から作る。そんな憧れの暮らしは、思いのほか、身近なところにありました。

子どもの頃の夢を形に

横山　帯刀さんはご自身で糸を紡ぐことを主な活動にされていますよね。編み物をする人は、ニッターさんであるとか、編み物作家っていう風に標榜するじゃないですか。糸を紡ぐ人って、どういうような肩書をつけることが多いんですか。

帯刀　えっと、スピナーといいます。

横山　糸を撚るために回して使う道具、「スピンドル」のスピンということですね。

帯刀　はい、そうです。

横山　では帯刀さんのことは、スピナーさんとご紹介させていただいてよろしいでしょうか。

帯刀　はい。

横山　いや、それにしてもこのアトリエには、紡ぎ車や古い時代の編み機といった素晴らしい道具がたくさんありますね。どうやって集めたんですか。

帯刀　手紡ぎをするようになってから、ぼちぼち買い求めてきたんですけど、昔、ニッターみたいな仕事をした時に、お代をいただかないで道具をもらったりもしました。

横山　ははは、工賃代わりに道具を。この量から推察しても手紡ぎ歴は長いと思うのですが、そもそもスピナーになろうと思ったきっかけは、何かあったんですか？

帯刀　紡ぎ始めたのは、20代の初め頃になります。私、昔から『十五少年漂流記』みたいな冒険ものの本がすごく好きで、自分もこういう風に自活できる力があったらいいなぁって思っていたんです。それで、「糸は紡いで作る」っていうのも、わりと小さい時から知っていたんですよね。まあ、だからといってどうするわけでもなく、大人になってからついた仕事も、ごく一般的なものでした。でも、心のどこかでは違うと思っていたんでしょうね。仕事をこなしながらも、これは私が一生することじゃないなと。じゃあ自分は何がしたいんだろうって思った時に、染めるのがすごく好きなので、染色と糸を紡ぐことを一緒に仕事にできたらって思ったんです。

アトリエに並ぶ紡ぎ車などの道具類。

横山　ここで初心に戻ってきた。

帯刀　はい。だったら、それを仕事にしたら、その先に何があるのかを考えたんですよね。紡いで織物をする人は世の中にたくさんいらしたので、じゃあ、編み物だと。それで私は講師になって、糸紡ぎをしながら、編み物をしていこうって決めたんです。

横山　すでに帯刀さんは教室を開かれているんですよね。

帯刀　はい。もう長いですね。

横山　編み物を教えます、もしくは糸紡ぎを教えますっていうのは、よく聞くんですけれど、全部習えるってすごいなあ。

帯刀　でも私、実をいうと、編み物をやっていこうって決めた時まで、ほとんど編んだことがなくて。まずは編み物を一から学ぶために学校へ通って、編み物がもう大丈夫かなと思った頃に、テキスタイルのスクールにも通って糸紡ぎも始めたっていう感じです。基礎作りは計画的に始めました。

古い編み物スプラング

横山　帯刀さんのすごいところは、現代的な編み物の知識だけじゃなくて、古い技法をたくさん研究されているところだと思うんですよね。まだ編み物が、編みと結びが分かれる前の手仕事の技とか。僕はそれを古流と呼んでます。

帯刀　いいですね。

横山　なぜそういうものに興味を持たれるようになったんですか。

帯刀　好奇心というのが一番の理由です。編み物をされている方はいっぱいいらっしゃるけれども、今、みんなが知っている編み物とは違う、「糸を使ったものづくり」ってどんなのがあるのかなぁって。私、子ども頃、冒険家の他に考古学者にもなりたかったんです。

横山　考古学者！

帯刀　考古学って昔のものを発掘しては、これはなんだろうなって調べるわけじゃないですか。だから、私が新たに取り組むべき、自分らしいものを探し始めた時に、昔の人が手で紡いだものを表現するっていうのが向いてるかもと思って、いろいろ探っていった感じです。

横山　いや、本格的ですね。それでは、あらためて、古い時代の手仕事の技には、どういう種類があるのかを教えていただけますか？

帯刀　今一番、一生懸命やっているのは、スプラングです。

横山　スプラングってどういう技法なんですか。

帯刀　スプラングっていうのは、フレームに縦糸を張ったら、縦糸を隣の糸と交差させたり、絡めたりするんです。これを何回も繰り返すうちに、面ができる。最後は交差が戻らないように、ストッパー的なものを挟んでとめて完成です。

横山　なるほど。

帯刀　原理的には、かぎ針の鎖編みの原型みたいな感じかもしれません。

横山　その古い技術を使った時に、帯刀さん的にはどんな気持ちになるんですか。

帯刀　縦糸しかないのに面ができるなんて、昔の人が考えることはすごいなぁと思います。でも、最後の「とめ」をピッてはずすと、ただの1本の糸になるっていうところに、当時は糸や紐を大事に使っていたんだろうなっていうのを強く感じるんですよね。

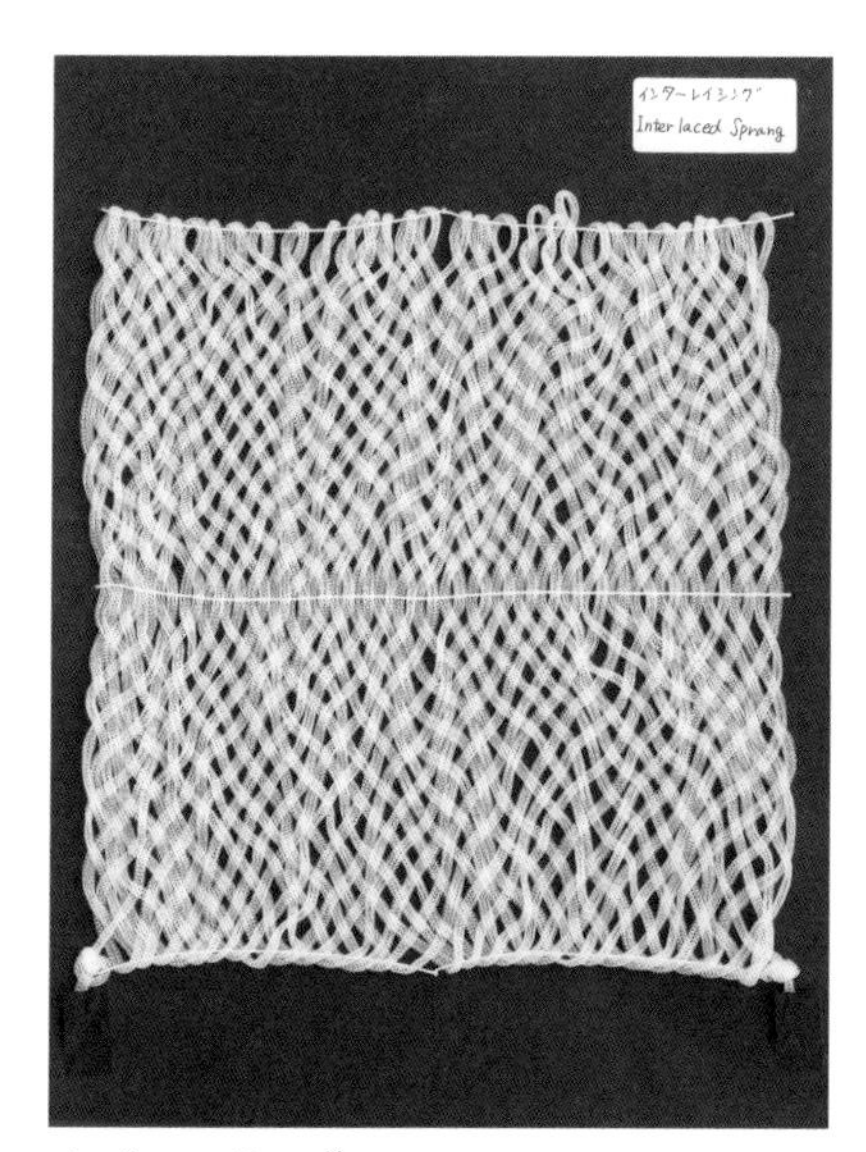

インターレイシング

インターリンキング

古い編み物 **スプラング**

縦方向に数本の糸を並行して並べ、隣り合う糸と糸を交差させたり、絡めたりして面を作る方法。織物とは違い、横糸が必要ないのが特徴です。代表的な作り方として、糸同士を交差させるインターレイシング、絡めていくインターリンキングの2つがあります。

横山　「とめ」を抜くと、もう1回作り直せるような、最初の材料の縦糸だけの状態に戻るんですもんね。作り直せるって大切だったんでしょうね。

古い編み物 ノールビンドニングとルーピング

横山　次にご紹介いただくのは何でしょう。

帯刀　ノールビンドニングはご存じですか？

横山　今の編み物の形になる前の、太い針を使って糸を結んで繋げていく方法ですよね。

帯刀　そう、針で糸を絡めたり、結んだり。材料の糸はある程度の長さに切ったものを使います。で、糸が無くなったら、また繋げて繰り返しながら立体を作っていく技法です。

横山　それも、本当に古流ですね。他には？

帯刀　その、ノールビンドニングの延長線にあるのがルーピング。これも針で編み目を作って、筒状の紐を作るという技法です。

横山　ルーピングはできあがった目が、メリヤス編みみたいになるんですね。

横山起也が古流と呼びたい!

古い編み方ベスト4

現在の編み針のようなものがなかった頃から、
先人たちは糸から面や立体を作る技法を編み出していました。

ノールビンドニング

ノールは針、ビンドニングは結ぶという意味。太めの針で、糸をすくったり、結んだりして、編んでいきます。杉綾(すぎあや)風の編み地が特徴です。

スプラング

縦状に糸を並べ、隣の糸と糸を交差させるなどして面を作ります。組み終わりは面の中央部でストッパーの糸などを入れて固定します。

ボスニアンクロッシェ

先端がカギ状になった平たいヘラのような針で編みます。糸のすくい方が違う2種類の編み方を組み合わせて模様にします。

ルーピング

とじ針のような針を使って、糸をループ状に絡めながら、らせん状に目を作っていく技法。筒状の形に仕上がるのが特徴です。

古い編み物
ボスニアンクロッシェ

帯刀　あとはボスニアンクロッシェとか。

横山　というのは？

帯刀　基本的にはかぎ針編みは細編みなんです。でも、かぎ針編みは細編みがあったり、長編みがあったり編み目がいろいろあったりするじゃないですか。ボスニアンクロッシェは、引き抜き編みだけで、輪にしか編めない。あと、右手に糸を持って針にかけて引き抜くっていう形になります。

横山　えっと、針も糸も、右手で持つってことですね。

帯刀　そうです。で、その針にもいろんな形があるんですけども、日本でよく見かけるのは、ペンギンみたいな形をした、ちょっと丸っこいやつです。しかも号数があるわけじゃなくて、針のかぎ部分の太さで、編み目の大きさを決めるんですよね。細い部分を使ってきつくも編めるけど、太い部分でゆるゆるにも編めるっていう、編み手しだいって感じの針なんです。

横山　今の針は号数が細かく分かれているけれど、その点、その古流では自分の手で目の大きさを何とかしていくみたいな手勝手が多いのかもしれないですね。

帯刀　そうなんです。あと、どっちかというとゆるゆる編むっていうのが多いです。目がきついと次の針を入れにくくなるというのもありますが、ゆるく編んだ編み地は伸縮性が出るのがいいんだと思います。手袋などのように使ううちに自分の手の形にフェルト化していくための余裕を残す、みたいなのがあったりするので。

横山　そう考えると近代編み物のやり方って、ある程度のテンションをかけて、針の太さに合わせて目を揃えていくことが多いと思うので、その時点でかなり違う。

帯刀　多分、昔の編み物は誰もが必要に迫られて覚えたもので、編み目の大きさがどうこうより、とりあえず着られればいい、履ければいいっていうような、ものづくりだったんだろうなと思いますね。

横山　いやあ、面白いな。スプラング、ノールビンドニング、ルーピング、ボスニアンクロッシェ。僕が古流と呼びたいものというのは、この4種類ですね。

道具を手作りする

横山　これまでは古い技法のお話でしたが、編み物の道具っていうのも、恐らく自分で作るものだったわけじゃないですか。帯刀さん、ご自身で作られたものとかってあるんでしょうか。

帯刀　直すのは、よくします。でも、最初から道具を作るっていうのは、足りないから作ることはあっても、売っているものとか、昔あったものとかは、なるべくそれを探して使う方が多いですね。

横山　たとえば紡ぎ車とかはどうでしょう。

帯刀　道具の中では、紡ぎ車ってすごく簡単な構造なんですよ。自分でメンテナンスできるところが多いので、修理を頼む時は、よほどの時ですね。

横山　さきほどの古流の編み物に使う道具はどうですか？　どうしても今、手に入りにくい針とかあるじゃないですか。

帯刀　えっと、ノールビンドニングの針は作りました。

横山　枝からとかですか。

帯刀　いえ、菓子楊枝の「黒文字」を削りました。

横山　黒文字！　あの、菓子楊枝。茶道で使う。

帯刀　はい。あの先端を削って、糸穴を開けて、蜜蝋を塗りました。

横山　そうなんですね。これすごく余談なんですけど、私はたまたま手に入れた、シルバーのノールビンドニングの針を茶道の菓子楊枝に使っているんですよ。ちょうど良いですよね。

帯刀　ふふふ。

横山　いやあ、昔の道具って、身の回りのもので何とかしようっていうスピリットに溢れているからか、いろいろ他にも流用ができるみたいなものが、結構多いと思っていて。

帯刀　お菓子といえば、アイスクリームのスプーンで、ボスニアンクロ

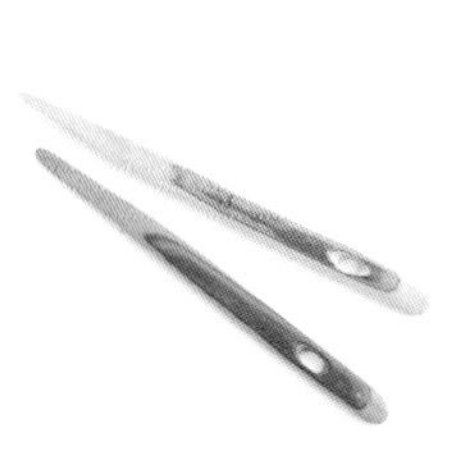

和菓子用の楊枝に穴をあけて作ったノールビンドニング用の針。帯刀さん作。

ッシェも作りましたよ。お店でアイスを買うとおまけでつけてくれる木製のやつ。

横山　ほほう。

帯刀　あとはスピンドルですね。

横山　スピンドルは売っているものも多いと思うんですけど。

帯刀　よく見かけるものは、駒の円形が小さいんですよ。駒の大きさは回転の速さと関係していて、大きい方がゆっくり回るんです。初心者の人は速く回っても手が追いつかないので、ゆっくり回るタイプが欲しいんだけど、なかなかそれが手に入らないんです。

横山　なるほど。工夫ですね。自分の求めるものは自分で作るしかないと。

帯刀　そうですね。

ボスニアンクロッシェの手作り針（中央）。

考古学者になりたかった

横山　先程はさらっと流してしまいましたが、考古学者の視点で古い編み物を発掘したという経緯はとても面白いですよね。だって、帯刀さんの今は、子どもの頃に興味を持ったことから作られているといっても過言ではないじゃないですか。その辺をもう少し、聞かせてもらってもいいですか。

帯刀　考古学者になりたいと思ったのは、小学校5年生の時でした。

横山　はっきり覚えているんですね！

帯刀　はい、思ったんです。その頃、世界の七不思議みたいな本が好きで、こういうのを調べる人になりたいと、結構本気で思ってたんです。で、ある時、父と話していたら、不意に「お前は大人になったら何になりたいんだ」って聞かれて、「考古学者」って答えたら、「そうか、まぁ語学をがんばれ。ラテン語とかもできないとだめだぞ」って。「ラテン語って何？」って聞き返したら、「とりあえず英語だな」って笑って、少し考えてから、「でもそれよりも一番大事なのはパトロンを作ることだ」って。

横山　パトロン！　いいなあ、リアリティー溢れるお父さんですね。

帯刀　その時、書棚にあった筑摩書房の『コン・ティキ号漂流記』っていう本を「これまだ難しいかもしれないけど、面白いから読んでみろ」って渡されたんです。航海しながら海の歴史を探るみたいな内容でした。真っ黒な海に、わけのわからないものが出てきたりとかする話がすごく楽しかったので、これはいいぞって思ったっていうのはありました。その後、『十五少年漂流記』とか『二年間の休暇』（偕成社文庫）、のような冒険物語を随分読みましたね。

横山　アドベンチャーが好きだったんですね。

帯刀さんが胸踊らせた愛読書。

帯刀　好きだったんだと思います。不思議なことや知らないことを知るのは楽しいですから。大学では学芸員の資格も取りました。服飾系ですけれど。

横山　それってどういう勉強をされるんですか。

帯刀　服飾史や美術史とかを勉強しました。大学生の頃から染めにも興味があったので。

横山　繊維に関する、特別な事柄とかも習ったりしたんですか。

帯刀　そこまで特化した勉強ではないんですけど、通っていた大学は博物館が併設されていたので、そこの資料を書き写して、繊維は何かとか、どういう織り目になっているものかっていうのを図に起こしたりするっていう作業が楽しくてたまらなかったです。

横山　それをうかがうと、帯刀さんが今されていることと、当時されていたことがあんまり変わらないですね。

帯刀　本当にそうなんです。今でも学芸員って、きっと天職だったろうなって思うんです。でも博物館の求人って少ないから断念したんですよね。そこで入れていたら、人生また変わっていたろうなと思うんですけど。まあ入ってなくて良かったのかなとも思うし。

サバイバルに学ぶ ものづくり

横山　そういう転機ってありますよね。すると、そこから今度は昔読んでいた冒険物語やサバイバル物語に出てくる「ものづくり」の方へ目が向いたんですね。

帯刀　そうです。そういう冒険の話だと、アンデスの山の中の話とか羊飼いの話とか出てくるじゃないですか。編み物や織物の話とも繋がるので面白いなとは思っていたんですね。あと、**何もなくても、何とかできるぞっていう風な知識を身につけたい**っていうのがあって。『家なき娘』の話で、靴がなかったら草を編んで靴を作るっていうくだりも、私にとってはものすごい衝撃でした。だったら、毛があったら、洋服関係は全部作れちゃうよねって思ったし、草木染めをやっていた頃は、草木染めの草の本をいつも持っていて、近所の草木や実を、食用か染め用とか、チェックしながら歩いていました。

横山　ちょっと話の角度を変えますけど、今、私のところに来る仕事で増えているのが、手芸のワークショップをしながら、サステナビリティとか社会問題に関わることを喋ってくださいっていうのなんですよ。日本ではまだまだですけれど、海外のアパレル業界はもう残糸を捨てられない状況にある。布も捨てられない。その局面で、手芸の技を活かしたプロダクトが増えてきている。これって帯刀さんが、もともとものづくりに進むきっかけとなった『十五少年漂流記』であるとか、そういうサバイバル術に近いんじゃないかなって思っているんですけど。

帯刀　やっと時代が追いついてきたかっていう感じです。

横山　帯刀さん的には、それが当たり前の話だったりするわけですよね。

帯刀　そうですね。私、学生の時はすごくキャンプが好きで、よく行っていたんです。今みたいに専用のアイテムが溢れていた時代じゃなかったですけれど、それでも十分楽しんでいたし、今だって、**自分の身の回りに何があるのか、もうちょっとちゃんと見ようよっていう「わざわざ」**

知らないことを知るのは楽しい

な感覚が掴みきれてない感はありますね。

横山　いや、それはまさに今、芯を食った話をしていただいたなって僕は思います。２０２１年10月に『主婦の学校』っていうアイスランドの映画が、日本で配給されたんですね。そこはどんなことをする学校かっていうと、家事一般を教える学校なんです。もちろん料理の作り方から客人が来たときにどうお迎えするかも教えるし、料理も素材となる野いちごを採るみたいなところからやったりするんです。で、そこを卒業した男性が3人いて、そのうちの一人が、

映画『主婦の学校』のDVD。
提供・配給／kinologue

たしか現職の、アイスランドの環境大臣か何かで。その人がする話の中で、「自分は手芸も大好きだし、面白かったよ」ってところから、サステナビリティの話に移るんです。「昨**今、サステナビリティ、サステナビリティというけれどさ、それって大袈裟な話じゃないんだよ」みたいな。普段の家事とか、その身の回りのことをどうするかで、意識は変わる。**だったら何が問題なのかっていうのは、今、それができていないってことなんだと言うんですよね。さっきの帯刀さんのキャンプの話も、そういうことなんじゃないかなって、私は思うんですけれど。

帯刀　そうなんですよね。キャンプへ行くと植物採取して良い所ではよく植物採取もしたし、まぁ釣れないけど魚を釣ってみたりとかしたし。だからなんていうのかな。

横山　置かれた環境の中で工夫する？

帯刀　そう！　買って済むものだけ

自分の実力でできるところまでやればいい

じゃなくて、ありもので工夫をしようっていうのは、今もいつもすごく思いますね。

手芸を趣味と言える「豊かさ」

横山　うん。手芸っていう「趣味」には、そういう知恵がいっぱい詰まってるんじゃないかなと、私は密かに思っているんですよね。
帯刀　私もそう思います。ただ、最近は趣味じゃなくなっているんだなって気もしています。手芸が。
横山　なるほど。
帯刀　趣味として楽しむっていうより、それで小金を得ようと始めている人がすごく多くなった気がするので、ちょっとつまらないなと。
横山　インターネット上で販売できるサイトを作るのも簡単ですもんね。
帯刀　だからこそ、今、手芸を趣味でしている人って、すごく純粋でいいなって思うんです。
横山　逆にね！　確かにはっきり手芸を趣味と言えるのって心豊かな暮らしの証かもしれませんね。
帯刀　そう思います。
横山　僕もそうですが、手芸に関わる仕事をしていると、時々聞くのが、「ふーん、手芸なの」みたいな感じで、少し上から目線で言われるという話。やってる人にとっては割りとこの件で、ちょっと腹がたつとか。なんだか、みんな仕事を重んじるばかりに、仕事じゃないものに対しての眼差しが非常に厳しくなっているんじゃないかな。それって、実は不幸の始まりだと思うんだけど。
帯刀　作品展とか来られたりする人にも、たまにいらっしゃいますよ。手編みと機械編みのものを置いておくと、「あ、これは機械編みなのね」みたいな。手編みの方が上でしょ、みたいな雰囲気を醸して。でも、その人は全然悪気は無いんですよ。
横山　こういう話をすると、嫌がる手芸愛好者の方も結構いらっしゃるんですよね。でも、あるのにしないっていうのもおかしな話だなあ、と思って時々取り上げるんです。たとえば芸術、アートとかに比べて、手芸をやっているということ自体が社会的にはまだまだ雑に扱われているっていうのは間違いないのでね。ちょうどこの書籍で池田忍先生という、歴史学者の先生に、なんで手芸がそういう風に、きちんと評価されていないのか、みたいなお話をうかがっているんですよ（P.62）。ちなみに帯刀さんは、その原因として、どんなことが挙げられると思いますか。
帯刀　そうですね。私の教室では、最初に手編み用の糸の紡ぎ方を伝えているんです。ところが、何回かレッスンして、カリキュラムがひと通り済んだ頃になると、この糸で「織りたい」って言い出すんですよ。で、織れるから織ってみてって言うと、みんな、がーって織りの方に進んで行って、編み物に戻ってこない傾向があるんです。一時期、私が面白いものを提案しないから編み物をしたいと思わないのかなって悩んだ時期もあったんですけど、なんとなくわかってきたのが、基本的に織りの方が上だっていうか、「織りをやっています」って言う方がステータスが上みたいな感じがあるんだなっていうこと。みんな口にはしないけど。日本の手仕事の文化としても古いのは織りの方だから、最終的に織りをしてみたいと思うのは当然だろうなとも思うし。私の友達で、旦那さんが「編まないで織れって言うんだ」っていう人もいたんですよね。やっぱり男の人から見たら、奥さんの趣味は織物ですって言ってる方がかっこいいとか、あるんだろうなって思うと、やっぱりクソーって思いますけれど（笑）。
横山　クソーって思うわけですね。
帯刀　はい（笑）。でもやっぱり、それはどうしようもないことなんだろうなぁとは思っています。
横山　池田先生のお話だと、日本が江戸末期に開国を余儀なくされて、海外での万国博覧会で自分の国のプロモーションをしなきゃいけなかった時に、海外向けにわかりやすく高く売れそうなものは偉い分野だっていう価値づけを国家主導でしたそうなんです。それを踏まえて考えると、日本古来の織物、もっというと和服の生地を作っていますという方が、品格が上のように感じるのは、明治維新以降、我々に植えつけられちゃっている価値観なんですよね。

帯刀　絶対そうだと思います。

横山　で、さっき、手芸が販売方向に向かってるって話があったじゃないですか。多分、今の日本の手仕事に対する価値感で、手芸をお金の額で判断してしまうと、もったいないことになるんだろうなって思うんです。

帯刀　それに売れ筋のものって、やっぱり見た目が良いものだったりするから、売れそうなもの＝自分が楽しんで作るものとは方向性が違ってくることが多いですよね。

横山　一方で私のようなところには、手芸業界じゃない分野から、手芸のことについて語ってほしいという仕事が舞い込むようになったりとか。依頼内容の大体は、手芸や手仕事の価値をPRしてくださいという話で、今まではお金に換算されてない部分が注目されている感じなんですよね。サステナビリティとか、コミュニティづくりであるとか。帯刀さんとしては、手芸のお金に換算されない価値を言葉にするとしたら、どんなものがありますか。

帯刀　そうですね、糸を紡ぐことに関しては、考えないで時間が経つとか、そういうゆったりした時間を強制的に作れるっていうところがいいですね。イライラっとしていても、イライラっとしながら自分自身の中で自分のことを省みて、一人反省会をするとか。あの時はこう言えばよかったのかなとか、自分に問いかけて真摯に答えを考えられる時間だったりします。私の糸紡ぎは、自分自身の平穏のためみたいな感じではありますね。

横山　普段、手紡ぎ以外でも心の平穏のために楽しまれていることってあるんですか？

帯刀　ジャムを煮ます。それがストレス解消になっています。

横山　それはいつ頃から？

帯刀　20年はしているかと。自然の中にあるものを採ってきて、何か作るのが好きなんですよ。だから夏みかんをもいできて、マーマレードを作ろうとか。基本はそこからです。

全部、自分で決める それが手紡ぎ

帯刀　そうだ、手紡ぎに関して言いたいことは、もう一つあって。

横山　はい。

帯刀　自分で作るものは、すべてを自分で決めるのよっていうこと。この羊毛をどういう風に紡いで、何を編もうっていうのを、お仕着せじゃなく、自分で選択すること。「こうしろ」とか、「こうじゃなきゃだめ」なんて人の言葉はどうだっていいんですよ。糸紡ぎの基本っていうのはあるんだけど、でもそれができないからといって、糸ができないわけじゃない。今の自分の実力でできるところまでやればいいし、それが経年変化でこうなったというところまで楽しんでほしいですね。

横山　全部自分で決めるのよって、ものづくり以外の分野ではなかなか聞かない言葉だと思うんです。それがね、精神に及ぼす要素って、相当あるんだろうな。

帯刀　自分でやらないと前に進んでいかないけど、できあがってきた後の達成感は、すごくハッピーじゃないですか。あと、やらされてる感がないので、失敗しても自分が決めたからこうなっちゃったんだっていう諦めもつくし、次に行くステップにもなるし。

横山　うんうん。いや、一番大事なところのような気がしますね。

帯刀　はい。

横山　初めて編み物をしようと思った時、みんなが最初にやることは編み図を見て、その記号が何なのかをまず、勉強することだったりする。でも、そこからスタートするってことは、最終的に編み図の通りに編むことが良いことなんだっていう概念になるんですよね。

帯刀　そうそう。

横山　それと比べたら、考え方がずいぶん違いますよね。

帯刀　そうですね。紡いだ糸が足りなかったら他から糸を持ってきてもいいし、別の羊毛で似たような糸を紡いでもいい。紡いだ糸が好きじゃない色になっちゃったら染め直せばいいし、作るもののデザインをアレンジするのだっていい。自分で決めて、自分で作るなら、納得するまでやり込めるっていうところも手紡ぎの良さなので。リカバリーはどうにでもなる。

横山　うん。今の話も、手芸が持ってる懐の広さでありながら、手芸の本には書いていない話なんですよね。

帯刀　なんだか、いろいろ考えなくてもいいように方向づけられてる感じがしませんか。編み図通りに編めるのが楽しい人がいるのは、もちろんそれでいいと思うんです。だけど、そうじゃないものを持ってこられた時に、さあ、どうしようか？　って考えるのが楽しいって人は、紡ぎに向いているかなって思います。

横山　困った時に工夫をしないでいいように方向づけられているっておっしゃいましたけど、それって世の中が、「必要なものは全部売っているから、買ってくればいいんだよ」みたいになっているってことで。たぶんそういう環境の中では、工夫するなんて発想は出てこない。そこをなんとかするのが、ものづくりの醍醐味なんですけどねえ。確かにそういう感覚って今は薄いですよね。うん、そういうイベントをやると面白いかもしれませんね。その場でなんとかしてみようキャンプ。

帯刀　あははは。

横山　ついでに、帯刀さんにその場で染色に使えそうな素材をいろいろ探してもらって、後日、染めに使うわけですよ。そういうのは、今どき、すごく受けるんじゃないかな。

帯刀さんが染めた手紡ぎ糸。

編む人は編むし、紡ぐ人は紡ぐだろう

横山　デリケートな話題がきれいにまとまったところで、そろそろ、これからの糸紡ぎ、どういう風になっていくのかなという話をうかがいたいと思っております。帯刀さんはどのようにお考えですか？

帯刀　私はそんなに変わることはないと思っているんですよね。やっぱりものを作るのが好きな人は多いし、手芸や手仕事には何かに集中している時間があるので、そういう時間が必要になってくる人たちが増えてくるだろうから。もしAIが編み物をするようになっても、基本的には編む人は編むだろうし、紡ぐ人は紡ぐだろうとは思っているので。

横山　原材料の点はどうでしょう。糸会社で海外糸を買いつけている方からは、年々、羊毛が手に入れにくくなってきている話をお聞きしたんですよね。あと、羊毛を洗う時に出る水が汚れて産業廃棄物扱いになってしまうため、法規制でもう洗えませんっていう国も出てきているらしく。そういうことに関して、スピナーとしては何か不安はないですか。

帯刀　そうですね、あの、やっぱり海外からの羊毛がすごく入りにくくなってはきているんです。だから、国産の羊毛を見直しましょうっていう取り組みも増えています。羊毛の汚れに関しても、日本の羊牧場の方々は頑張ってくれていて、羊毛にゴミが入らないように注意をはらって飼育してくれる人たちが多くなってきています。だからといって、その国産羊毛がスピナー全員に行き渡るかっていったら、難しいんですけれど。ただ紡ぎたい人は羊じゃなくても、うさぎでも、猫でも、犬の毛でも、なんでも紡ぐのでそんなに悲観的にはなっていませんね。

横山　ああ、毛であればいいと。

帯刀　毛だけじゃなく、家の掃除をして集めた綿ぼこりでも、「これ紡げるかもしれない」って思うのがスピナーなので。

横山　なんかそれ、衝撃なんですけど。私もどちらかというと「なけりゃ工夫すればいいか派」なんですけれど、まだまだ甘いですね。でも確かに、最近、ブルーフォックスかな、キツネの毛の糸も出てきているじゃないですか。あれは、今まで毛皮にしているような動物の毛を梳いて、糸にしているんですよね。毛皮にするのは動物愛護に違反してしまうし、倫理的な感情的な部分もあるし、そういうものに抵触しないということで増えてきているんだとは思いますけれども。

ナチュラルウールの色を生かした編み込み。

帯刀　それに、いろいろと知らない毛も出てきているんですよ。スピナー仲間の話題でいうと、バナナとか。

横山　バ、バナナ!?

帯刀　毛というか、繊維ですね。バナナだけじゃなく、大豆から繊維を作る話とかもあって。すでに化学的な処理で繊維は作れたり、繊維に分解したりできるみたいです。だから動物の毛じゃなくても、繊維にできるものはいっぱいあるってことです。毛に関しても、羊毛にこだわらなければ、紡げる素材の幅はとても広いです。

時代の流れを見据えて波に乗る

横山　だから「それでもなんとかなるんじゃない」っていうのを、帯刀さんみたいな方におっしゃっていただけるとすごく安心感を覚えます。ほら、世の中では今、サステナビリティを考えないと、SDGsを考えないとみんなで生きていけないですよって、あちこちで囁かれているじゃないですか。きっと多くの人が漠然と不安を抱いていると思うんですよ。「えっ、今までどおりじゃダメなの？　でも、まあそうだよね、あれだけペットボトルを使ってちゃ」って。そういう話って、スピナーさんの間でもしたりするんですか。

帯刀　しますよ。『SPINNUTS』（スピナッツ出版）っていう専門誌が出てるんですけど、そこでもウールの反毛といって、リサイクルウールを作る工場の話とかが出てきたりしますから。

横山　反毛ってなんですか？

帯刀　反毛は、反対の反に、毛。つまり、ゴミに出された衣類や布地の中からウールだけを集めて、もう一度、大きなカーダーにかけて、再び糸を作るんです。

横山　あっ、なるほど。

帯刀　尾州*の方とかでは、それをまた織るっていうのが盛んなんですよ。

横山　今、話の中にカーダーって言葉が出てきましたけれども、それってもともとは羊毛とかの絡まりをほぐしたり、毛の流れの方向を整えたりする時に使う道具ですよね。

帯刀　そうです。ブラシみたいな形状で梳くように使います。布団綿みたいな感じのものを作る道具です。

横山　だとすると、さっきの反毛は、一度、製品になってしまったウールをカーダーを使って、毛の状態になるまでほぐしちゃうってことですか？

帯刀　そうです、そうです。糸が長いままだと絡まっちゃったりするので、カットすると思いますけれど。でも切ってしまうと毛が短くなって撚れないから、新しい毛も混ぜるんです。長い毛と短い毛と合わせて、糸にしていくイメージですね。

横山　嵩増しするわけですね。うーん、なんか世のスピナーさんたちって、今の時代の波にきちんと乗ってすごいですね。

帯刀　ははは。

横山　申し訳ないけど、糸紡ぎにしろ、編み物にしろ、伝統的なものづくりに関わっている人たちっていうのは、社会一般的なイメージだと、

家庭用の電動のカーダー。均一に手早く作業できる。

＊尾州
昔の尾張国の通称。愛知県一宮市を中心とした尾張西部〜岐阜県西濃地域までを呼ぶ。

今の時代に合っていないことをしているって思われがちじゃないですか。なのに、この先取り感は感動ものです。

帯刀　なんていうのかな、私が就職した頃はちょうどバブル期だったんですけど、「会社を辞めて、糸を紡ぐんだ」って話したら、案の定「何をしてるのよ」って言われて。「でも、いいじゃん」ってこの道を進んできたら、今度はこの年代になって仕事辞め出した人から「あなただけ、まだ好きなことをやってていいわね」ってのも言われるし。

横山　なんと…。

帯刀　でも、好きなことをしているからって、社会と関わりを持たずに生きているわけではないんですよ。原材料のこととか、動物愛護のこととか、アンゴラウサギ、カシミヤヤギ、ヴィーガンの人がいうあれはダメとか、羊の病気とか。

横山　はいはい。

帯刀　牛の病気がニュースになれば、それでどうなるの？　みたいな話題はスピナーの間でも出るし、やっぱり社会的にいろんなことに目がいくようになるんです。手紡ぎのことだけを考えているわけではなくて、羊毛が入って来なくなったと思えば、世界情勢も一応は気にかけるようになるので、楽しいですよね。

ブームになると、質が追いつかずにダメになる

横山　いやあ、敏感に時代を感じとっていらっしゃるんだなと再認識しました。僕も同級生とかに、今自分はこういうことをしているんだと話しても理解されないことが多くって。幸い、ハフポスト＊さんとかで、手芸や編み物と社会問題を絡めた記事を書いているので、それを見てもらって、やっと「ふーん」ってなる程度なんです。

帯刀　微妙な反応ですね。

横山　自ら取材に行きますし、たとえばダイバーシティ活動をしている高校に行ってワークショップをしたりもするわけですよ。その時は編み物経験がない男女の生徒に、1時間で鎖編みを会得するっていうお題に挑戦してもらって。そしたら、みんな、すごく集中して取り組んでくれてね。終了した後、そういう状況下で男とか女とか考える？　って聞いたら、答えはNO。そういう小さい気づきを得てもらっただけでも良かったなと思うんだけど、僕としても若い人たちの情報って常に新しいから、ダイバーシティ活動にしても、世界の最先端みたいなところを知っていて、すごくためになったんですよね。そういうのが面白かったって同級生に話すと、全然話が通じない。もうね、可笑しいくらい。「だから、お前ら、ダイバーシティってさ、会社とかで問題になっていない？」、「あんなの、政府に言われて、そういう担当の人が事務とかやってるから」みたいな。10年弱前でそんな感じで。今はどうかわからないですけどね。でもその時は僕、結構びっくりして、「ああ、こんな一流企業に勤めている同級生より、自分の方が現場を知っているんだ」って思ったのが、帯刀さんと同じような感覚なのかもしれないなあと。ものづくりをやっているからこそ、時代の流れに敏感に対応していくようになるんでしょうね。

帯刀　そうです。そうしないと、材料がどうなってるのかとか、わからなくなるんです。糸紡ぎの紡ぎ車も、私の紡ぎ車の工房はもうないんですよ。昔は良い紡ぎ車を作る、小さい工房がいっぱいあったんですけど、大手が参入してきたら全部、…全部がダメになったんですよ。

横山　悲しい。

帯刀　良かった技術を版権を買って、作ってくれたりすることもあるんですけど、「これはいい」ってブームになっちゃうと、質が追いつかなくなってダメになることがすごく多い。

横山　わかります。

帯刀　だから、あまり言いたくないけど、今、盛り上がっている国産羊毛の人気が、ブームじゃなくて定着すればいいなと思っているんです。ブームになって、需要に供給が追いつかなくなって、もう牧場で羊は飼えませんってなってしまうと、すご

＊ハフポスト
アメリカで2005年に創設された世界最大級のソーシャルニュースサイト。2013年に日本版がオープン。

横山起也がお見事と叫びたい!

手紡ぎ糸を使った作品

自分で紡いだ糸で好きなものを編む。
海外の編み方を再現しながら知恵と工夫を楽しむ。
帯刀さんの作品は自由が詰まっている。

アイスランドの糸で複雑な総模様にしたプルオーバー。

希少種とされるロマノフスキーの羊毛を使ったポンチョ。

マリア・グルベリィのモチーフを元にしたサフォークの羊毛のブランケット。

アイスランディック・シープの手紡ぎ糸を使ったロピーセーター。

く残念だから。

横山　そうですね。常に新しい形を模索していかないと。たとえば、今だったら、売るのと同時に何かを保護するとか。昔ながらの技術や作り方を保護することで、その仕事をする人が増えるわけですから。増えた人数をきちんとコミュニティ化して、さらにまた定着させていくっていうことをしていかないとダメだって僕は思います。

帯刀　そうですよね。

横山　で、今度はそれを「広める」のが大事になってくる。ここまでくるともう、作る人は作っているだけじゃダメで、何かを保護することも、伝えることもやらなきゃいけないし、そこからまた新しいものと結びつけることもやらなきゃいけない。

帯刀　マルチに大きくなっていかないとダメってことですね。

正解はないけど、基本はある

横山　これが今を取り巻く現状なのかなと思っているのですが、これを踏まえ、帯刀さんはこの先、チャレンジしてみたいことってありますか。こういう風に活動を広げていきたい、とか具体的なことでもいいですし、概念的なことでもいいんですけれど。

帯刀　いえいえ、大層な野望は持っていないです。淡々と糸紡ぎをしていきたいなって思っていて。今、手紡ぎをする人が増えているので、その人たちに、これがより楽しいことだっていう認識を持っていただきたいなとは思っています。紡ぎに関しては、講師や指導員というような明確な制度がないんですよね。そういうのがないまま、ここまで広まっているので、ぜひともこの先もそうであってほしいと願っています。

横山　なるほど。資格なんてできてしまったら、またヒエラルキーとか。

帯刀　面倒くさいことになるので。

横山　ははは。

帯刀　紡ぎはそういうのがなくて、みんなが「これは自分で作るんだから、別にこれでいいの」っていうスタンスのものづくりでいいと思うんです。そういう糸を紡げるようになったら、楽しいよねっていうのが広まっていってほしくして。正解は無いけど、基本はあるよっていうところだけ、押さえていってくれればいいんです。

国産羊毛のウールを紡いで作ったラグ。デザイナーのTatsiana KupryianchykによるGraphite Mandalaのアレンジ。

横山　いや、今のお話もすごい芯を食ったお話だと思いますけどね。つまりは紡ぎという文化が、よりみんなが楽しめるような形で、変にビジネスモデル化したりとかせずに、良い形で広まっていくといいなって。

帯刀　そうですね。本当にそう思います。

目指すのはやっぱり『十五少年漂流記』

帯刀　あ、この間、面白い話を聞いたんですけど、話してもいいですか。

横山　いやいや、そういう話こそ聞かせてください。

帯刀　2022年10月に開催された東京スピニングパーティー*で、北海道の「羊まるごと研究所」の酒井さんがゲルを建てたんです。

横山　モンゴルの移動式のテントみたいなやつですね。

帯刀　はい。ゲルって中に骨組みがあって、周りをフェルトで囲んで、それを紐で縛り上げて建たせるんですって。

横山　へえー。

帯刀　で、その紐を見た時に、すごくかっこいいと思って、「この紐は何の毛ですか?」って声をかけたんです。そしたら本物のゲルの紐はモンゴルの馬のたてがみだって言うじゃないですか。馬のたてがみは伸び縮みしないので、ぎゅって密になるんですって。それを紡いで紐にして、さらにロープ状にまとめたそうで、何で馬の毛なのかっていうと腐らないんですって。

横山　へー。

帯刀　だから、古墳とかからも、馬の首の部分は、骨とたてがみが出てくるらしいんですよ。風雨にさらされても腐らない、たてがみの紐。超かっこいいじゃないですか。「モンゴルの映像を見る機会があったら、馬のたてがみは、大体みんな刈られてるから見てみ」とも言われました。だからやっぱり紡ぐ毛は何だっていいんですよ。

横山　ははは。いや、僕も思い出した話があるので聞いてください。モンゴルってフェルトの文化もあるじゃないですか。コートとかにする大きなフェルトって、向こうでは羊毛を板状にして、丸めて、馬に曳かせて作るんですよね。それを知るまで、なんでヨーロッパの島ではフェルトより編み物が盛んなんだろうって疑問に思ってたんです。でも、モンゴルは馬で引っ張れる平野だから、フェルトができたってだけの話なんですよね。

帯刀　そうですね。

横山　一方で島は狭いから、小さいスペースでもできる糸紡ぎで糸にして、狭いところでもできる編み物をしたっていう。そう考えると、ここでも帯刀さんの言う『十五少年漂流記』的な思想が生きてるなって思うんです。

帯刀　確かに。

横山　ここまでのお話もそうですが帯刀さんの考え方ってすうっと筋が通っていて、気持ちがいいくらい、ものづくりの核心をついていると思うんです。そんな帯刀さんが、自分の手仕事として選んだ糸紡ぎについても、一言いただけますか。

帯刀　ええと、糸紡ぎは自由なんです。で、編み物も自由。だから、型にはまってもいいけど、はまらないものもあると思うので、楽しんで作ってほしいなって思います。

横山　その自由の中で、方角を決めるのは、工夫だということですよね。

帯刀　はい。工夫です。

心をほどく × ルイボスティー＆手作りジャム

ノンカフェインのルイボスティーと甘酸っぱいルバーブのジャムを添えたクラッカーをいただく。友だちの家におじゃましたような心地よさに、ついつい饒舌になる。

＊東京スピニングパーティー
手紡ぎから染色、織物、編み物などを手がける人が集う情報交換・交流イベント。年に一度、開催。

帯刀貴子さんの

Book Collection

昭和の編み物雑誌も熱かった！ 季節ごとのニットアイテムの紹介はもちろんですが、貴重な毛糸を無駄なく使う、ほどいて編み直す、そんな提案に、当時の編み物への情熱を感じます。

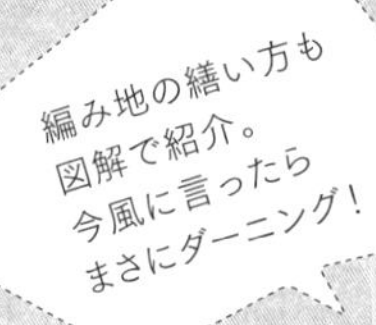

『毛糸の再生法と編物の
洗ひ方 染め方 繕ひ方』
婦人倶樂部10月号付録
／昭和14年

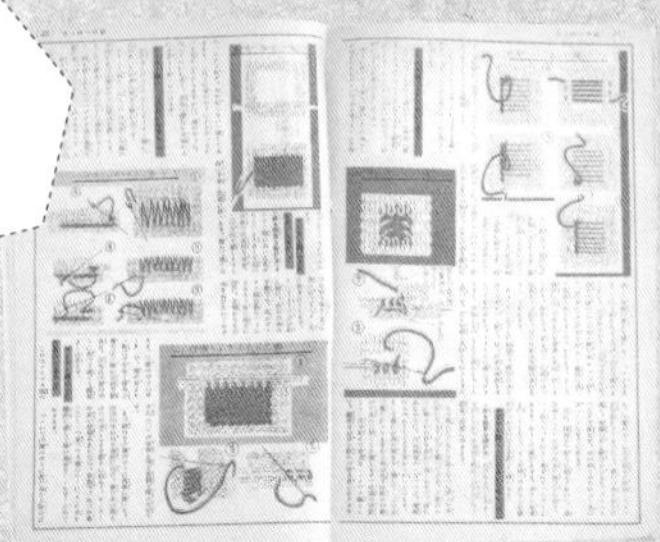

『防寒編物と春向編物』
婦人倶樂部新年号付録／
昭和11年

『秋向き流行毛糸編物』
婦人倶樂部9月号付録／
昭和10年

『防寒実用毛糸編物 付・毛糸常識』
婦人倶樂部11月号付録／
昭和8年

裏表紙の
広告文句も
いいねぇ

『最新毛糸編物独習全書』
家庭生活別冊付録／
昭和25年

『毛糸 基礎編模様編全書』
婦人倶樂部10月号付録／
昭和9年

買って安心 使って満足
（写真は裏表紙）

How to make

できあがりサイズ
全長13.5cm

スプラングの
キーホルダー

古い時代から、糸を使って紐や布を作り出していた先人たち。今回は「スプラング」という古流の技法を紹介します。基本の組み方の一つ、「インターリンキング」にチャレンジを！

材料と道具

毛糸　80cmを4本（好みの4色を1本ずつ）
リング　直径1.5cmを1個
木枠　横40cm×縦50cm
棒　約30cmを2本（プロセスでは棒針を利用）
紐　150cmを2本

下準備

木枠を用意して、毛糸を張ります。

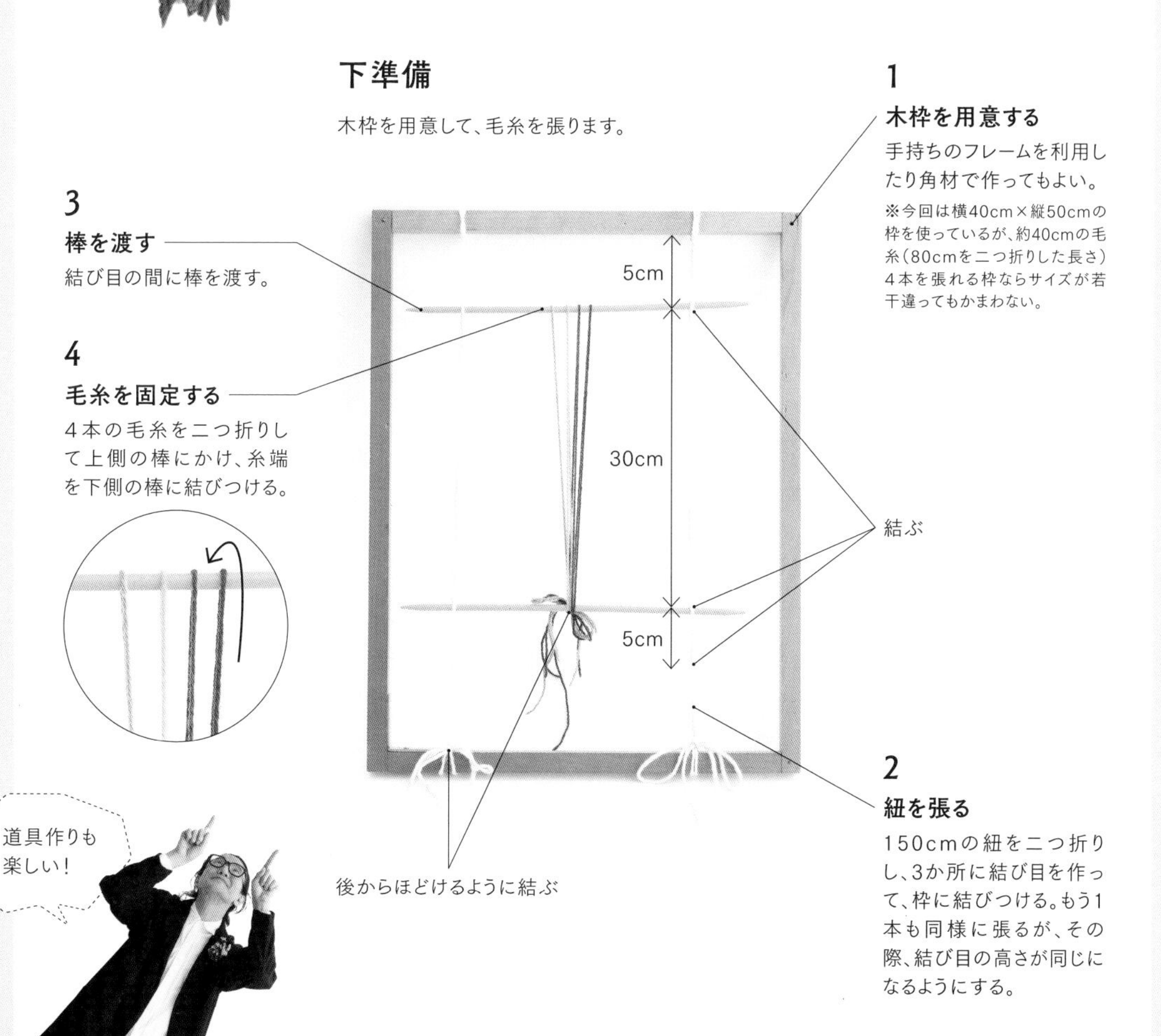

1
木枠を用意する
手持ちのフレームを利用したり角材で作ってもよい。
※今回は横40cm×縦50cmの枠を使っているが、約40cmの毛糸（80cmを二つ折りした長さ）4本を張れる枠ならサイズが若干違ってもかまわない。

2
紐を張る
150cmの紐を二つ折りし、3か所に結び目を作って、枠に結びつける。もう1本も同様に張るが、その際、結び目の高さが同じになるようにする。

3
棒を渡す
結び目の間に棒を渡す。

4
毛糸を固定する
4本の毛糸を二つ折りして上側の棒にかけ、糸端を下側の棒に結びつける。

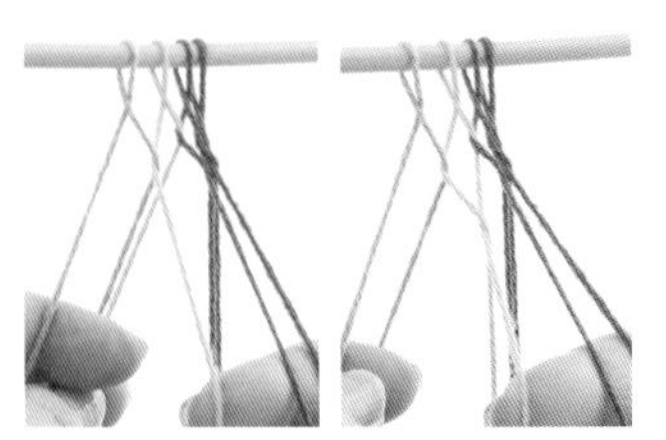

12 黄色も同様に糸を組む。

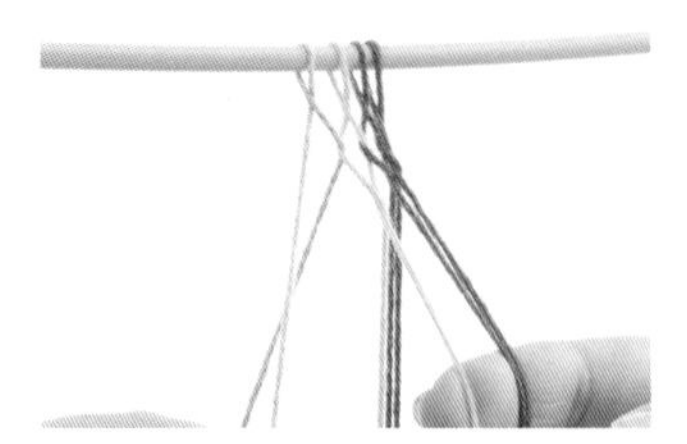

13 黄緑も同じく、黄緑同士で組む。

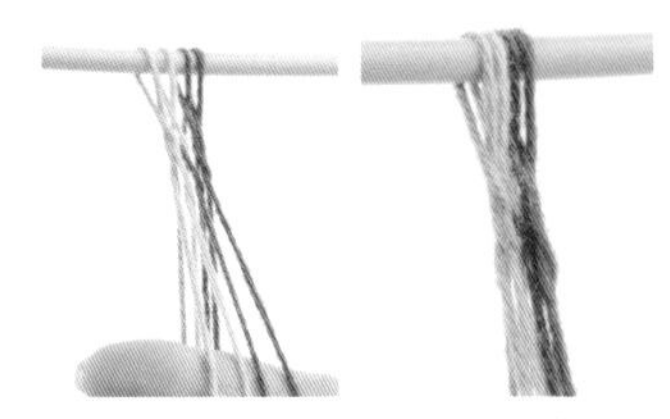

14 2巡目が組めた。糸の隙間をつめて整える。

糸同士を
交差できなくなるまで、
組み方の1～2巡目を
くり返そう！

組み終わり

15 中央の組み終わりに「とめ」（ここでは棒針）を差し込んで、交差が戻らないようにする。

16 スプラングのインターリンキングが組めた。

キーホルダーに仕上げる

17 組み終わりに紐（分量外）を通してひと結びする。

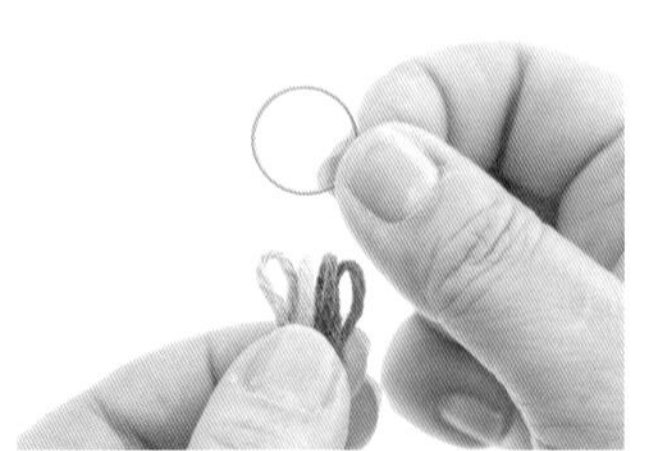

18 枠の上部の棒をはずし、毛糸のループ部分を押さえて棒から抜き、リングを通す。

19 組み終わり部分にリングがくるように二つ折りし、下部の棒から毛糸をはずす。

20 木枠からはずしたところ。

21 ループのすぐ下に毛糸（分量外）をきつく巻いて固定する。糸端は巻いた毛糸の下に隠して糸を切る。

22 下部も21と同様に毛糸を巻いて仕上げる。キーホルダーのできあがり。

スプラング

インターリンキングの組み方

←組み方の動画は
こちら

組み方1巡目

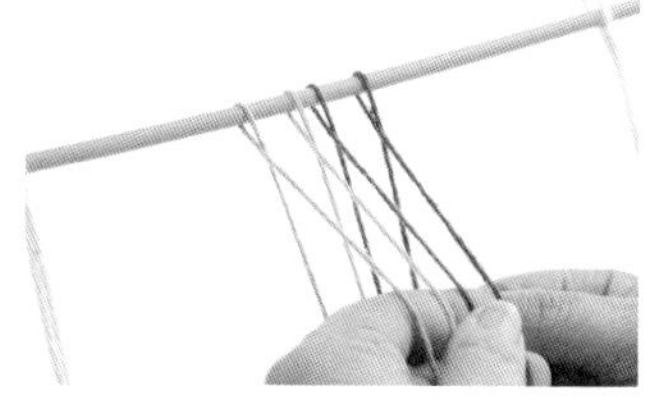

1　4本とも、下側の糸を上に引き上げる。

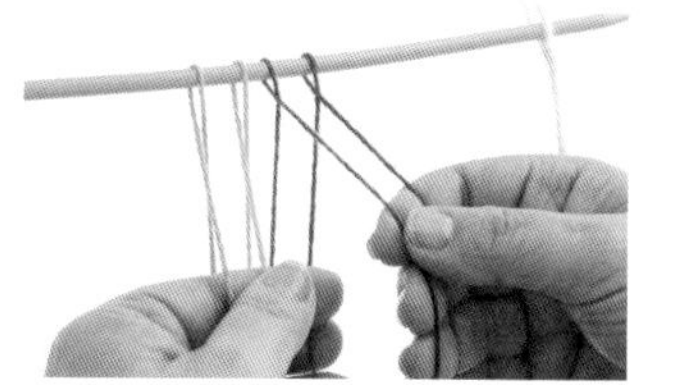

2　右上2本の糸を右にずらす。

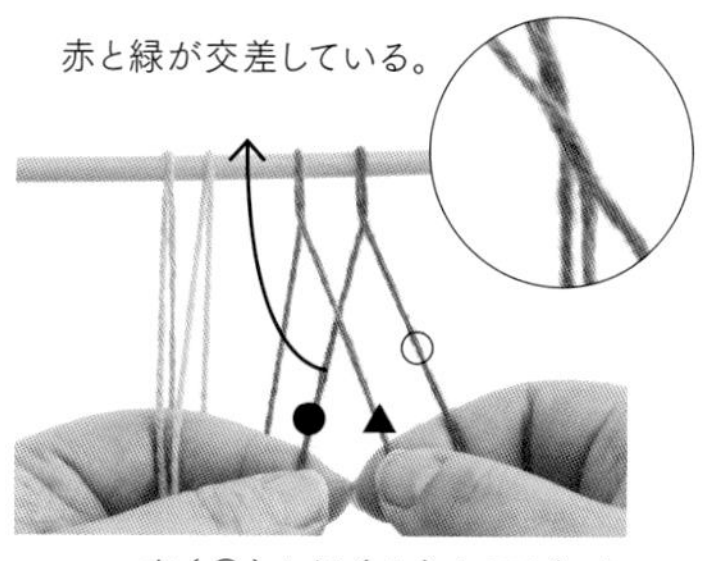

3　赤（○）と緑（▲）を下げ、赤（●）を上げて組む。

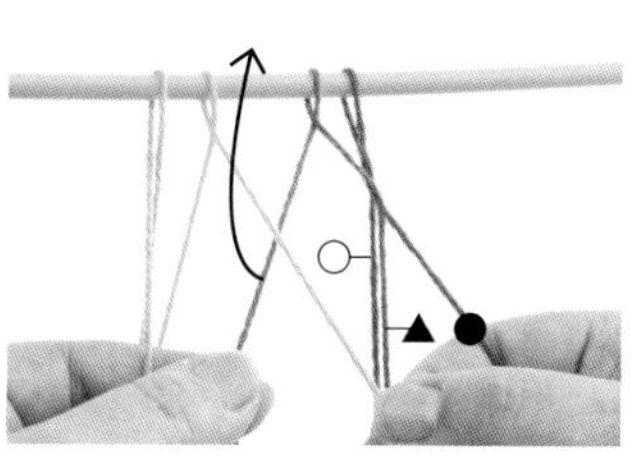

4　3本目の黄色を緑の上にずらし、黄色を下げ、下側の緑を矢印のように上げる。

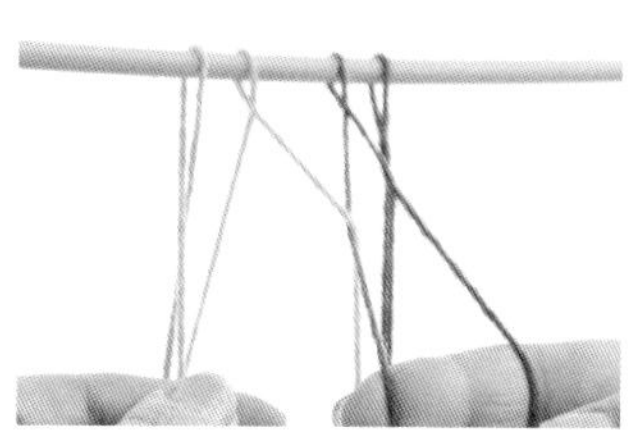

5　4の交差の間に指を入れて持ち直す。

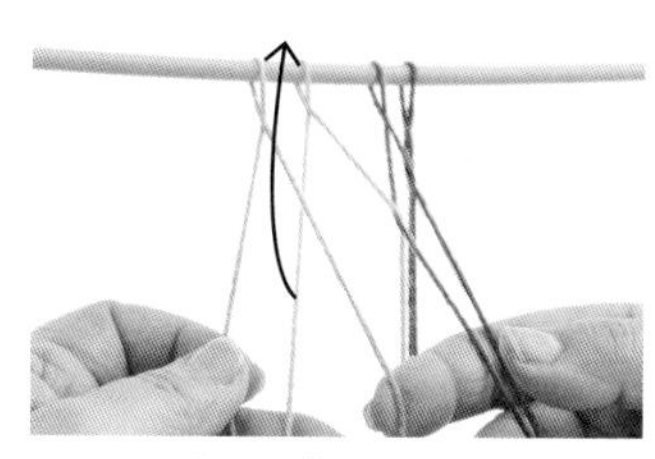

6　4本目の黄緑を黄色の上にずらし、黄緑を下げ、黄色を上げる。

7　残っていた下の黄緑を上げ、その間に指を入れて持ち直す。

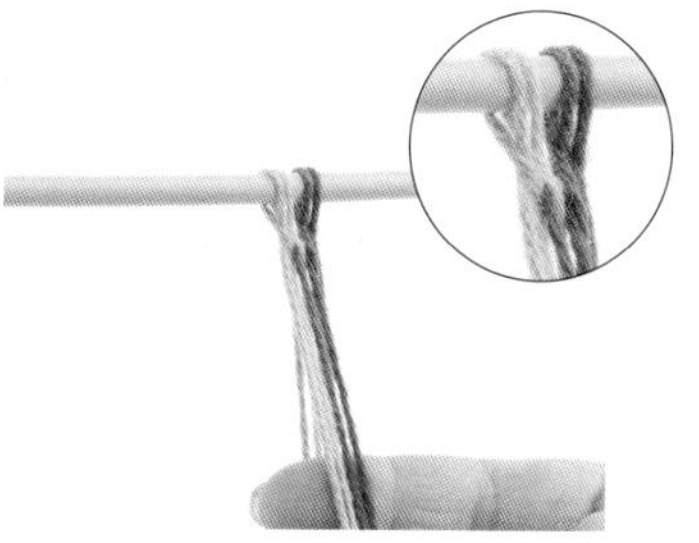

8　1巡目が組めた。糸の隙間をつめて整える。糸は左から黄緑・黄色・緑・赤と並ぶ。

組み方2巡目

※わかりやすいように幅を広げて組んでいます。実際は工程8の状態から組み進めてください。

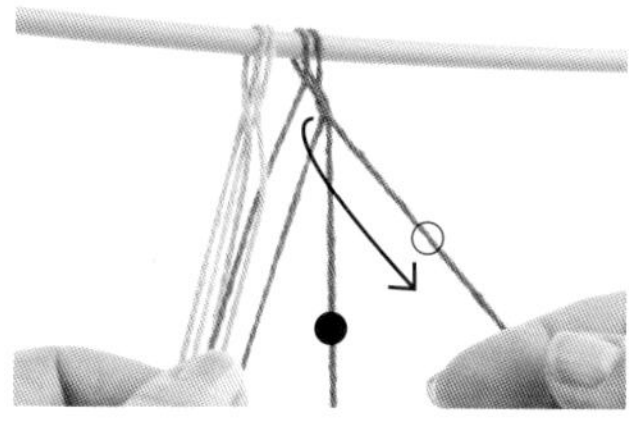

9　上下、同じ糸同士を組ませる。

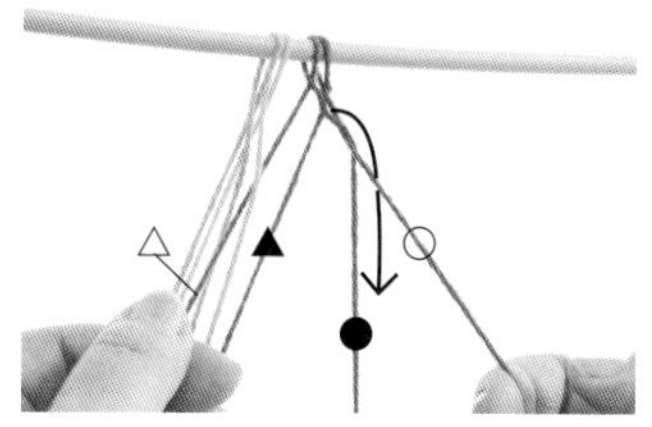

10　上の赤（●）を、下の緑（▲）をまたいで赤（○）と組み、下側の赤（○）を上げる。

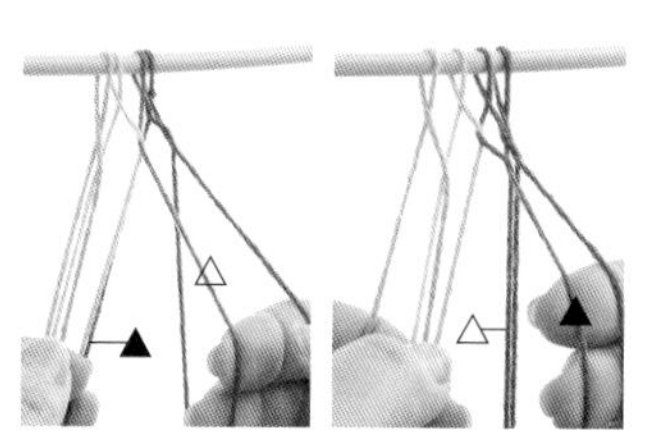

11　上の緑（△）と下の緑（▲）を組み、下の緑（▲）を上げる。

素晴らしい編み手である。
ファッションデザイナーとして海外でも名をなしている。
オリジナルのファッションブランドをいくつも展開している。
素敵な糸も作っている。
それら活動の中で社会の問題と向き合っている。
ワークショップを開催し、編み物の普及もしている。
自然に囲まれたとても居心地の良いお店／工房を運営されている。
その地域を大事にして連携をとっている。

そして、いつ会っても朗らかに話をしてくれる。

書き挙げてみると、まるで夢のような話だけれど、
こういう人が現実に居ることをあなたはご存じだろうか。

ファッションデザイナー・村松啓市さん。
村松さんは世界でも珍しい「編めるファッションデザイナー」だ。
「いったいどれだけ展開しているのだろう?」と疑問に思うほど
多岐に渡った活動をされている。
しかし、それらが散漫なイメージはない。
元々、ひとつひとつの活動が核心をついた、
興味深いものであるうえ、
重なる事によってさらに力強くなっている印象である。

それはまるで村松さんが自分の意志を編みあげているかのようだ。

はたして村松さんは、
編み物、手芸、手仕事の可能性について、未来について、
どう考えているのだろうか。

心踊らせながら、
僕は村松さんのいる静岡に向かった。

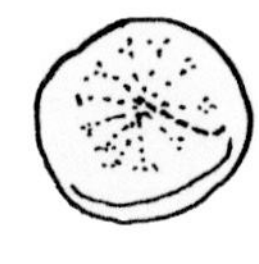

村松啓市

Keiichi Muramatsu

1981年生まれ。文化服装学院ニットデザイン科卒業後、
イタリアの高級糸メーカー、リネアピウグループに特待生として留学経験あり。
高い技術や知識から生まれるテザインが特長。
自身のブランド『muuc』『AND WOOL』を運営する。

「ニットって
とんでもないぞ」

Guest **村松啓市さん**（ファッションデザイナー）

都心から離れるにつれ、見上げる空がどんどん広くなるような、この不思議な感覚は何なのでしょう。静岡県島田市。緑の茶畑を抜け、たどり着いた対談場所は、アトリエ兼ショップの『AND WOOL』。今回は、ファッションデザイナーとして世界的に活躍されている村松啓市さんに話をお聞きしました。

大量生産では作れない良さを引き出す

横山　村松さんといえば、様々なブランドを展開されている人気デザイナーさんであるというのは、ご存じの方も多いと思うんですが、実は日本における編み物の世界でも、かなり際立った活躍をされているんですよね。まず、現在、どんな活動をされているのかをお聞かせいただけますか。

村松　そうですね。ファッションデザイナーとしては、ざっと20年くらい仕事をしています。手がけているのは、自身がデザイナーを努めるファッションブランド『muuc』の運営デザイン企画と、ニットブランド『AND WOOL』。主にこの2つです。

横山　『muuc』と『AND WOOL』は、どんな展開をしているんですか？

「AND WOOL」の入り口の看板。

村松　『muuc』はレディースのファッションブランドで、お洋服を中心として、日本中の国内の職人さんたちと一緒に、製品を作っているもの。『AND WOOL』はニットブランドとして、毛糸の販売から、自分たちでニット職人を育てて、ニット製品を作って販売をするっていうニットのカルチャーそのものを広げていこう、とか楽しさをみんなで共有して、なんか素敵なことができるといいよね、みたいなことをコンセプトにして活動しています。

横山　ということは、『muuc』は、いわゆる布のソーイングをメインにしたブランドなんですか？

村松　いえいえ。『muuc』は布の洋服とニットの両方を扱うブランドになっています。ニットは私が専門とするジャンルなんですけど、テキスタイル作りだとか、刺繍などで生地を加工するデザインも得意なので。

横山　あと、先ほど職人さんを『AND WOOL』の活動の中で育てている、という話をされていましたけれど、それって具体的に何か教えてらっしゃるとか？

村松　自分たちの強みは、素材を選び、編み方を考え、製品に仕上げてお客様に届けるという、一貫した流れをデザインし、企画できることだと思っているんです。そういう手作りの良さや大量生産では作れない作り方による良さみたいなものを、最大限引き出すデザインを考えて、手を動かす方にその作り方を教えて、きちんと形にできるように育てていくっていうプロジェクトもやっています。

横山　たとえばですね、「私は編み物が好きだから、編み物の仕事がしたい」という人は、手芸業界や愛好者の方にかなりいると思うんです。でも、「あそこに行くと職人として育ててくれるよ」っていう風に、情報をオープンにしてくれているのは、かなりめずらしいと思うんですよね。

村松　そうですね、もともとはこういうことに興味がある人を募集する所から始めて、初期はスタッフが手分けして教えていたんです。でも、時間が経ってみんなが育ってくれば、上手くなってきた人がまた次の人に教えられるっていう環境が作れてくるんですよ。おかげで人数も順調に増えてきて、ニットの質も上がっています。

横山　なるほど。

村松　次の課題としては、そういうものに興味がある人へどうやって届けるかということ。作る人が増えて、作れる環境が整っても、今の時代に、高級な良い洋服を売りたいという会社さんというのは少なくなっているので。自分たちが持っている販売チャネルも限りがありますし。

何か素敵なことができるといいよね

横山　まあ、作り出すことと伝えることってちょっと違って、良いものを作れば勝手に伝わっていくってことはなかなかないですからね。

村松　そうそう。

素材から製品化まで一貫したものづくりが強み

横山　『AND WOOL』では、糸のような素材も作っているとおっしゃっていましたね。そこにも何か特徴があるんでしょうか。

村松　そうですね、いろんな糸があっても、結局ものづくりって、原料だったりするわけで。しかも、どんな原料も産地に違いがあれば、それを作っていく過程で加工をする人たちがいて、良い所と悪い所がやっぱりあるんです。まあ後は、自分たちがどういう毛糸が欲しいか、という企画面からの話もあるので、バランスを取りながら、「今、こういう糸が欲しいよね」とか、「最近、知り合ったこの会社さんがこういうのが得意だよね」というあたりから、糸を作っていくことが多いですかね。

横山　なるほど、ものづくり、素材作りをしているような現場と実際に製品を作る現場、あとはどんな物が欲しいかという世の中のニーズを比べて、そこのバランスを取っていくみたいな形で糸を作っていくと。

村松　それを一貫して、デザインしたりプロデュース、ディレクションできるのが、自分たちの強みですね。

横山　確かにそこまで全部やるというのは、他にはあまりないように思うんですよね。

村松　めずらしいほうだとは思います。アパレルに限らず、今、世の中は、いろんなものが分業されることでスムーズに回っているので。

横山　ですね。逆に、この2022〜23年をリアルタイムで生きている僕たちは、分業することによって辛い思いをしていることもたくさんあると思うんですよね。一番わかりやすいのは、「会社でパソコンにデータを打ち込んで一日が終わるんだけど、これが一体、何の役に立っているのか、実感のないまま仕事をしている」みたいなこと。分業しすぎたせいで、いろんな社会的な歪みが出てきている気がします。

村松　そんな感じありますよね。

横山　一方で手芸のような手仕事は、どうしても分業しきれないことがあるじゃないですか。作る段階で素材のことも知らなければ、良いものはできない。たとえば毛足の長いモヘアを編むのと、ストレートの木綿やコットンを編むのとは全然違う。モヘアは編み目が見えなくなったり、ほどきにくかったり、いろいろあるように、そういうことってやっぱりトータルで物を知らないとダメで。

村松　デザイン面では非常に重要なことですよね。僕も若い頃から海外でいろいろやらせてもらえたっていうのも、素材をわかっていたのが大きかったですね。最終的にできあがる商品だったり、デザインというものを、素材や編み方、生産効率から一貫して考えることができましたから。なおかつ、自分のプロジェクトならお客様だし、外部のファッションブランドとのやり取りだったら、どこかのデザイナーさんのイメージも汲みとってデザイン提案ができるっていうのが強みでした。

横山　なるほど。アパレルの仕事では、村松さんのように、自分でも編めるファッションデザイナー自体がすごく少ないんでしたよね。服作りにしても、本来、ファッションデザイナーはイメージの絵を描くだけで、それをパタンナーが型紙に起こして、縫い子さんが縫う。みんなやっていることがすごく限定されているわけですよ。そんな中で、その壁を超越している村松さんが独自のブランドを作った時に、とうとう職人さんを育てる話になっちゃったのかなと思うんですけれど。そういう活動を起こすモチベーションってどこから生まれてくるんですか？

村松　えっと、そうですね。やっぱりシンプルにやりたいことがあって、そのやりたいことを身近な人なり、社会なりから理解してもらえないというジレンマを解決するために、ものづくりを続けるし、良いものを作るって感じですかね。さらにはそういうものを作れる環境さえ作っちゃえっていうことです。

横山　なるほど。ちなみに村松さんは、今、具体的にやりたいことはあるんですか。

村松　まあ大前提なのは、シンプルに今やっていることをちゃんと良い形でもう少し世の中に知ってもらうということ。もう一つは海外に向けて、もう一度、行動しようかなと思っていることですね。僕、今、ちょうど40歳になったんですけど、これが40代の目標です。20代に海外でいろいろ助けられたこともあって、国内での仕事がある程度、形になってきている今、いよいよ視野を海外に向けてビジネスや表現活動を展開できたらと。

横山　海外のニットブランドで職人さんの育成までやっているところはあるんですか。

村松　イタリアとかだと結構聞きますよね。

横山　へえー。

村松　それこそ町を作っているとか。職人の雇用があると、どんどん人が集まってくるわけです。そうすると学校や役場が必要になって、町ができてくるんですよね。

なぜ静岡県島田市に『AND WOOL』を作ったのか

横山　じゃあ、この静岡県島田市にそういう町ができるといいみたいな感じなんですか。

村松　まあそこまでは正直思っていないですけれど、何かしら地域にも貢献できればいいなと思っています。

横山　んー、なるほど。今日、僕らが対談しているのは静岡県島田市で、ここは村松さんが作られた『AND WOOL』という建物、そのブランドの拠点になるんです。ざっくりいうと、とある電車の最寄り駅から1時間くらいかけて、茶畑の中を歩いて着く場所なんですが、どうしてここを選んだんですか？

村松　一番は広さかな。『AND WOOL』というプロジェクトをやろうと思った時から、広さは必須条件だったんですよね。編み機を置く場所や職人を育てたい場所が必要ってことは決まっていたので。

横山　なるほど。

村松　それから、『AND WOOL』でのものづくりを小難しく説明するより、ファーマーズマーケットの野菜みたいに透明化して、作り手の顔や手を見てもらえる環境を作った方が「これって良いよね」ってシンプルに思ってもらえるんじゃないかっていう、みんなの意見があって。そうするとお店のスペースも必要。

横山　うんうん。

村松　尚且つ、職人を育てても形になるには時間がかかるから、拠点にランニングコストがかけられない。だから、このプロジェクトは、はなから東京ではありえなかったんです。だから田舎でやろうってことになったんですけど、リサーチしたら、意外に田舎って高いんですよ。

横山　私もそれ、実は知ってます。

村松　本当にすごい山奥に行けば、安い物件があったりもするんですけど、山奥の弱点は通信環境が悪いから仕事にならない。あと私たちはアパレルとして季節商品を作っているので、とにかく常に物流を速く回さないといけないんです。

横山　はいはい。

村松　たとえば、朝届いた荷物を夕方までに確認して、次の日にはまた違う工場に送る、みたいな作業が毎日のようにあるんです。だから山奥に行き過ぎると、荷物が届くのも遅いし、集荷時刻も早いから、それができなくなっちゃうんですよね。その辺のバランスを見て、ここになったという感じです。

横山　静岡空港も近いですし、高速道路からも比較的近いですもんね。

村松　あと、住宅街に作らなかった大きな理由がもう一つ。僕アパレルやってるので、基本的にすべてのことをコピーされちゃうんですよ。いろんな企業とかに、散々と。でも、この田舎のロケーションだけはコピーできないでしょう。茶畑の中のニット屋さんなんて、絶対に、簡単に真似できない。

横山　今風にいえば、コピーできない唯一無二のブランディングイメージ、ですね。

村松　そうです、そうです。そういったことを関連づけようという思いもあったというか。この問題に関しては、20代の頃に散々苦労してきてるんで。すぐコピーされて、逆にオリジナルのこっちがコピーしていると言われたりとか。

横山　ははは。

村松　広告企業の力の差ですよね。

横山　いや、いろいろ試行錯誤してこられたのが、言葉の端々ににじみ出ていますね。でも、今のこの『AND WOOL』さんは、すごく素敵な建物で、居心地もとても良いですよ。

村松　ありがとうございます。

横山　もともとここは何の建物だったんですか。

村松　僕らが入る前は、建築資材置き場でした。その前はブリーダーさんが犬を飼育しているような場所だったらしいです。

横山　犬を。へえー。

村松　そこが普通の建物とはちょっと違う。

横山　独特ですよね。

村松　そうですね。建物自体が水洗いできるようになっていたりだとか、建物が倉庫なのに庭があったりだとか、壁が全部開くようになっていたりだとか。

横山　なんか使いやすい箱みたいな建物ですよね。

広くて開放感のある平屋のショップ。

知れば知るほど、服って面白い

戦略的にニットを選んだ学生時代

横山　ここまでは現在、村松さんが展開されている2つのブランドの話をお聞きしてきたわけですが、今度は今に至るまでの話をうかがえますか。まずは学生時代とか。

村松　僕は新宿にある文化服装学院という専門学校に入学したんですけど、当時はただファッションが好きっていうだけで、洋服なんてきちんと作ったことがない人間だったんです。ところがその学校は、洋服作りが日本の社会的に流行っていた頃というのもあって、その学校にはまったく経験がない人なんて、クラスでもごく一部しかいないという、その道の経験者が入学するようなところだったんですよ。

横山　はいはい。

村松　そんな状況だったので、洋服の勉強をしようと思ってはいたものの、まあ洋服会社の裏方の仕事ができればいいなくらいの気持ちではいたんです。

横山　なるほど、なるほど。

村松　ただやればやるほど、知れば知るほど、服って面白いなって。それと洋服の裏方をやるにしても、作れるのにこしたことはないということに気づき、やれる所まで頑張ろうという気持ちに変わったんですね。

横山　はいはい。

村松　なんですけど、天才っていうのが、世の中ごろごろいるなっていうのにすぐ気づいて、これはもう勝てないと。

横山　おっ来たぞ、この話。

村松　ただ洋服を綺麗に作れるだけでは天才には勝てない、と思ったんですよね。

横山　どの分野でもそういうことってあると思います。

村松　しかも当時は、洋服のファッションデザイナーを目指している人が数えきれないくらい、いっぱいいるマンモス校だったので、「これな

学生時代に作った作品展用のウエア。糸と布を融合させたデザイン。

らニットっていうジャンルの方が面白いんじゃないかな」っていうことに気づき始めたんですよね。

横山　なるほど。

村松　入学して数カ月ですぐに。

横山　じゃあ編み物がすごく面白くてニットの勉強しようと思ったというよりも、おお、なんか面白そうな独特の分野があるぞってどこかで気づいちゃった、それがニットだったんですね。

村松　ただ、一応伝えておくと、これはネガティブな理由で、もう一つ、ポジティブな理由もあるんです。

横山　ネガティブとポジティブ！

村松　こちらはポジティブなほう。

ある時、ジャンポールゴルチエのオートクチュールコレクションの展示会みたいなのを美術館でやっていて、見に行ったんです。

横山　へえ。

村松　でね。それを見た時に、僕が素晴らしいなって思ったのは、どれもニットのテクニックでね。

横山　へえ、

村松　これはいわゆる専門的な話ですけど、ここでいうニットっていうのは、棒針やかぎ針の編み物もそうだけど、レースとか刺繍だとか、糸を使うもの全部がニットのテクニックのカテゴリなんですよ。

横山　なるほど。

村松　そうなった時に、「ニットってとんでもないぞ」と思ったし、リサーチすればするほど、世の中の洋服の6割以上がニットっていう資料もあったんですよね。にも関わらず、文化服装学院という学校は、布の洋服のことを専門的に学ぶ学校だったから、ニットの勉強をしている人は数十人しかいなくて。

横山　あの、「ニット」って編み物をしている人は棒針編みのことだと思ってしまうんですけど、村松さんがおっしゃるのは、編み針を含めた、針と糸を使って何か手仕事をすることですよね。

村松　そう、ニードルワークってことです。文化服装学院では、ニットの勉強をしているクラスに行けば、レースや刺繍などのニードルワークも含めて、全部勉強できたし、オートクチュール的な装飾技術や表現方法も勉強できた。逆に他のクラスでは勉強できなかったんですよ。

横山　で、そこに数十人しかいない。

村松　そうですね。

横山　すごく偏っていますね。

村松　まあ、教えられる人もそんなにいなかったんですよね、結局。そもそもニットの経済的価値がそんなになかったのかもしれないですし。

横山　なるほど。

村松　あと、ニットのジャンルで評価されたファッションデザイナーって日本人に少ないんです。ファッションって、みんな憧れから入るから、そういうのもあるのかも。

横山　ああ、そうか。

村松　手芸のニットの先生とか、ニット作家さんという意味ではもちろん有名な方がいっぱいいらっしゃいますけど。

横山　わかります、わかります。

村松　でもファッションデザイナーとして、もうちょっと工業的な視点でプロダクトを作っているような、いわゆるみんなが思い浮かぶようなファッションデザイナーっていう人が多分いなかったから。

横山　なるほど。そうすると、ファッションに対して憧れを持って入った若い人たちは、そっち方向には行かないと。

村松　その良さに気づきづらいっていうのはあったと思います。

横山　そうですね。

村松　それでまあ、僕としては人が少ない分、需要があるんだったら、たいした才能がない自分でもなんかなるかもしれないな、と思ってニット科に進んだんです。

横山　自分がこれから活動を展開していくにあたって、これだったら強みになるんじゃないかというものを感じとったんですね。いやあ、学生時代に、その戦略性を持って、ニットを選んだっていうのはすごいですね。

村松　単純に落ちこぼれだったのかなと思いますけどね。

卒業後、イタリアへ行く

横山　なーにを言ってるんですか。村松さんがご自身でおっしゃる所の落ちこぼれの学生は、卒業後にイタリアへなんて行かないですよ。

村松　えっと、それもニット科っていうクラスの歴代に、素晴らしい先輩たちがいっぱいいたおかげですよ。マニアックな専門的な分野では、文化服装学院のニット科ってすごく有名だったんですよね。主に国外ですが、まあ国内の方も含めて。

横山　なるほど。世界的に有名だったんですね。

村松　で、その当時、リネアピウグループという、イタリアの毛糸会社が世界中から数名だけ受け入れて育てるっていうプロジェクトをやっていたんです。

横山　へえ。

村松　文化服装学院のニット科は、優秀な先輩たちのおかげで、ちょっと特別枠みたいなのがあって。

横山　シード権みたいな。

村松　そうそう。そこに滑り込みで入れたっていうのが、私。

横山　それでイタリアに行かれたと。

村松　そうです。卒業後、すぐです。イタリア語の勉強をするため、僕だけプロジェクトが始まるより半年早く先に入っていて、地元の語学学校に通いながら、プロジェクトが始まるのを待っていました。

横山　イタリアの文化に触れながら。

村松　そうですね。でもね、なんと僕がイタリアに行った後に、プロジェクトがなくなっちゃったんですよ。当時の不景気の波が、アパレル業界にも押し寄せていて僕が行こうとした会社も飲まれた形で。

横山　あっ。

村松　いやあの、会社は存続してましたけど、やろうとしていたプロジェクト自体がなくなっちゃったという。

横山　それでどうしたんですか?

村松　僕以外の受かった人たちは、まだイタリアに入る前だったから解散になりました。でも、僕は行っちゃってるし、しかも半年間勉強して準備していたということから、「プロジェクトはなくなったけど、お前をインターンとして入れてあげる」っていう話に切り替わっちゃったんですよね。

横山　なんだか面白い運命に導かれてますね。

村松　あ、本当ですか。まあ、そのプロジェクトってのは、終了時にイタリア・フィレンツェで開催される有名なニットの展示会で、「リネアピウ社が育てた若手デザイナー」として華々しく発表されて、「興味がある企業は各々に交渉して、何らかの契約をしたらどうですか」みたいな場を作ってくれるはずだったんですけどね。それがインターンになっちゃった。

横山　あれっすね。結構、残念な話ではありますね。でも日本に戻らずには済んだ。

村松　そうです、そうです。だから本当はいろんなことを勉強させてもらう予定だったんだけど、そのカリキュラムが全部なくなっちゃったから、僕はもう自力でシンプルに社内で制作作業をするようになったんで

イタリアでのインターン時代に手がけた作品。

す。

横山　え、働き始めちゃったってことですか。

村松　今季の新作のイメージは教えてもらっているので、サンプルを作ってては社内で採用してもらうっていうのを勝ち取っていった感じですね。僕の名前はどこにも出ていないんだけれども、会社側も応援してくれて「今年はいつものプロジェクトはなくなっちゃったんだけれど、日本人の若い子が作ったものがあるよ」って、いろんな企業に紹介してくれたんです。社内は社内で僕のものがプロモーションに使ってもらえましたし、作品も残りました。もともと未来の契約先を見つけるようなプロジェクトだから、「村松と一緒に仕事がしたい」という会社も出てきてくれて、これはこれでよかったかなと。僕としてはどういう経緯であれ、きちんと結果も残したから、会社からは「マスターリネアピウという称号をあげます」ということになって、証明書もいただきましたよ。だから今もちゃんと言えるんです。リネアピウを出ていますって。

横山　ワインディングロードすぎますよ。いやでも、これはすごい。

勝ち筋を見つける

村松　ただここでポイントがあって。日本人の僕が社内プレゼンを勝ち取るためには、デザインの仕方から見せ方まで、めちゃくちゃ戦略的に行ったんですよ。

横山　なるほど。具体的には？

村松　さっきお話ししたみたいに、文化服装学院のニット科は、すべてのジャンルのニットを勉強できる学校だったんで、僕という人間は手仕事もできるんです。工業的な知識もあるけれど、ニードルワーク全般も。

横山　なるほど。

村松　対イタリアでは、プロフェッショナルがめちゃくちゃ集まっているリネアピウという会社でさえ、手仕事と工業的なことを掛け合わせて提案できる人って実は一人もいなかった。デザイナーも、技術者もいっぱいいるのに、です。

横山　あ、これって最初にお聞きした「分業」の話に関わっています？

村松　そう。ここで気づいたんですよ。勝ち筋を。

横山　なるほどね。その垣根を外せば外すほど、活動としていい結果を生むという。それが強みになることを、まさにこの時に得ていらっしゃったんですね。

村松　そうです。ここで成功体験を得ることができました。

横山　なるほどね。

村松　そしたら、僕が日本語しかしゃべれないとか、イタリア語が赤ちゃんレベルだなんていう話は関係なくなってくるんですよね。他の誰にもできないことができるんだったら、昔から憧れていたような有名な企業とか、ファッションブランドの方たちとかが「一緒に仕事したい」みたいなことを言ってくれるんだというのを味わってしまって。そこで、自分の武器というものがはっきりしたんです。尚且つ、表現者としても、方向性が見えてきた。プレゼン相手の人は市場で最もハイファッションの人たちであり、今までにない物を欲しがっているお客様たち。そこで求められたのは、東洋人の自分が作り出す造形やイメージであり、極東日本の僕の感性をどこまで西洋文化に寄せるかっていうバランス感覚なんです。求められているものに寄せるためだったら、そのことについて喋れて、コミュニケーションが取れる人材が欲しいじゃないですか。

横山　わかります。

村松　だからそういったところでも、デザインアイデンティティみたいなものが、かなり早い段階で確立できたと思います。

横山　「この話、めちゃくちゃ面白い」って言ったら、若き日の村松さんに怒られると思うんですけど、こんなに紆余曲折あったんだというのをうかがって、ちょっと驚いています。

村松　この後もずっと紆余曲折ですよ。

日本という市場を主戦場に決めた20代

村松　いろいろありましたが、その後は、日本に帰ってきました。

横山　そのまま海外で活動するのではなくて。

村松　当時の僕は、ニットの可能性をとてつもなく感じていていたんです。だから、洋服をデザインして作るだけではなくて、編み地や装飾なんかを考えたりするのはもちろん、手芸とファッションとアート的なことの、すべてをやれるような、デザイン会社を作りたいと思ったんですよね。

横山　ほう。

工業的な知識があって、手仕事もできることが強み

村松　それが今の現時点の私の活動にも繋がっているんですけど。このことはイタリアに留学している時に、ずっと思っていたので。

横山　じゃあもともと、ただ服を作る仕事に関わるということだけでなくて、それくらい大きなスケールでやっていこうという風に思われていたんですね。

村松　それがやりたくて、起業を目指しました。

横山　なるほど。焦点はもう服作りだけではなかったってことか。

村松　そうですね、その当時にあった、マーケット・イン＊的な発想ではなかったですね。

横山　で、日本に戻って来られたわけですね。

村松　そうです。日本に帰って来たものの、ひとまず資金を稼がないといけないので、服を作って売ろうって思ったんです。

横山　すごいな。

村松　それで、今度は文化服装学院の大学院（文化ファッション大学院大学）に入学するんですよ。

横山　なんと！

村松　はい、その時はマスターズクラスというのが学校に新しくできて、いわゆる自分で研究テーマを決めて自由に動いていいっていうカリキュラムがあったんです。少し前は現役の生徒だった私ですから、学校に工場みたいな設備があることも承知済みでして。編み機やいろんな特殊なミシンを自由に使えるし、だったら「ブランドを作る」という研究テーマで、学校の設備を使って服を作っちゃえば、売れるんじゃないかなと。

横山　ほお、素晴らしいですね。

村松　その後、起業するにしても、工場さんや糸屋さんの力が必要になった時に、学校に所属していた方が

＊マーケット・イン
消費者のニーズに合わせて商品を生産して市場に出すこと。

話を受け入れてもらいやすいだろうという思いもありました。在学中には自分のブランドを作ってコレクションのファッションショーをしたり、東京コレクションにも出ちゃえってデビューさせてもらったり。いろいろ頑張ったんですけどね。

村松 何か問題が？

横山 うーん。そもそもイタリアで評価されて、かなり自信をつけて帰ってきたんですけど、日本でいろんな人に見てもらったら、どれがニットでどれがニットじゃないかっていう次元から、わかってもらえないんですよ。

横山 あーなるほど。

村松 そう。それまでいろんな企業に迎え入れてもらっていた自分のデザイン性だとかが、理解不能みたいな評価になってしまって。

横山 確かに私も社会問題と手芸を結びつけた記事を書く時に、必ず言われる言葉があるんですよ。「横山さん、必ず2行目に、編み物ってどんなものか、手芸ってどんなものかっていう説明を加えてくださいね」って。本当に、あらためてそれを言わなくちゃいけないくらい、一般的には知らない人の方が圧倒的に多いんだってことを再認識させられるんですよね。それで、村松さんはどうされたんですか。

村松 フランスのとある著名な方がフランスに展示しに来いって言ってくれたので、その人の言葉を信じて、フランスに行ったんです。そこでようやく初めて服が売れてね。大学院卒業と同時に行ったフランスでは、ビジネスの事とかも勉強して、結果、日本という国がものすごいファッションマーケットなんだなっていうことを痛感することになりました。

横山 なるほど。

村松 だって、その頃の僕なんかより、よっぽどキャリアも知名度もあるデザイナーやファッションブランドが、日本のマーケットで自分たちのブランドをどれだけ売るかということを重要視していたんですよ。

横山 うんうん。

村松 だったら、僕は日本人なんだから、わざわざパリでコストをかけて展示をするよりも、日本のマーケットで自分の服が売れるように努力しないといけないと思って、そこから日本での活動が本格的に始まるという感じですね。

横山 なるほど。

村松 でも、当時リネアピウという会社の件もあったので、時々イタリアで展示をしたりとか、それがきっかけでいろんな海外の案件もやったりしながら、日本の東京コレクションにも出たりして、自分のブランドをまずはビジネスにしていこうっていう目標を掲げて試行錯誤していくっていうのが、僕の20代ですね。

横山 学生にもう1回戻って、ブランドを作る研究をするという体で、活用できるものを最大限利用して、ビジョンをきちんと形にできるようにしてきたんだなあ。

村松 ちょっとずるいですけどね。

横山 いや、僕はそれ、ずるいという風には思わないんですよ。何か創造した物、もしくは創造する中で、どれだけ他の人と関われるかとか、その創造自体が一つの実験で学術的に何か意味のあることであるとか、地域の人と何か関わるような仕事になるとか、そういう層がたくさんあればあるほど、長く続けていけると思うんで。だって、一つの層しかない活動って、その層でダメだったら、クリエイターとしては心が折れちゃいますもん。だから、僕は何か新しいことをするならば、その活動というのは多角的で立体的な階層を作るようにした方が良いって常々考えているんです。当時の村松さんはニットを自分の強みにするっていう選択であるとか、ブランドを立ち上げるっていうステップとか、いろんなことを含めて、自分の活動がきちんと展開できるように、最初から設定されてきたんだなっていうのを、ものすごく感じました。

手仕事での表現が プロダクトを特化させる

横山 さて今度は少し場所を変えて、村松さんが手掛けるブランド『muuc』の製品が並んでいる一角に移動してきました。最初におっしゃられた通り、『muuc』には、毛糸のニットのプロダクトもあり、布のプロダクトもありという感じですけれど、中でも刺繍が施された印象的な服が多い感じがしますね。

村松 自分自身が刺繍好きというのはもちろんなんですけれど、ちょっと特徴的な刺繍で表現してあげると、『muuc』ならではの魅力がお客様にも伝わりやすいかなと。自分

植物を表現するのは、僕の中のテーマの一つ

植物の造形を繊細な刺繍で表現している『AND WOOL』のウエアや小物たち。道端の素朴な草花をモチーフにして、植物図鑑のような世界観を布の上で表現しました。ボタニカルモチーフはプリントや布柄にも。

たちの色だったり、特徴的なアイテムっていうのを表現する上で、刺繍は大事なアイテムなんですよね。

横山　どの刺繍も植物がメインになって描かれているようですが。

村松　そうですね。なぜかニットを勉強し始めた時から、植物の有機的な形、曲線みたいなものがニットととても相性が良い気がしたんです。だから、植物を表現するのは、僕の中で一つのテーマになっています。

横山　村松さんはどういう風に指示を出すんですか？

村松　刺繍に関しては結局手を動かしながら線を探っていくみたいな感じで、実際に自分たちの手を使って刺繍をして、それを工業製品に落とし込む、みたいなことをしています。

横山　なるほど、図案から刺繍の指し方まで、きちんと指示できる形になるまで、村松さんご自身も手を動かしてサンプルを作るんですね。

村松　イラストをそのままコンピュータ処理して刺繍にすると、綺麗になりすぎてしまうんですよ。もう少し針の動きというか、ちょっとした手加減みたいなところも表現できた方がより素敵だなと思っていて。

横山　よい風合いが出ていますよね。

村松　職人さんたちの腕が良いっていうのも、もちろんありますけれど。

横山　そういえば、以前、村松さんと植物の刺繍の話をさせていただいた時に、植物を表現するのには糸が一番だみたいなことを、おっしゃられた覚えがあるんですけど。

村松　ああ、それは刺繍に限らないことで、たとえば、モヘアの毛足感が、表現する物によっては、すごくしっくりきたりとか。

横山　有機的な雰囲気が出るみたいな。

村松　そうそう。

横山　ちなみに『muuc』のプロダクトについて、ご自身で心がけられたり、自分で面白いと思っていることってありますか？

村松　そうですね。まあ、基本的に、僕はいろんな工場に顔を出すタイプなんで、現場の方の意見とか、知識とか、ちょっとしたアイデアだったりとかは、大事にしています。

横山　なるほど。

村松　あとニットに関しては、僕自身が一番専門的な分野でもあるので、ちょっと凝った編み図で、自分たちらしい服を作ろうというのは心がけていますね。

最終的に「着て美しいこと」を考えたニットウエア。

横山　なるほど。非常にシンプルに見えながら、この模様編み、なわ編みのところにもすごい工夫がされていて、なわ編みと透かし編みがバランスよく複合的に使われていたりしますね。

村松　あとはやっぱり、流行に左右されないこともすごく大事だし、うちの商品に関しては、着る人の体型もいろいろな方がいらっしゃるので、できる限り、いろんな体型の方が着ても美しく見えるように考慮してパターンを作っていますね。

横山　どちらも解決するには難しい分野なんじゃないですか。

村松　そうなんですけど、逆に普遍的な感覚だとか、サイズ感のことかっていうのは、かなり海外での経験が生きていますね。

横山　なるほど。

村松　自分たちの強みとか、日本人的な美意識の捉え方という所がやっぱり出てくる気がします。

多角的な『AND WOOL』の取り組み

横山　再び、場所を移動しました。

村松　こちらは『AND WOOL』の店舗エリアで、商品としては、この店舗の中で手編み機を動かして作っている製品と編み物キットがあります。

横山　なるほど、ウエアなどは家庭用編み機を使っているんですね。

村松　はい。

横山　『AND WOOL』では、ブランドとしての糸も作っているとか。何か特徴があったりするんですか。

村松　欲しい糸、作りたい糸に合った原料を工場とうまくバランスを見て作っていくんです。今はイタリアのメーカーの糸と国内のメーカーの糸が混ざっていますね。

横山　そういえば、ちょっと小耳に

店内には『AND WOOL』オリジナルの糸や編みものキットが並ぶ。

挟んだんですけれど、日本の羊毛を集めて『AND WOOL』が糸にしているというのは本当ですか？

村松　はい、数年前に「国産羊毛のウール糸」を復活させるジャパンウールプロジェクトが立ち上がったんですよ。その道の有志の方たちが集まって発足したんですけれど、『AND WOOL』は2022年から糸を使わせてもらっています。

横山　どんな活動をしているんですか？

村松　日本の国産の羊の毛を集めて、それを糸にして製品にすることで、羊の文化や糸の文化を守りながら、生産者も消費者も楽しい何かが作れるといいよねって動いているのが、ジャパンウールプロジェクトです。『AND WOOL』では、その国産羊毛を使って、毛糸を作ったり、セーターやニットベストを作ったりしています。

横山　市場の毛糸は輸入のメリノウールとかが多いと思うんですけれど、今、国産羊毛っていうのはどういう状況なんですか。

村松　実は、国産羊毛を工業化した糸っていう意味では、もう30年くらい作られていなかったんですよね。

横山　そんなに。

村松　もちろん、個人レベルで手紡ぎの糸を作られている方はいらっしゃると思うんですけど、もう少し広く、量も多く、工業的に進めているというのは、本当にもう30年ぶりで。確かにできる量はまだ少なくて貴重ですし、課題はすごくいっぱいあるんですけど、継続していけるように活動しているところです。関わっている人は、みんな羊が大好きな人ばかりなので。

横山　じゃあ、『AND WOOL』さんではそういう素材レベルの活動も進めているんですね。

村松　『AND WOOL』の根底には、僕が作りたいものや、表現したいものを、みんなに知ってもらいたいっていう想いがあるんですよね。そのためには、ものづくりの背景や価値みたいなものを共感してもらいたいし、素敵だなって思ってもらうことがとても大事だと考えているんです。だから、トレーサビリティ*っていうのかな、誰がどう作っているのかとか、実際に作っている人の顔や手が見えた方がより良いだろうと思っていて。

横山　なるほど。

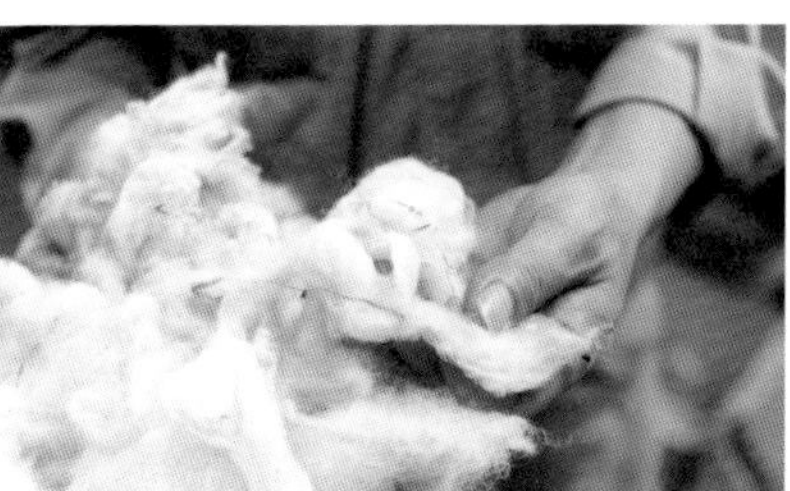

『AND WOOL』はジャパンウールプロジェクトに参加。国産羊毛の糸や、その糸で編んだセーターやラグマットなどを取り扱っている。

*トレーサビリティ
原材料の調達から、生産段階、消費にいたるまで追跡可能な状態にすること。

村松　ただ、現実的に追跡していると最終的に原料はブラックボックス的な所があったり、本当に全部ちゃんとやろうとすると膨大な物量を管理しないといけなくなるから、僕らみたいな会社レベルでは取り扱えない話になってくるんですよ。

横山　なかなか難しいですね。

村松　国産羊毛もそうですが、カシミアに関しても、地球環境を破壊している要因の一つだといわれているカシミアヤギをちゃんと管理して共存していこうという人たちもいて、そういう取り組みから生まれた糸を使うということも少しずつ始めていったりだとか。

横山　なるほど。

村松　管理すればするほど、コストがかかってしまうので、毛糸やそれを使う製品の金額がどんどん跳ね上がってしまう。そういう問題が常にあるのでどうしても、すべてオープンにされたものづくりに、すぐに切り替えることはできないんです。はがゆいんですけど。

横山　糸、素材、そういう分野を一つとってもいろんな事柄と繋がっているんだろうなというのがわかりますね。

昔ながらの手編み機で編むカシミヤの大判ストール。

村松　でも、できないことばかりではなくて。このカシミアのストールは、『AND WOOL』でも力を入れているものです。

横山　これって、クラウドファンディングでメインになっている「魔法のストール」ですよね。

村松　そうなんです。制作には小さいお子さんがいて外に働きに出られない方たちや障がいを持った方たちにもどんどん参加してもらっていて、新しい雇用創出の意味合いをもたせた製品になっています。

ビジネス自体が社会貢献

横山　なるほど。国産羊毛の問題にしても、雇用問題にしても、『AND WOOL』はソーシャルウェルネスに関わっていこうっていうスタンスがあるのかなって感じたんですけど、村松さんはどういう感覚で行動されているんですか。

村松　うちでは羊毛をはじめ、カシミアやオーガニックコットンも扱っていますし、作り手の方なくしては成り立たない仕事なので、工賃の世界的問題なんかも取り扱っている商品と無関係ではないんですよね。でも、自分自身は特にそれが一番の動機ではなくて、シンプルに自分がやりたいことというか、もっとこうなると楽しいよね、楽しいって言ってくれる人が増えるんじゃないかと思うことを、選択してやっているんです。社会貢献みたいなことは、気づくと後からついて来ていた感じで。

横山　ああ、なるほど。

村松　だから編み機で何かを作ろうって始まった時も、障がい者の方たちにも参加してもらえば、より素敵なプロダクトになるなとは思っていたんだけれども、最初はまったくそんなことは考えていなかった。ただ、いつか自分たちのプロジェクトがある程度大きく育てば、そういったこともやれるよねっていう願いみたいな気持ちはあったんですよね。今は同じ思いの仲間が集まって来てくれて、気づいたら、そういった障がい者の方たちがいっぱい利用している。て、いうことは、その事業所さんの1人あたりの工賃も上げることができてたよね、みたいな。

横山　そうそう。全部、後からついてくる。

村松　今は国産羊毛のプロジェクトに関わらせてもらっていますけど、うちは『AND WOOL』っていう名前なんで、いつかは羊の毛から管理して毛糸を作れるようになるといいなとは思っていました。でも、それがどんなに大変かってことはよくわかっていたので、思っていただけなんですけど。

横山　ははは。

村松　だから小さい規模でちょっと手芸的な感覚で作れればってくらいの気持ちで活動していたら、逆にこういう原料があるんだけれど、何か作れませんかっていう話が舞い込んできて。気づいたら、材料とか毛糸とかをうちのお店で取り扱ってたって感じですね。

横山　いや、気づいたらそうなっている、というのは最初の方向性の決め方がしっかりしているんだと思いますよ。スタートラインは同じでも、10年経ったらすごい差になっているっていうのが、その方向性の魔力だと思うんですよ。

村松　僕はビジネスって、誰かが必要としている商品、もしくはサービスかってところを見定めることから始まると思うんですよね。だから、ビジネス自体が社会貢献だと思っているんですよ。

横山　なるほど。

村松　人のためにならないことってビジネスにすらならないから。

横山　必要なことをするから、その対価としてお金が回ってくると。

村松　あと、僕が学生の頃にすごく感動したファッションとか手仕事っていう文化は、その後の自分の人生を変えてくれたくらいのものだから、やっぱり未来に残していきたいって思っているんです。まだまだ僕みたいに救われる人が世の中にいるかもしれないから、そういう人のためにこの活動とかカルチャーを絶やさないように広げようっていうのが大前提にあるんです。

横山　うんうん。

村松　そう思って活動していると、気づいた時には、回りがまたそう変わっているんですよね。

横山　なんだか「にわとりとたまご」みたいになってきちゃってますね。

人のためにならないことはビジネスにすらならない

村松　確かに。

横山　まあ、こういう話をしておきながらなんなのですけど、『AND WOOL』もしくは『muuc』で、他にも何かソーシャルウェルネスに関わるようなことをされていたら教えていただきたいです。意図せず、そうなっちゃってたみたいなのとか。

村松　ああ、いえいえ。それこそ本当におこがましい話ですけれど、僕が何かを作ること自体がそういうものだと思っていて。ニードルワークというのは、言葉の壁を越えて世界中でいろんなことができるはずの技術で、僕がずっと残していきたいものなんです。だからそのデザインの仕方だったり、表現の仕方だったりを全部含めて、僕はそのつもりでやっています。

横山　ある種のコミュニケーションツールになりうるものとして、人に伝えているってことですか。

村松　えっと、自分のブランド活動自体がなんらかのファッションカルチャーを守るっていうのは言い過ぎかもしれないけれど、未来に向けて何らかを残しているとは思っていますね。

横山　なるほど。

村松　本当におこがましい考えですけれど。

横山　いやいや。ものを作るって、残すことなんですよね。クリエイターの意識上にそれが出てこないことはあると思うんですけれど、残して伝えていくみたいな要素って必ずあると思います。

村松　ほら、古着とかを今の時代にリバイバルするっていうのをよく聞くじゃないですか。僕はそういう服を作っているっていつも言うんです。

横山　ほう。

村松　うちが今作っている服って、10年後、20年後に同じ技術が残っているのかはわからないけれど、「昔、すごい服があったよね」って見てもらえるような服にしたいんです。ていうか、そういう服を作っているつもり。

横山　うん。良い活動っていうのは絶対、次の世代にバトンが渡っていくものですもんね。それが、村松さんが作る1枚の服かもしれないし、活動のコンセプトかもしれない。残していきたいと精一杯、形にしたバトンは、渡すんじゃなくて、渡っていくものだと思うんですよ。きっとそれは相手が手にしたくなるようなすばらしいものだから。手芸なんかそうやって残っているものばかりですよね。

ブランド『muuc』の洋服たち。

村松　そうですね。はい。

心を動かす仕掛けをつくる

横山　他にも村松さんが「やりたいこと」として活動されている中で、僕が面白いなと思っているのが、地域の方との繋がりなんですけれど。たとえばこの対談中に、いただいているお茶。これも地域の方の商品なわけですよね。

村松　はい、そうです。

横山　お茶って『AND WOOL』で扱う糸のようなプロダクトとはちょっとジャンルが違うと思うんですけど。

村松　このお茶に関しては、ある日突然、このお茶を作っている方がうちのお店を尋ねてくださって。それがきっかけで、『AND WOOL』でお茶を販売させてもらったり、イベントで協力いただいているんですよね。

横山　東京の展示会にもいらっしゃってましたね。

村松　そうですね。これもさっきの話と同じで、地域の方と何かやろうと思ってやってなくて、気づいたらみなさんの力を借りて、一緒になんかやらせてもらってるっていう感覚です。

人の感情の何かに引っかかることが必要だった

横山　いや、最近でこそ私も、暮らし回りと手仕事を切り離さずに考えていったほうが本来の形だろうと思って、積極的にお茶文化と手芸をクロスオーバーさせる工夫をしているんですけれど、すでに村松さんがごく自然にこうされているのを見ると、素直に感心してしまいます。服作りの仕事を展開されている人がお茶も売るかとか、展示会に「じゃあ、来てよ」みたいな話って、かなり頭が柔らかくないとできないと思うんですよね。

村松　そこは僕の生い立ちに秘密があって。

横山　何でしょう。

村松　僕が20年前に飛び込んだファッションブランドの世界は、自分のブランドがうまくいくかどうかはどれだけ広告力があるかだったんです。で、当時の私は本当にただの貧乏学生なので、SNSがある今と違って、広告費を使っていろんなメディアに載せてもらうっていうのは不可能なわけですよ。じゃあ、どうするか。思いついたのが自分のブランドや作品にストーリーを付加して、メディアの目に留まるものにするということ。それごとメディアに拾ってもらうことで、自分の服がいろんな人に知ってもらえることを覚えたんです。以来、そうすることが自然になっているんですよね。

横山　雑誌なんかだと掲載される順番が前か後ろかでも大きく違いますもんね。

村松　そうなんです。百万円もかけてない手作りのファッションブランドのファッションショーを大手ブランのそれより前に載せてもらう、もしくはそもそも雑誌に載せてもらわないといけないっていう状況になった時に必要だったのが、自分たちの活動自体が、人の感情の何かに引っかかることだったんですよ。

横山　ターゲットにとってフックがかかるように仕掛けを作るっていうことですよね。

村松　あと、プロジェクトは短期的な回収というより、長期的なビジョンで常に取り組むっていうクセも、学生の時からずっと持ち続けてきた感じですね。

横山　いやあ、僕はこの話、わかるなあ。自分のしている活動がどういう風に、どこに向けて広がっていくのかっていうのを常に考えていないと、創作活動も、その他の活動も、続けられないんですよね。よく「作品が売れない、もしくは売れても安すぎる」って話になった時に、「とりあえず意識を変えていかなきゃいけないから、まずはみんなでもっと高くしよう」みたいな展開になっちゃうんですけど、人の意識を変えるって時間がかかることだから、いろいろな方向に対して長期的に伝えていく活動をきちんとやっていかないと、その現象ってのは絶対に起きないんです。編み物の場合は、編み物全体の社会的価値を少しずつ、経

『AND WOOL』のテラスにて。

済的価値だけじゃなく、精神的価値も合わせて上げていって、最終的に価格につなげるということをプロジェクトとしてやっていかないと成り立たない。今、村松さんが話してくれたことは、とても良い例として取り入れていくべきだと感じますね。確かに大きな企業や有名人が動画を出したら、一気にみんな視聴するわけですよ。資金力を持っている企業がメディアに強力にコミットすれば、同じようにたくさん宣伝されるわけですよ。でも、村松さんが言ったような何らかの仕掛けは、ある時、急にスイッチが入ってパタパタパタとうまく展開することがある。それをみんなで狙ってやったら、物事が大きく変わる気がするんですけどね。

服作りと社会活動 海外と日本の差

横山　ここまで『AND WOOL』の社会活動的なものが本当に最初から意図したものか？　という面白い話をうかがいましたけれど、今度はさらに海外へと広げてみたいと思います。というのは、アウトドアブランドのパタゴニアとか有名ですけれど、服作りに関わる海外ブランドってリユース、リサイクル、アップサイクルといった社会と繋がる活動をかなり前からやっているじゃないですか。一方で、日本だとそれを全面に押し出しているブランドは少ないという印象があるんですね。イタリア、フランスで活躍された村松さんから見て、服作りと社会活動における海外と日本の差をうかがえますでしょうか。

村松　そうですね。難しいテーマだというのと、僕自身がここ10年くらい『AND WOOL』を作るために日本国内に集中していたから、最近の海外事情にちょっと疎いかもしれないんですが、一つとしては宗教的な側面があるんじゃないかと思っています。中国のとある大きな企業と仕事をしていた時に、そこの社長が熱心なキリスト教の信者の方で「自分たちのビジネスっていうものは結局、資本主義だから、いただいた富は返していかないといけない」っていう考えをお持ちだったんですね。だから、障がいを持った人への支援もすごいされている方で、僕はそれを素晴らしいなとずっと思ってました。これは今、うちで就労支援というのをやるきっかけにもなったことですね。

横山　たしかに、そうですね。

村松　僕はSDGsだとか、サステナブルみたいなプロジェクトも結構しているんだけれども、日本だからなのか、人も企業も少なからず何かしら反発が来るのを恐れているっていうのはありますね。

横山　反発、くるんですか。

村松　ええ、きます。

横山　これ面白い現象で、僕も手芸と社会問題を結びつけた話を世に出すと、「いや私はそんなことを考えたことはない」みたいな物言いがくるんですよ。たとえば、ジェンダーバイアスの問題とか。

村松　どうしても、みんな一緒じゃないと良くないというのが、やっぱり日本にはあるような気がしますね。これがもう一つの原因のような気がします。

横山　なるほど。いきなり核心を突きましたね。僕もそんなところかなあとは思っています。

村松　いろんな人がいるから、いろんな考えの人がいて、みんな仲良くやればいいじゃんって思うんだけどね。たとえばうちでいうと、障がい

対談場所 / AND WOOL 【問い合わせ先】>P.160

者の方を商売のだしにしているんじゃないかとか。

横山　あー。

村松　ご家族の方からは、「みんな楽しく働けるから本人も私たちも喜んでいます」というお礼の言葉をいただく時もあるし、本当にいろいろなんです。でも、やっぱり大きい企業との仕事では、プロジェクトが進んでいても、ネガティブな意見が株主から出るのが怖いからやっぱり中止にしましょう、みたいなことがありがちですね。

横山　日本ではそういうことをきっちりやっている企業でも、ホームページを見ると10回くらいクリックしないと「みんなで地球を守っていきましょうね」っていう本質的な結論にたどり着かないようになってる。反感を買うのが怖いから、みんな読まないくらいの所に置いておこうと。やっぱりそういう印象はありますよね。

村松　別に私はそうは思わないっていう人が出てきてもいいと思うんですよ。

横山　僕もそう思います。SDGsにしても、サステナビリティにしても、それをみんなでやっていくといいで

すねってだけのことなんだから。政府主導であるとか、大きな企業が言い出す頃には、本当にひどい状況になっているというのに。時流としては、そういうことに関して、あんまり戦っちゃいけないんだろうけど、僕はね、必要だからやっていこうと思ってますよ。今後の『どこにもない編み物研究室』でもこういうトピックを取り上げていきたいですね。

分業化された工業用プロダクトに未来はあるのか？

横山　そういったことも含めて、これからの手仕事であるとか、村松さんの活動については、いかがお考えですか？　AIも相当進化するだろうし、これまで続いてきた手仕事、ニット、ニードルワーク、手芸、そういったものがこれからどういうものになっていくんでしょうか。

村松　そうですね、正直、分からないが答えです。

横山　工業的プロダクトについてもですか、それは。

村松　そうですね、工業的プロダクトは、ほぼ分業で成り立っているので、分業先があちこちで、「私、辞めます」みたいな形になったら、生産ラインを止めざるを得なくなる、もしくはどんどん尻すぼみになっていく、というのは想像できます。一方でニードルワークや手芸に関しては、コミュニケーションツールだと思うので、案外もっと盛り上がる可能性もありますよね。

横山　なるほど、なるほど。

村松　ただ問題があるとしたら、僕はニットの人間なのでニットメインで考えると、昔は編み物をしたいって時に、マフラーの作り方くらいなら教えられるよとか、あの人はセーターまで教えられるよ、みたいな人が身近にいたと思うんだけれども、今はそれが間違いなく減っているということ。そもそもニット業界でも、専門的に教えられる人が何人いるのかってなったら、僕が学生の頃の20年前と今とじゃ、かなり専門的な知識を持っている人が減っていると思うし。そういった意味で、身近なものになるのかどうかは、ちょっとわからないですよね。教えてもらうっていうのは、今っぽくSNSやネット配信だとかで補填されていくのかもしれないけれど。ただ手芸として何かを作るってことに価値があるというよりは、コミュニケーションとしての価値が間違いなくあるだろうな、とは思いますね。

横山　結局、効率重視の分業制は全員が関わってるうちは良いんだけど、一部のセクションの誰かが辞めちゃうと、それ以外全部ストップしなきゃいけなくなっちゃう場合があるってことですよね。

村松　はい。

横山　それは非常に手痛いし、現実的にこの先、十分あり得ますよね。

村松　特に日本のアパレル、国内生産に関しては、本当に家庭規模で動かしている方も多いので。そういった所に実は頼っているっていうプロダクトって結構あるんですよ。僕が『AND WOOL』を作った理由の一つも、本当にそれで。僕は20代にいろんな工場に顔を出す機会が多かったんですけど、手を動かしている方は、大体が70代オーバーなんですよね。だから、10年後20年後、物を作れなくなるなっていうのは肌で感じたんです。それは外注している中国やその他の海外でも同じことが起きている。大量生産のものは作れるけど、ちょっと気の利いたデザインだったり、手の込んだ物っていうのは無理だと思っていたほうがいい。だから、『AND WOOL』のコンセプトの一つでもある「自分たちで物を作れるようになろう」いう所に繋がってくるんです。

横山　いや、すごい話がここに来て一回転した。すごく大団円な感じでございます。すごくエキサイティングかつ本当に心に染みるような話をたくさんうかがうことができて、僕はすごく嬉しいです。

心をほどく × 日本茶

縁は異なもの、味なもの。『AND WOOL』では、同じ静岡から日本茶の魅力を発信している「chabasira」（問P.160）のお茶をイベントなどで扱っている。

How to make

村松啓市さんオリジナル

ホーンヤーン風 かぎ針編みテクニック

使用する糸や針の号数はお好みで。
いろいろな編み方と組み合わせることができます。

特許が切れたので編み方、教えます

横山　最後に村松さんの考えた編み方をご披露していただけるとか。

村松　はい、こちらです。

横山　実は村松さん、この編み方は特許を取られているんですよね。

村松　正確には特許を持ってたっていう編み方ですね。今はもう切れてますから。

横山　いつ切れたんですか。

村松　今年（2023年）です。

横山　なるほど。私も、かぎメリっていう、かぎ針で薄いメリヤス地みたいなのを編む編み方を提案したことがあって、弁護士さんに特許を取った方がいいか、相談したことがあるんです。その時、弁護士さんが「編み物の編み方で特許取っている人を調べたら、この人が出てきましたけど」って、見せてもらったのが、村松さんとこの編み方だったんですよ。

村松　そんなご縁が。

横山　今日はこんな身近で編み地を見ることができて嬉しいです。これは観葉植物みたいな独特な編み地になりますよね。

村松　撚りの力で角のような形状を作るホーンヤーンっていう糸があるんですけど、この編み方はかぎ針編みで角を作るっていう考え方です。

横山　普通だったら鎖編みを編んで、最後にその根元で引き抜くと、ループになった鎖編みはだらんと垂れ下がっちゃうんだけど、それをぐるぐる回転させてから引き抜き編みをすることで、ピッと立ち上がるわけなんですね。この編み方、村松さんオリジナルの編み方として書籍に載せさせていただきたいと思います。

村松　今はもう特許も切れているので、自由に使ってください。

編み方

1 鎖編みを好みの長さまで編む。

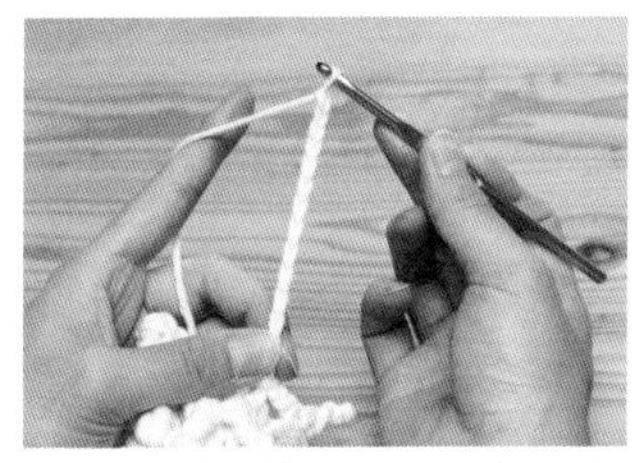

2 写真は鎖編みを12目編んだところ。

3 そのまま、鎖編みをねじるように、かぎ針を回転させる。

4 ぐるぐる回転させていくと糸が巻きつくが、そのまま進める。

5 1目めの鎖目の半目を拾って、引き抜き編みを編む。

6 角が1つできた。これを好きな位置で繰り返す。

しかし奇をてらっている
わけではない。
谷口さんの駆使するわざは、
歴史を重ねてきた編み物技術で、
その意味では
伝統に沿っていると言える。

もしかしたら谷口さんなら
「これからの編み物はどうなるか」
という壮大なテーマの一端を
話してくれるかもしれない。
谷口さんは「伝統と革新」そして
「過去と未来」を編んでいるように、
私には思えるからだ。

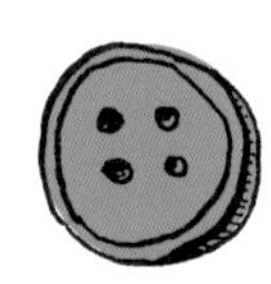

谷口聡子

Satoko Taniguchi

棒針編みで造形物を制作している。武蔵野美術大学卒業。大学在学中に桑田路子先生に出会い、桑田ニット研究所で、ニットの知識や技術、ニットの表現の可能性を学ぶ。染色工房や企画などの仕事に携わり、現在は、個展などで作品の展示発表を中心に活動している。

私たちは自分たちに限界を
つくっている。
そして、その限界に囚われてしまう。
だからこそ私は自分に問う。
「自分は 編み物／ものづくり を枠に
はめてしまってはいないか?」と。

谷口聡子さんの作品は、
通常の「編み物」の枠を軽々と
突破してしまっているように思える。
「見えないものを編む」
「編み物は有機的」
「自分が直接的に反映される」
そのような言葉がつぎつぎと、
谷口さんの口から飛び出し、
その通りの編み物が
生み出されていく。

そして、それらの言葉は絵画の、
彫刻の、映画の、音楽の、
舞踊の人たちが口にする表現に
酷似している。
そう。
谷口さんはアーティストなのだ。

「枠」を越える編み物

Guest **谷口聡子さん**（ニットアーティスト）

極細の糸で編まれた谷口さんの作品は、光に溶けてしまいそうな危うさの中に、秘めやかな「生」の鼓動を感じる印象深いアートに昇華されています。今回は2022年に谷口さんの作品が展示されていた屋内&屋外それぞれの会場で話をお聞きしました。

編めないものを編む

横山　本書での谷口さんの肩書は、「ニットアーティスト」となっていますが、僕としては谷口さんを「ファイバーアーティスト」とお呼びしたいくらい、すごい方だと思うんですよね。

谷口　ありがとうございます。

横山　いや、本当に。谷口さんの作品は、みんな今まで見たことないくらい細い糸と細い針で編まれていて、「どうしてこの場所にこの物が存在するのかな」と思うような、編み物作品がすごく多いんですよ。確認しますが、作品はすべて棒針で編まれているんですよね？

谷口　ほぼ、私は棒針です。

横山　制作を始めたのは、いつ頃からなんですか？

谷口　大学3年生の時なんですけど、「身の回りのものから編める素材を見つけて編む」という、桑田路子先生の授業がありまして。

横山　いきなり難問ですね。

谷口　そうなんです。普段編まないけれど、編めるものって何だろうっていうところから始まるんです。それが私にとって、自由な表現の「編み」に触れた初めての出来事でした。

横山　それを課題にした講座を持っている大学ってすごいなって思うんですけれど。

谷口　そうですよね。実験的ですよね。

横山　美大だったんですか。

谷口　武蔵野美術大学のファッションデザイン専攻でした。教鞭をとられていた小池一子先生が作られた科で、外部から招いた様々なアーティストの方が教えてくださる授業が多かったんです。なかでも桑田路子先生は、従来の編み物の教えとはまったく違う考え方をお持ちでしたし、先生自身も舞台美術から本に載せる洋服まで幅広い仕事をされていました。当時、すでに70歳近くになられていたと思うんですけれど、本当に斬新というか自由で、「編み」が衣食住のあらゆる所に入っているという事を教えてくださいました。その考えに触れて、私は「編み」が体質に合っているなって。私の作品を表現するための手法に、やっと出合ったっていう感じになりました。

横山　桑田先生については、私もご著書(『編む－ART OF KNITTING』美術出版社)を拝読させていただいたことがあります。独特で、実験的といえば実験的。でも見せ方がすごくかっこいいんですよね。

谷口　美術本のような本です。言葉も添えられていますが、感情的な詩じゃなくて、理知的な言葉が綴られているんですよね。そういう本を、私は初めて見ました。

横山　作品を見ればわかるというのは、手仕事の一つの利点ではあるんですけれど、技術や想いをきちんと人に伝えたいと考えた時に、やっぱり言葉って重要なわけで。いやあ、桑田先生みたいな方が、もうその時点でされていたっていうのを知った時はもうびっくりしたんですよ。あの、先ほど衣食住のすべてが、っておっしゃっていましたけれど、実際に桑田先生からはどんなことを習ったんですか。

谷口　本当に身近な例でいえば、焼き豚を作る時、お肉にタコ糸をかけるのも「編み」だったり、魚をとる時の漁網もそうだし、インテリアのタペストリーやブランケットなんかも。つまり服だけではないっていう話なんですけど、本質的なことはやっぱり社会学や現象学の視点で常に観察しながら、思考しながら、「編み」に取り組む姿勢だったと思います。ファッションだけが「編み」に繋がるものではない、多面的、多角的に考えるようにと、先生はいつもおっしゃっていました。

ファッションだけが編みに繋がるものではない

横山　おそらく、その「編み」というのは、繊維系のものでもそうじゃなくても、細くて長い形状のものをまとめたり、絡めたりすることで、別の何かができるはずだってことなんだろうな。で、それを生活の中でいろいろ利用してきて、その延長線上に今の編み物があるというだけで、決して編み物技術だけの狭い世界だけで考えていたのではないというのが、桑田先生の考え方だったというのがビンビン伝わってきますね。

谷口　まさにそうなんですよ。だからいったん原始的な「編み」に立ち戻ってみるといろいろなものが見えてくるんです。

横山　大事ですね。

谷口　だから、自由に何でも編んでみたらいいと思うんです。これは、私が桑田先生が主催していた桑田ニット研究所に通っていた時の話なんですけれど、学校から帰ってくる途中に畑があって、ストロー状の素材が畑に落ちていたんですよ。

横山　ほうほう。

谷口　何ですかね、あれ。藁みたいな。

横山　藁！

谷口　でももっとストロー状で。それをなんとなく拾いながら帰ってきて、指で適当に筒状に編んで、先生の所にお持ちしたんです。そしたら先生がすごく素敵だから、これ私にちょうだいっておっしゃって、その後もずっと飾ってくださっていて。

横山　うん。

谷口　それが私の頭にずっとあるんです。「すごく良いわね」って。こういう風に意図せず、自分の手の中で「こうしたい」っていう衝動が直接的に伝わって形になったものっていうのが一番尊いし、あなたは本当に真のアーティストだからって言ってくださって。私、初めてそんなことを言われて、ずっと心に残っているんです。

横山　普通、そういう人間の感覚的なものと、学問的なものって、分けちゃうんですよ。でも、その両面から編み物に取り組むのを良しとするのって、本当に素晴らしい先生だったんだなって思いますね。

谷口　だからといって、基本を蔑ろ（ないがしろ）にするわけではなくて。先生の元ではとにかく基礎の勉強から始まったんです。「編み」の仕事にはスピードが必要で、そのためには手の構えの正しさが大切だからと徹底的に直されました。先生に後ろから手をがっと掴まれて、そうじゃないっていう感じで。今ではそれが大きな財産になっていると思います。その後は演習みたいな感じでセーターとか、いろいろ作りました。

白菜を編む

横山　何か特別に思い出に残っている作品はありますか。

谷口　やっぱり大学の桑田先生の授業で、初めて「編み」で作ったものかなって思います。『白菜』っていうタイトルの作品なんですけれど。

横山　これはウエアですよね？　ベストですか。

谷口　はい、一応。「衣」の形にまとめるという課題でしたので。畑の横を自転車で通学している時に、白菜が1つ忘れられたように残されていたんです。あの複雑な色合いとか、しっとりした質感とかが、本当に小宇宙のような存在でそれを作品にしたいなと。材料には私の集めていた古い布とかを使いたいと、先生との話し合いの際にお話ししたら、布だけだと重くなるので、古い糸を入れながらちょっと透けるように編んだりしたらどう？　っていうアドバイスをいただいて作りました。

横山　なるほど。僕はよくぞ畑に1つ取り残された白菜に着目したなと思いますね。

谷口　ふふふ。

横山　ただ単に畑の白菜というのではなくて、色合いであるとか、時が経って色が変わっているというのが、確かにそんな感じっていう。

谷口　私はこの作品で「編み」でもこんな風に描けるというか、編みだからこそできる表現があるんだなっていうのを初めて体験したんです。そのことを作品に添えたポートフォリオにもまとめています。

横山　このポートフォリオには、作品『白菜』のコンセプトや制作にあたってのアプローチ方法などを、写真やイラストなどを使ってまとめられていますね。さまざまな角度から、白菜に迫っていって、編み作り上げたのがこの作品『白菜』だと。

谷口　そうですね。最初に白菜を作りたいと先生にお話した時に、「えっ」って驚かれず、「すごくいいじゃない」って言ってもらえたのが、

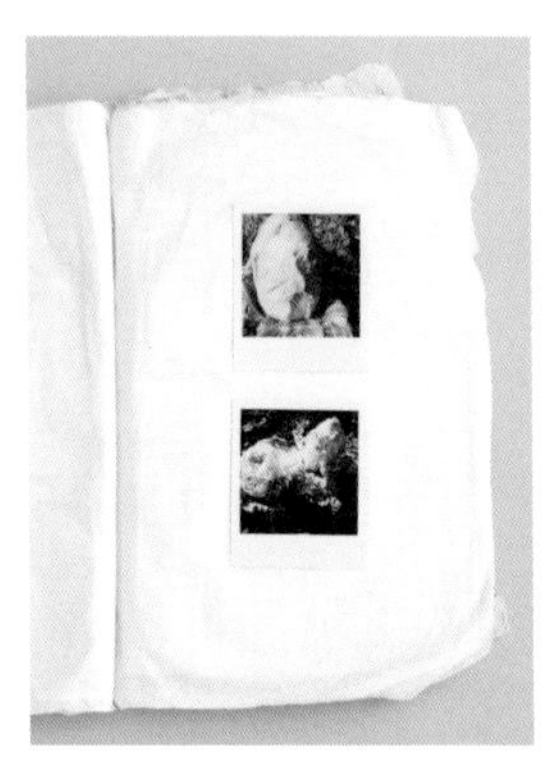

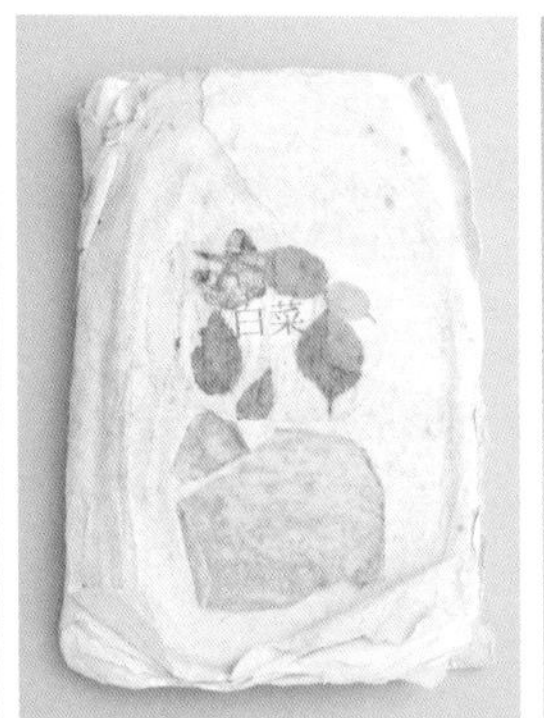

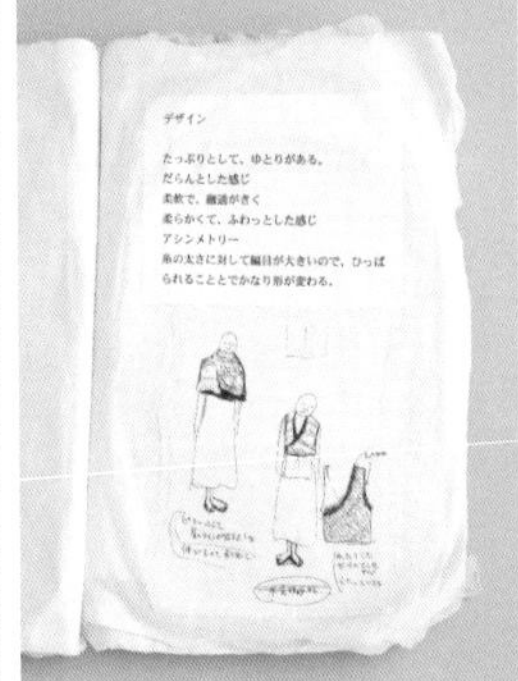

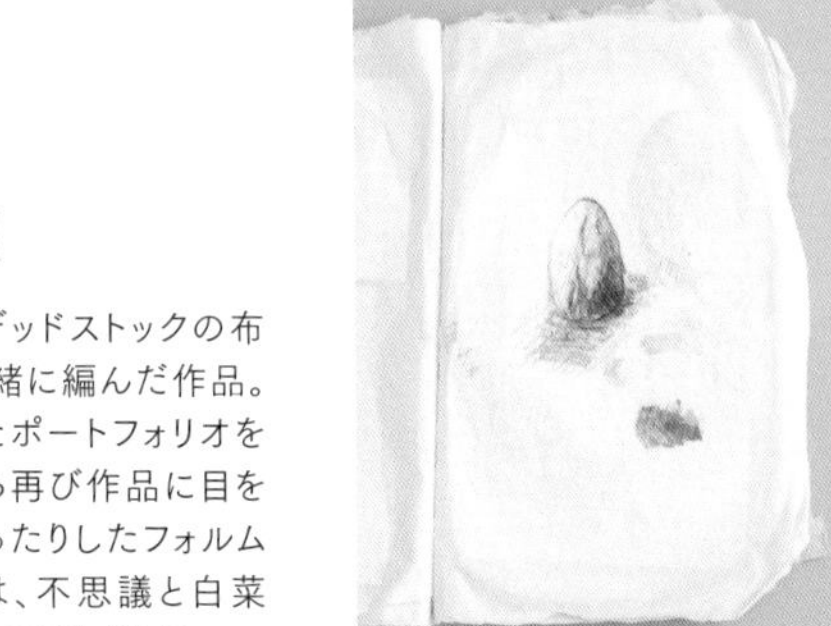

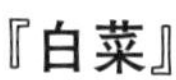

『白菜』

古い糸とデッドストックの布を裂き、一緒に編んだ作品。添えられたポートフォリオを読んでから再び作品に目を移すと、くったりしたフォルムのウエアは、不思議と白菜にしか見えてこなくなる。

嬉しかったんです。今でもですけど「自分はこれをやっていて、いいんだな」というか、いつも背中を押してくれるような感じで思い出しますね。

横山 なんか日々生きることの支えになってくれているみたいな。

谷口 うんうん。

横山 で、その白菜を作って、卒業されたっていう流れですか。

谷口 それは大学3年の時だったので、それから大学で別の勉強もしながら、編み物をもっと勉強したくて、桑田先生が主催の桑田ニット研究所に通うことになるんです。

横山 その後はどのような作品を作られ始めたんですか？

谷口 4年生の時の授業が、一つの転機になったかもしれません。ミニマリズム＊の追求という課題だったのですが、それまで布や糸で表現していたのを、初めてニットだけでやろうって思ったんです。だから大学では、『白菜』の次の「編み」作品が、このミニマリズムでした。

横山 なるほど。

内臓を編む

谷口 それで、自分にとってミニマル（最小限）って何だろうって考えた時、身体の中の内臓こそが、細胞1つにいたるまで不要なものがない存在と思ったんです。

横山 究極ですね。

谷口 だけど、ミニマルな作品ってすごくシンプルなものが多いですよね。

横山 そうですね。

谷口 でも内臓って無限に複雑なので、講評の時の先生方は、「?」みたいなお顔でしたが。ちなみに作品は内臓を表現したワンピースみたいなものを作りました。

横山 ファッションにおいて、ミニマルとは何か？ という課題の作品を作る中で、内臓の運動を抽象的にウエアで表現したということですね？

谷口 ミニマルっていうのはシンプルとは違うよねっていう、ちょっと生意気ながら物申したかったみたいな。

横山 うんうん。面白い。谷口さんの作品って、有機的な感じのするものがすごく多いじゃないですか。でも、それがすでに制作当初からのもので、この作品も生物的な「内臓」をテーマに選んで、自分のものにしようっていう感じだったんですね。

谷口 「編み」という手法とも相性がよかったと思います。それまでも、自分の思考とか、行為が直接的に反映される手法ってないかなって探りつつ、布のはぎ合わせとかステッチをやっていたんですけど、編み物ほど直接的に造形できるものはないなと。ほら、こう、ちょっと目を大きくしたいと思えば、手加減で大きくできるわけで。

横山 うん。

谷口 反対にちょっと小さくしたいなと思ったら小さくなるって、すごくないですか。すごいですよね。

横山 いやあ、すごいですよ。

谷口 何か自分を感じられるでしょ。

横山 うん。

谷口 だから何か、一生やっても飽きないなって思ったんです。

横山 確かにそれは編み物ならではの面白いところですよね。僕が作っている編みキノコも、やっぱりその部分を楽しむ側面があるので。

谷口 うんうん。

横山 だけど普通は、編み物といったら目を揃えることばっかりを良しとする傾向にあるわけですよ。なんかね、怖い先生がばーって来て裏とか見て、「全部揃ってないじゃない」みたいなことを言ったりとか。でもまったくそういう状況ではなく、桑田先生のところでは自由な編み物を発展させていったっていうのが、今のお話からもずいぶんわかりますね。

谷口 いやあ、やっぱり先生に出会ってなかったら、私も目を揃えて編むとか、揃っているのが良いっていう概念のままでいたと思います。

横山 「編み」の作品についても、僕は一貫しているなって思いますね。白菜自体も植物ですから有機的だっていえば有機的だし、内臓の作品も非常に有機的、生物的というところで。

谷口 そうですね。「編み」が可能にしてくれると思うんですよね、その有機的な表現を。

横山 なるほど。谷口さん的に何かを意識して、それに向かって形作っていくっていうのではなくて、編み物の技法であるとか、編み物ということ自体が有機的なものを生み出すんじゃないかということですか？

谷口 そうですね。どう頑張ってもかっちりしたものは作れません。

＊ミニマリズム
装飾的趣向を凝らすのではなく、必要最小限まで無駄を省略して表現するスタイル。

横山　あっ、僕もそう思います。

谷口　ちょっと言葉が難しいんですけど、自分の中での「編み」は、他の人が見たら「これはどういう手法なのだろう?」とわからないくらいの段階にきていると思います。手芸的な編み物ではないというか、違う域を意識しているところはあるかもしれないです。

横山　いわゆる手芸の既成概念みたいなものを外した時に、編み物の本質が出てくるかもしれないなって、僕も今のお話をうかがって、たしかにそう思いますね。

極細の糸で編む

横山　ここまでは谷口さんがどんな風に編み物を始めて、どんな先生に習って、どんな自由な感じで編んでいるかというようなお話をうかがったんですけれど、ここからは実際にどんな作品を作ってこられたかというのを1つずつうかがっていきたいなと思います。

谷口　こちらが作品になります。

横山　ええと。さしもの私の語彙力と言葉量をもってしても、なかなか表現しづらい作品なんですけど！　これ全部、糸がめちゃめちゃ細いですよね。

谷口　そうですね。初めの頃はここまで細くなくて、普通に編み物に使うであろうくらいの糸を使ってました。うん、もうちょっと太かったですね。

横山　なるほど。

谷口　で、様々な糸との出合いを重ねながら、徐々に細い糸に替わっていきました。自分のスキルが上がって細い糸が編めるようになったこともありますし、自分の思考も、なんかこう、見えるけど見えないみたいな…。

横山　見えるけど見えない？

谷口　はい、そういう微かな存在を作りたいと思うようになって。だから最近はこういう作品になっています。

横山　ちなみに今使っている糸は、どれくらいの細さなんですか。

谷口　髪の毛より細いと思います。

横山　あー。まあでもそんな感じですね。

谷口　立体を作る時は、日本の古い麻科の糸で、「宮古」と書かれていた昭和初期のものを古物商の方から譲っていただきました。麻の種類はわからないですけど、それが最近使っている1つ。もう1つが絹糸で、ベトナムのダラットという郊外の町にある織物工場に見学に行った時に分けてもらった織物用の糸です。その2種類が、今、一番細い糸です。

横山　ベトナムの糸は今もまだ作っているやつだけど、「宮古」の方は、言ってみればアンティークっていうか、骨董品としての糸ですよね。

谷口　そうですね。「宮古」は、かせの状態でかせくり機に設置すると、切れた糸が無数に出てきてフリンジ状に下がっている状態から取れるところを取って、まだ丈夫そうなところを繋いで使っているので、かなり際どい感じではあります。

横山　かなり際どい。その際どさが、先ほどおっしゃられた微かな存在っていうところに繋がるんですね。

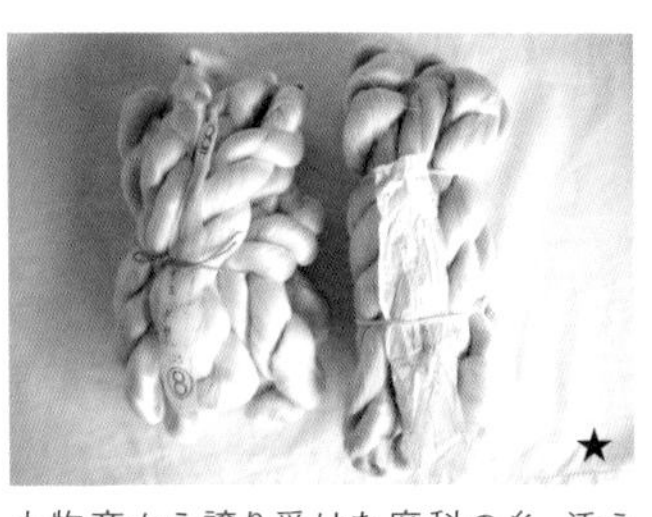

古物商から譲り受けた麻科の糸。添えられた昔の覚書きも感慨深い。

谷口　そうですね。後は、せっかくここまで糸になったのに何の形にもならない、この糸の人生が忍びなくて。古物商の方も、私が人が編まないような糸で編むっていうのを知っていて、これどうにか生かせないかって声をかけてくださったんです。そういうことも、使用する意義に含まれているんです。

横山　縁のある糸、か。

谷口　なかなか自分から出合おうとしても、出合えるものじゃないですよね。今はやって来るまま、受け入れている感じです。

進化する作品
—球体から心臓へ—

横山　なるほど。その糸の細さから見ると、作品の編み目はかなり大きめですね。本当に先が透けるような状態で、谷口さんがおっしゃるところの微かなっていう言葉が表現されているように思います。立体になると緻密な細胞のような、空に浮かぶ雲のような…。

谷口　最初は球体とか、雫形とか、氷柱形みたいなシンプルな形状のものを作っていたんですけど、だんだん複雑な形が作れるようになってきました。

横山　泡のような作品は、編み地の向こう側が透けることで生まれる奥行きの気配や触れると壊れそうな脆さが泡のような形にすごいマッチしているんですよね。一方で、手袋みたいな手の形をした作品もありますが、これは？

谷口　それはひらがなで『ひふ』っていうタイトルで、個展を3年前に開催した時のものなんです。いろんな皮膚について考えるということで、こちらは手の皮膚を表現しました。自分が編み物ができるのも手の皮膚が健康だからだなって思うんです。

横山　ああ、確かに。

谷口　手袋ではなく手の皮膚に見えるように、複雑な形を、この細い絹糸でやっとの思いで編んだのですが、親指のつけねの流れとか方向、形とかは、まだまだ再現しきれてないですね。

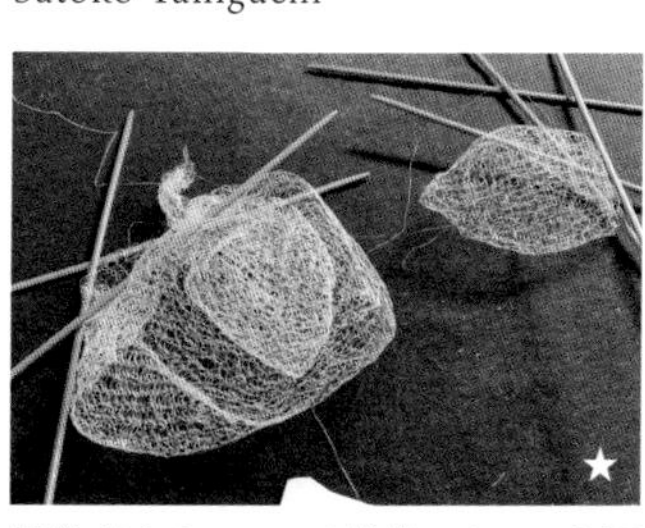

棒針がかかっている状態で2つの心房を心臓に入れ、編み目を合体させて3つの管を編んでいく。細い糸はまるで血管のよう。

横山　非常に面白いモチーフを選ばれるなあ。それをまた谷口さん独自の微かな編み地で作られているっていうのが、他に類を見ない雰囲気を醸し出しているんですよね。いや、谷口さんの作品は横山殺しですね。なかなか説明が難しいですよ、言葉だけで。しかも、さらにこちらは心臓の立体ですね。

谷口　そうです、これまで立体の編み地の二重構造はできなかったんですよ。

横山　たしかに、心室が二重になってますね、これ。

谷口　技術的に、もう一段、次のステージへ、っていう意識は常に持っています。同じことをしたくないっていうのもあるので。

横山　うん。

谷口　私は具象を作ることは、滅多にないのですが、それを作ったのは、なんか心臓って物質というより、現象のようなものだなって思って。心臓って自分の意思で動かせないじゃないですか。自分の意思に反して止まってしまう。実は去年父が亡くなって、けっこうあっけなかったので、「心臓って止まるんだ」ということを理屈ではなく、感覚的に思ってできたんです。他のものは、けっこう緻密に思考して作るんですけど、これはかなり衝動的に作ったかもしれないです。

髪の毛より細いと思います

横山　なるほど。いや、そのお話を伺っていると宮沢賢治の、「わたくしという現象は…」っていうあの有名な詩の一節が浮かびます。

谷口　本当ですね。うん。

横山　あの詩の解釈もいろいろありますが、「わたくしという現象」っていう風に宮沢賢治が表現したのは、僕らはつい「物」として存在や生命をとらえているところがあるんだろうなと。「生」と真摯に向き合うほど、そういう「物」として見ないようになるのかもしれない。僕はお話を聞いて、ああ確かに現象としての命みたいなものをすごい感じるなって思ったんですよね、こちらの作品。たぶんそれは物体でありながら、「物」感が薄いからなんでしょうね。

谷口　実際、それをぶら下げていると、風がない室内でも、中の右心房と左心房がちょっとプルプル震えているんですよ。

横山　ああ！

谷口　軽すぎるので。なので本当に生きているというか、自立した生き物のような感じに見えて。それって他の手法や素材とかで、表せるものがあるのかな？　これは自分でも眺めて驚いています。

横山　部屋に吊るした時に震えるのは、風の影響を受けているっていうことですよね。

谷口　はい。だからこれがあることで、目に見えていない部屋の空気が、実は動いているんだっていう気づきになるんです。

横山　ほう！　いや、なんで今、僕がほうって言ったかというと、インド哲学とかで風って生命力とほぼ同

東京都立武蔵野国分寺公園で開催された「てのわ森の中美術館2022」にて。

『手の皮膚』

『気配』

京都にある「わち山野草の森」で2014年から始まった森の展示室。森の中に何人もの作家が作品を展示し、自然の中にアート空間を作り上げる。写真は2018年に参加した谷口さんの作品。自生の椿が生える斜面に掲げられた薄い膜の"気配"。それがこの作品の存在意義だという。

撮影／鮫島亜希子（P.128下2点）

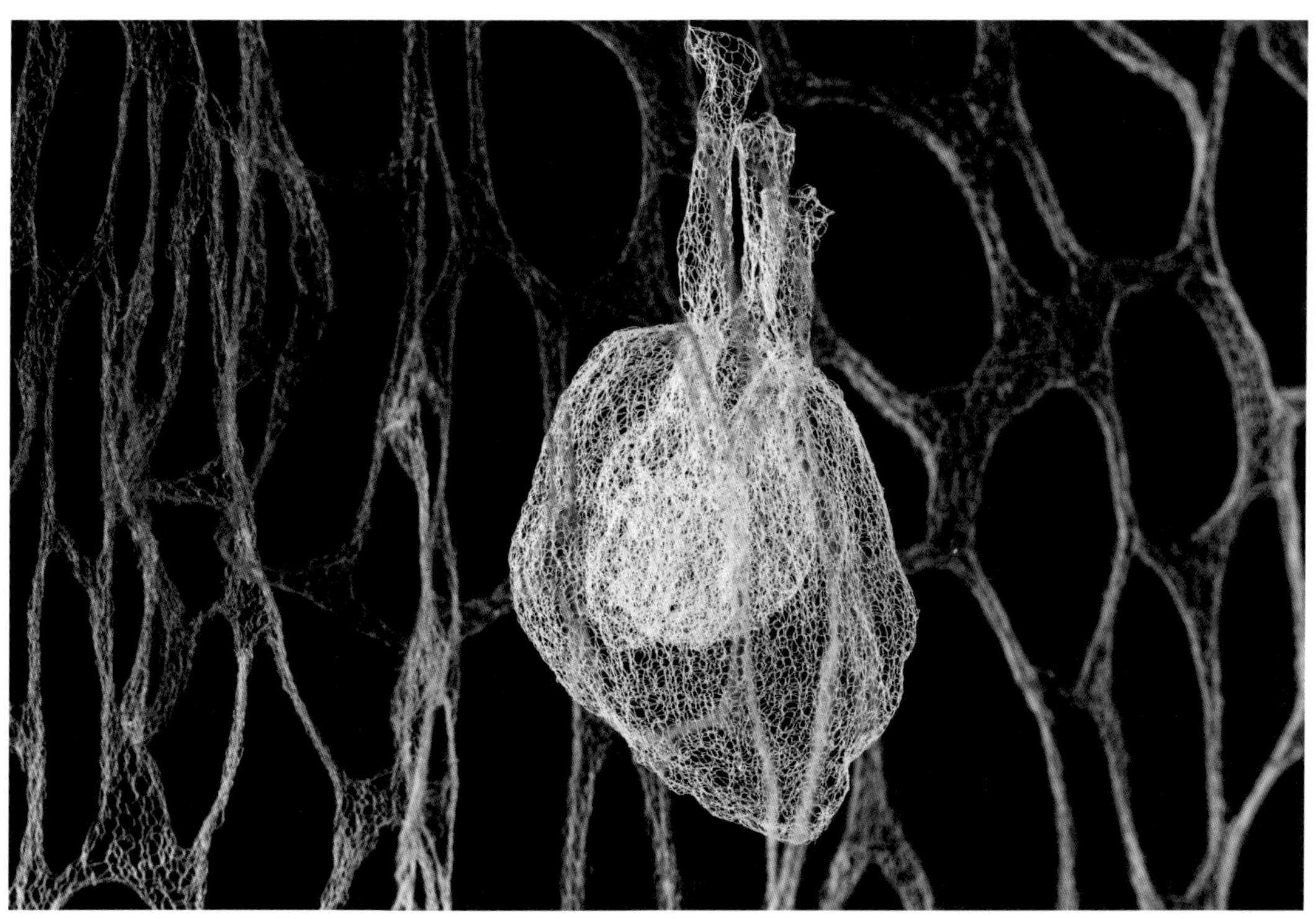

『heart－心臓』

2022年個展『自分というものの領域』より。ギャラリーvertigoにて。撮影／衛藤久朋

『cell growth－細胞増殖』

★

★

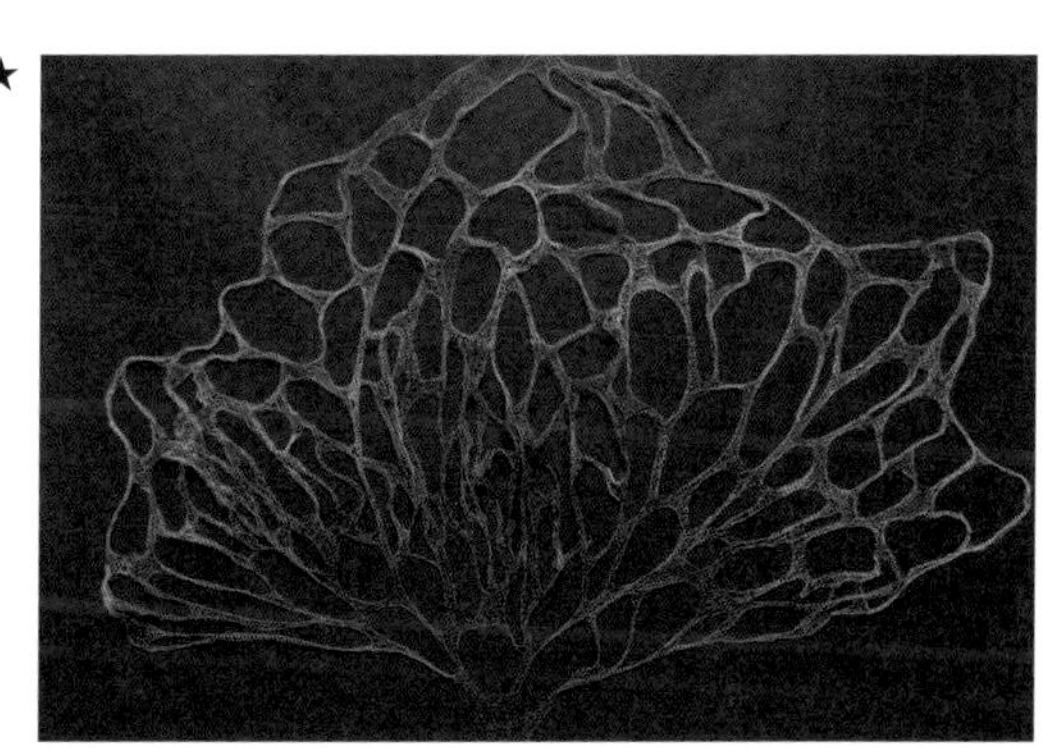

『blood capillary－毛細血管』

義なんですよね。

谷口　へえ。

横山　そういう、古流の考え方で、風と生命ってイメージが重なっていくんですよね。話を戻すと、心臓の作品は、一致が。すごいな、そういうお父様がお亡くなりになられたのをきっかけにお作りになられたと。

谷口　はい。

横山　そういうような日々の出来事に触発されて、作品を作るみたいなことって多いんですか。

谷口　いえ、ある一つの出来事に、大きく心を動かされて物を作ることは少ないです。毎日、その時々に気になっていることや積み重なって募ってくることとかを、最初は言葉でたくさん書いていって、そこからだんだん絞っていきます。個展の場合はそういう感じでテーマを作っています。

横山　なるほど。

谷口　自然現象とかだった頃もあるんですけど、今は身体とか自分自身の内側になってきている気がしますね。見るということや、認識に。

何度も生まれては死んでいく

横山　心臓はちょっと特別だとし

答えがすぐに出ないものはたくさんあります

て、最近、ずっと気になっていたものを形にしたっていう、身近な作品はありますか？

谷口　『生滅』っていうタイトルをつけた大きな作品があります。これも去年、制作したものです。「生まれるに滅する」で、生滅。これは仏教や禅の本を読む前から、ずっと考えていた気がします。一刹那って、かぎりなく0に近い一瞬のことなんですけど、その一刹那ごとに自分の細胞が体の中で生まれては死んでいる。だから厳密には固定された自分は存在していなくて、同じように見えても、ちょっと前の自分と今の自分は違うんだっていう話。呼吸もそうですけど、吸っては吐いて、1回1回生まれては死んでいるんですよね。この時の展示は、「生まれる」っていうお題をいただいていたので、私は生まれてからすぐに滅するというか、死ぬっていうことが浮かんだんです。不思議なことに作品が生まれた後、しばらくして父が亡くなって。本当に予言のように、そんなことがあったんですよ。

横山　うんうん。

谷口　最近は1個ずつが完結していなくて、次の作品も、前の作品も何か引き継いでいるみたいな感じになっていますね。少し前の自分が見ていた景色が、今はどこか違うように見える。その景色も明日には違って見えるかもしれない。それは掴みようがないんだけれども、掴んでみたい、みたいな。今年はそういうところに意識があります。それは自分自身が変わっていたり、周りの変化だったりもする。見ていたつもりでも、部分的にしか目に入っていなかったり、細部が見えていなかったからだったりもする。だから、そこから少し離れて、また戻って来た時に、景色がちょっと違って見えたり、より見えるようになっているんじゃないかなって思うんですよ。視覚的な問題だけでなく、ものの考え方も変わるものだし、その変化はその場に立つまで予測できない。これって言葉で説明するのは本当に難しいんですけど、言葉でいったんは表したいと思考している途中です。

横山　すごく感覚的ですね。

谷口　それがどういう作品になるかは、自分でもわからなくて、完成が楽しみではあります。

横山　人間の意識って、ずっと連続して時間や記憶が積み重ねられていくイメージがありますが、実は学問の世界では少し違っていて、1回1回、アニメのコマ割りみたいに、パッパッとついては消えてという状態でできているんじゃないかって言われることもあるんですよね。

谷口　そうなんですか？

横山　で、それを編み物で表現しようとしている人がいるっていうのが僕は驚きなんですよ。それも目の前に。

谷口　いや自分でも次に作ろうとしているものは、本当にどうなるかわからないんですよ。運動はひと続きじゃなくて、点の集まりという感じで、あえて毎日の揺らぎが出てくるように作りたいなっていう計画はしていますけど。

横山　すごく面白いな。いやあ、ものづくり、クリエーション、アートでも何でも、結局作り続けていくことが、自分の反映になっていくんですね。同時に、底知れぬ谷口さんのやりたいことに関して、畏敬の念さえ覚えます。

谷口　本当ですか？　私としては、物事をきちんとしっかり、よく見れるようになる自分になるために、制作をしている感じです。現に私が作っているもので、誰かの役に立てるっていうことはないと思うので。だからこそ作品を作ることが目的じゃなくて、単純に今まで見えていなかった小さな編み目が少しずつ見えるようになったという、身体的な変化はもちろん、視点や視野が進化することを大事にしているんです。

横山　まさに作る人のお話ですね。でも、1つ言わせてもらうと、今のお話にあった「谷口さんがご自身で作られるものは役に立つものではない」というくだり。その実用とか、役に立つっていう言葉の意味って、

『生滅』★

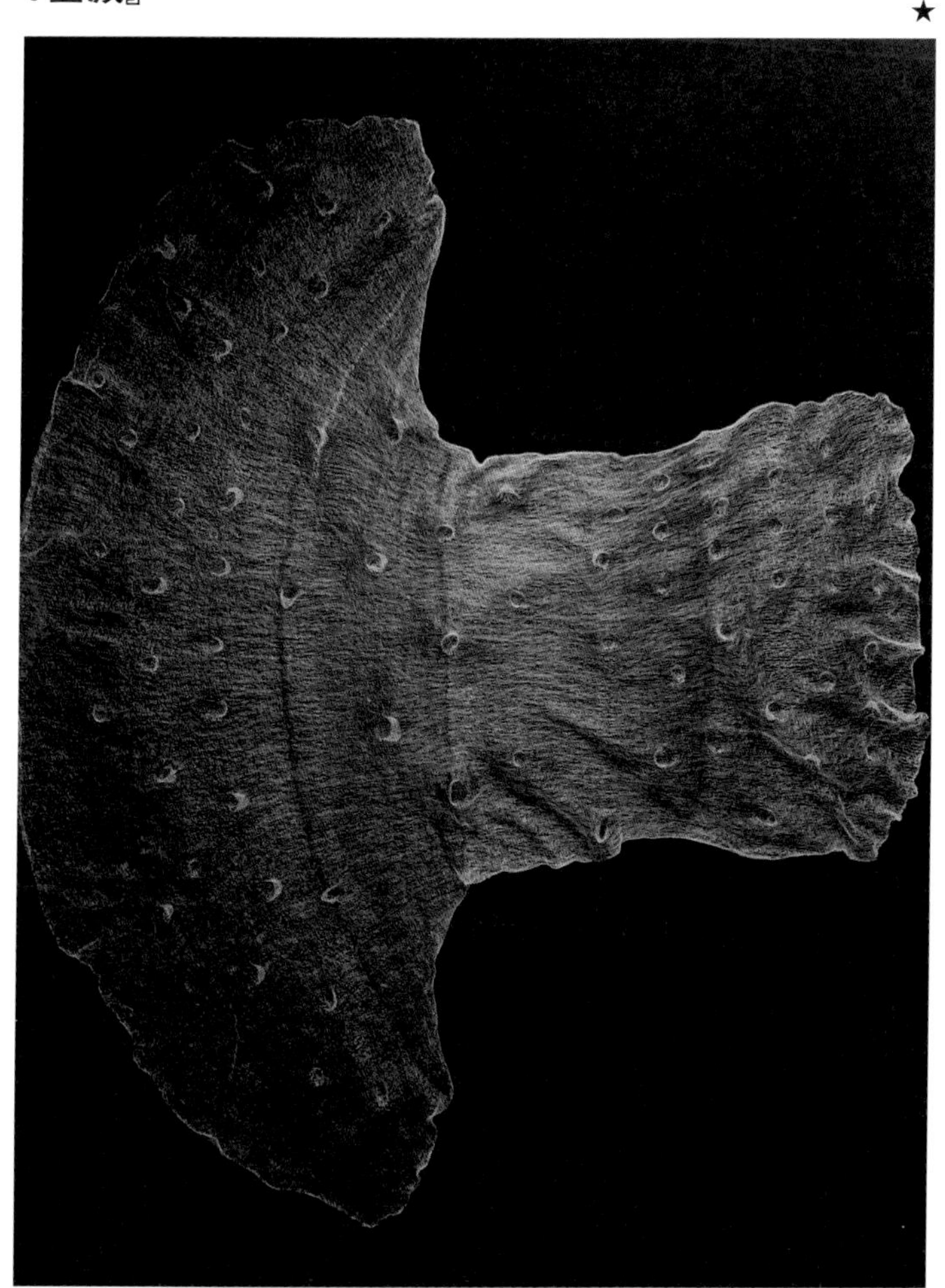

僕は近代化の中で、かなり限定されて使われてきたと思っているんです。そんなことを言ったら、この世の中に役に立たないいって言われているものは、ごまんとありますよ。でも、実はどこかで役に立っていていたり、役立つ可能性があるものだったりする。たとえば、人間の体には動脈と静脈を途中で繋ぐグローミュー血管というのがあって、別になくてもいいじゃんって思われていたのが、実は健康に関係していたりとか。そういうのが、近年どんどんわかってきてる。

谷口　真価の答えがすぐに出ないものはたくさんありますものね。

横山　実際、ものづくりにおいて「近代的じゃない」って評価はあると思うんだけど、僕は「無駄」とか、「実用的じゃない」っていうのは、作品そのものの評価にはまったく関係ないと思っているんですよね。

谷口　うんうん。

横山　いやあ、谷口さんの作品、ともかくすごいんですよ。これからの時代、これから評価される編み物だろうなって、僕は思っています。

編むためにフィジカルを整える

横山　そういえば、作品を作るために走ってるんですって？

谷口　今年に入ってからなんですけど、また再開しました。前は、毎朝走っていたこともありますし、1日おきに走っていたりとか、時期とか

その作品によって変わるんですけど。

横山 作品によって変わる?

谷口 はい。

横山 ちょっと待ってください、これは走ろうって思うような作品があるってことですか。

谷口 そうなんです。たとえば、2カ月くらいかけて、大きな作品を作る時とか。

横山 へえ。

谷口 朝走って、ヨガとかいろいろ組み合わせたストレッチや体操をして、体が整ったなと感じてから、作品制作を始めるっていうのを2カ月続けるんです。

横山 作り手としての自分を良い状態にする努力をしているんですね。

谷口 そうですね。単純に1日こうずっと座っていると、どんなに体勢を変えても股関節に負担がくるので。

横山 はいはい、確かに。

谷口 腰を回す体操とかは整形外科の先生に指導していただいたんですけど、自分が整う感じは走ることが効果が大きいですね。最近は集中力が必要な作品が増えているので、その質が上がる感じがします。

横山 制作を始めると、ある種、自分が作品づくりのための道具になっていく感じってありませんか?

谷口 まさにそうです。

横山 作品を作るための手段としての身体や精神の状態をある程度、一定に保たないと、継続的に作品を作れないというのは、僕もそう思っていますね。僕が作る編みキノコは小さいのでそこまではないんですけど、小説を書く時とかは、やっぱり自分でスイッチを作っておくんです。

谷口 うんうん。

横山 身体を整えることによって、編み物にどんな変化がありましたか?

谷口 編み目ですね。編み目をコントロールできるというか。

横山 谷口さんは編み目を揃えるというよりは、デザインに応じて大きくしたり小さくしたりされるんですものね。

谷口 無理やり自分本位にっていう感じではないんです。編み目がこうなったらベストだな、必然的だなっていう状態にするために編んでいるだけで。でもこれって「自分自身をコントロールできる自分」じゃないと、実現できないんです。集中力が薄れると、途中で糸が切れたりするんですよ。

横山 なるほど。髪の毛より細い糸をお使いになられているから。

谷口 目を取り落としたりすると、修復するのに小一時間とか、かかっちゃうし。下手に進めて、大惨事になったことも多々あるので。

横山 手芸全般的には非常にインドアなイメージがあるので、身体に気を向ける人は少ないですよね。だから身体を壊したとか、手首を痛めちゃったみたいな話はよく聞くんです。当然ながら編み物を編むのは自分だから、自分を整えていくのってやっぱり大事なことですよね。

谷口 室内で休んでいても整わないです。どんよりしてしまうので。確かに去年は父のこととかでバタバタして、全然余裕が持てなかったので、制作もあまりできなかったんですよね。

横山 うんうん。

谷口 なので、やっぱり自然の中で身体を動かすことでフィジカルが整い、フィジカルが整うことで制作ができる自分になるということなんだなとしみじみ思っているところなんです。

横山 そうそう。身体を整えると、気持ちとか作品に向かうメンタル面みたいなところもすごい良い状態になっていくんですよね。だから僕自身も体幹とかを鍛えるようにしているし、人にも「ものづくりと身体ってトピックになるよね」って言ってるんだけど、あんまり反応が無くて。でも、谷口さんが走っているって聞いて、同じ考えでは? と思っていたらやっぱりそうでしたね。

谷口 頭の中で無理やり気持ちを切

り替える方法を考えるより、体を動かして、脳に酸素をいき渡らせたら自然に前向きになれるし、前に進める感じがするんですよね。

気づけていないものを視覚化してくれる「編み」

横山　と、いうところで、話を作品に戻しますけど、これは一体、何の作品なんですか？

谷口　毛細血管（P.129）です。心臓の時に心臓だけじゃなくて毛細血管が動かしてくれるっていうので、セットで作ったものです。

横山　色が半分半分でちょっと違いますけれど。

谷口　ブルーの藍の生葉染めした方で静脈を、花びらで染めたピンク色の方で動脈を表現しています。

横山　谷口さんは内臓のミニマルファッションウエアや心臓の作品のように、身体について表現されることが多いですよね。

谷口　なんかこう、自分自身の身体を使って検証しているという感じでしょうか。「編み」に取り組み始めてから、自分自身を使った人体実験みたいだなって感じています。編み目を自在に加減できることや気持ちが乱れている時は目が揃わないとか、作る側の状態に左右されるところにも惹かれますよね。

横山　なるほど。

谷口　そういう自分自身が気づけていないものを、視覚化してくれるっていうのが編み物の特質としてあると思うんです。

横山　編み物って本当に編む人の状態を一目一目で表現しますよね。ものづくりの分野としては一番くらいに反映するんじゃないかな。

谷口　私は昔からよく絵を描いていたんですけど、どうして絵画の方へ進まなかったのかなってよく考えるんです。きっと絵って、白紙に色や線をダイレクトに描く表現が直接的すぎて、戸惑ってしまうんですよね。「編み」は編みの組織を編まなきゃ形にできない。だから、淡々と作業が進んでいくんだけど、できあがっていく編み地の中に意図しない自分が現れ出てしまう。私にはその方が嘘がない気がするんです。

横山　なるほど。

谷口　だから何かを描きたいとか表現したいとかではなくて、自分自身を常に検証したいという想いが強いんです。実際、科学者のような目線で作っているんじゃないかって思う時もあります。

横山　ある種、自分の表面的な意識や考えをなるべく排除して、もっと深いところにある自分の核心に近い作品を作ろうとしているんですね。

谷口　いやもうまさに。できる限り純粋に出てきた、そういうものを生み出したいので。

横山　表現にはいろいろな方法があると思うんですけど、「深みの果てに何が見えるか」を編み物で体現しているっていうのがすごいです。

谷口　私、まったく新しいものが何の前後の繋がりもなく、ぽっと生まれてくることはないと思っていて。新しいものっていうのは常に潜在していて、潜在していることに気づくか、気づかないかの違いだと思うんですよね。

横山　確かに新しさとか、既視感がないっていうのも大事なことでもあるんだけど、それさえ周りの環境によって新しくなったり、古くなったりするんですよね。むしろ、いつもと同じものを、どの方角から見たら、新しさを見つけられるかみたいな方が正しいような気がします。

谷口　そうですね。本当にそうです。大胆で衝撃的なものって目を引きやすいけれど、私には作れない。ニットの師匠の桑田先生が「あなたの作

新しいものは常に潜在している

品はつぶやきなのよ」って言ってくださったことがあって、私の中にはそれが今も変わらずあると思うんですよ。

横山　すごいですね、桑田先生の言葉力。

谷口　地味で目立たないっていう風に思っていたのが、先生がそういう風に言ってくださったことで、自分はそういうタイプなんだな、と。

横山　確かにつぶやきだなって思いますもの。つぶやきを形にしたら、こうなるっていう具体例ですね。

谷口　ふふふ。

ウエアを編む

横山　とはいえ、ウエアも編まれているんですね。今着られているのは、ご自身で編まれたやつですよね。

谷口　これは本当に大昔の作品です。モヘアをちょっと透けるように、目を大きめにして編んでいますね。それこそストロー状の筒じゃないけど、いろいろ習った基礎は取っ払って、身体のフォルムに沿うような、アシンメトリーで自由なセーターを作ってみようと思って作ったものです。

横山　なるほど。かなり昔っておっしゃいましたけど、学校を卒業してすぐくらいですか。

谷口　これはそうですね。お教室をやらせていただいているのですが、このセーターを持って行ってお見せしたのです。その時、5人くらいの生徒さんに編んでみたいと言われて、何十年もしまいこんでいたのをまじまじと眺め直したっていう。自分で適当に模様を考えて、というか手の中で生み出された模様なのに、教えるとなるときちんと解読しなくちゃならなくて。

横山　自分の作品を解読しなきゃいけないなんて、ちょっと笑えますね。しかも、こんな自由っぽいやつをこの通りに作りたいって、めちゃくちゃ難易度高そう。

谷口　伝えるのが一番難しかったのは、肩のドライブ編みで、これはかなりランダムにやらないとこんな風にはならないんです。2回巻いたら次は3回巻いてとか。そういうことを体感で感覚的に作っていったのに、教える時には理論的に組み立てなきゃいけないという事態に陥った、思い出深いセーターです。

横山　ドライブ編みは表目を編む時の棒針に、糸を何回か巻きつけると、その部分だけ編み目が大きくなるっていう手法でしたよね。この細さの糸を使って編み目の方を大きく見せるデザインって、当時からすでに谷口さんらしい個性がしっかり出ている気がするんですけど。

谷口　確かに。もうすっかり既成概念が取っ払われていますね、この頃は。

横山　今着用されているのは白いセーターですけど、お手元の黒い方も同じ時期ですか。

谷口　これは、もっと後ですね。ある個展で、ニットはやっぱり着て喜びを得られるものだから、セーターとかもどうですか、みたいな話になって作ったものなんです。ずっと造形物やオブジェを作ってきたけど、初めて着るものも作ってみようかなと。6、7着くらい一気に作った中の1つです。

横山　なんかあれですね、自由さは損なわれていないのに…。

谷口　そうなんです。ちょっと整ってしまいました。

横山　うん、初期と比べると。

谷口　商品として狙って作ったっていうのが、そこはかとなく感じますよね。やっぱり自分で適当に着るっていう意識と、商品として、たくさんの人に支持してもらうっていう意識では違うものができるので。編む形や模様の効果を頭の中で組み立て

洗練された透かし編みのセーター。

て、こういう風な見え方になるな、とか完成をイメージしながら作ってました。

横山　なるほど。基本的な雰囲気は着用されているセーターと同じですけど、洗練された感じがします。

私の「編み」＝引き返し編み

横山　さて、こういうウエアも編み、そして極細の糸で精緻な造形物をたくさん編んできた、ニットアーティストの谷口聡子さんとしては、これからどんなものを編んでいきたいと思っていますか？

谷口　すごい未来の展望とかはないんですけど、目の前のこととしては、今年どういう展開で制作していくかということを考えているところです。

横山　なるほど。もうその作品として、編み始めているものがあるということですね。

谷口　本当に始めたところっていうのを今日お持ちしました。この針にかかっている編みかけのものなんですけど。

横山　うわあ、また細い針を使っていますね！

谷口　そうなんです、実はね、今まで0号（直径2・1㎜／日本の棒針規格で一番細い針）の竹の針じゃないと、いろんな造形ができなかったんです。

横山　針の滑りの関係で？

谷口　そうです。

横山　確かにここまで細い糸だと、滑りがいい針じゃ、するする落ちちゃいますもんね。

谷口　立体の複雑なものとかは、依然として竹の0号で作ると思います。糸の細さとか、目の小ささとかに挑戦みたいな超絶技巧を目指しているわけではないので。

横山　ふむ。

谷口　でも、ずっとこれで編んできているうちに、自分の意識とか目が変わってきちゃって、0号だと編み目がすごく大きく見えてきたんですよ。これでは抑揚がつけにくいと感じるようになってきて。だから、これまでの目と、もっと小さな目の対比で見せたいって考えているんです。今まで必要としていなかったから探しもしていませんでしたが、細い針って意外とあるものなんですね。

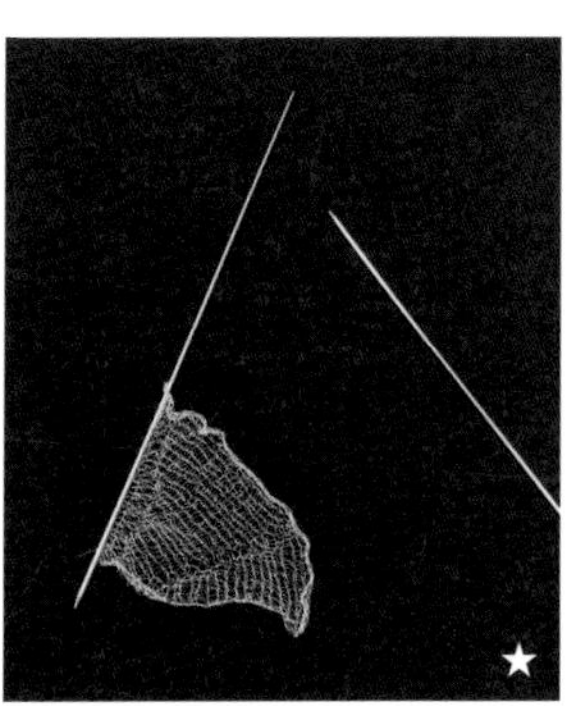

日本の規格より細い棒針で編む。

横山　海外製とか。

谷口　それで見つけたのが、直径0・6㎜の針。これで編めるかどうか試してみて、今は「編めるな」っていう手応えを感じているところです。

横山　これはビーズ編みとかで使う針でしょうか。たぶんミニチュアのものを作る針だと思うんですけど、それでもこれは細いですよ。

谷口　今はこれでメリヤス編み（表面が表目だけになるように編む）と引き返し編みの編み地を試しています。糸は色を段階的に薄墨から濃い墨まで染めたものと、無染色の白で、いくつか習作を作ってみようかと。大きな作品に入る手前ですね。

横山　今、引き返し編みという技法が出てきましたけれど、よく使われるんですか？

谷口　これは桑田先生がいつもおっしゃっていたことなんですけれど、「引き返し編みは肩の傾斜とかだけじゃなくて、他にもいろんなことに使えるから、引き返し編みを多用しなさい」って。それで自然と身について、いろんな形を作る時、自由に使っているんです。平面でも、立体でも、私の「編み」＝引き返し編みといっても過言ではないくらい、多用しているんですよ。その割に意識して取り組んだことがないので、今回は引き返し編みの表現のバリエーションとか、可能性を探ってみたいなと思っているんです。

横山　確かに引き返し編みってよくできている技法で、簡単に言っちゃうと、編み地が斜めになるんですよね。で、ただ斜めになるだけじゃなくて、めちゃめちゃきれいに斜めになる。

谷口　これは一方向ですけど、引き返し編みがどんどん足されて変容していく感じです。増減目と引き返し編みでできる矩形（くけい）。繰り返していくと、引き返す起点となる目が大きくなって、それが必然的に模様になるようなこととかも。1つの作品の中に引き返し編みのメリットとか、要になる要素が数多く詰まっているので、ある意味で私の集大成になるかもしれないと思っています。

横山　すごい話になってきましたね。
谷口　実は平面だけじゃなくて立体でも…。
横山　うわっ、それも引き返し編み?
谷口　そうなんです。この枝が折れているみたいなところが、引き返しで、肘が曲がるみたいな感じになる。
横山　これができるんだ。
谷口　なので、平面だけっていうわけではなくて次に生まれる作品もたぶん、予想を越えてくると思います。
横山　考えたら、靴下のかかとも引き返し編みですもんね。
谷口　そうですね。
横山　引き返し編みに特化したものづくりは、谷口さんの技法の1つの節目になりそうですね。
谷口　自分でも見てみたいです。

続けることの意義

谷口　去年は父の死に加え、実は桑田先生も晩秋に永眠されたんです。施設にずっと入られていて、最後にお会いした時は、もう私のこともわからない状態になっていたんですけど、まだそこにいる安心感みたいなものはあって。でも、もうこの世からいなくなってしまった…。先生、「編み」で生きていくのが本当に難しいってすごくおっしゃっていたんです。その言葉どおりというか、今、たくさんいた教え子の中で私だけなんです、「編み」を続けているのが。だから続けていくということと、先生の教えてくださった編みを継承しながら、発展させていくことが私の一生の使命だと思っているんです。私なんかが先生の後を継げないなんて言っている場合じゃなくって。でも本当に時間がかかることなんですよね。集中力も要するし。だから、死ぬまでにどれくらい作れるんだろうって思うようになりました。本当に一分一秒も無駄にしないで、ひと編みひと編みに全身全霊で編みたいっていう気持ちになっているので。なので、今年はどういうものが生まれるんだろうって自分でも楽しみに思っていますし、一個一個、もう本当にこれ以上もこれ以下もないっていう作品を作りたいなって。自分の中で、そう思っています。
横山　僕も谷口さんがこれから先どんなものを作られていくのか、どこに迫っていくのかっていうのをすごく楽しみにしています。
谷口　ありがとうございます。
横山　もう1つうかがいたいのが、これからの編み物ってどういう風になっていくのか、どういう風に皆さんが楽しむのか、それとも作るのか、逆に必要になっていくのか。もしイメージがあったら教えていただきたいんですけれど。
谷口　「編み」って棒針を2本、ないしは指でもできることですし、毛糸が1本あればどこにでも持っていけて、すぐに編める。そういうものって他にあるのかなっていうぐらい、本当に手軽だし、ポータブルですよね。
横山　うんうん。
谷口　なのに編み物だけはできないんですよとか、編み物って教えてもらわないとできないとか、でも教えてもらうのも大変だとかいう意見をあちこちからたくさんお聞きするんです。でも糸1本でこんなに楽しめるし、自分の限界をどんどん越えていけて、作れば作るほど本当に楽しいということを知ってもらいたい。気軽に取り組んでいただきたいし、それが結局は先生のおっしゃっている狭い意味のニットじゃなくて、も

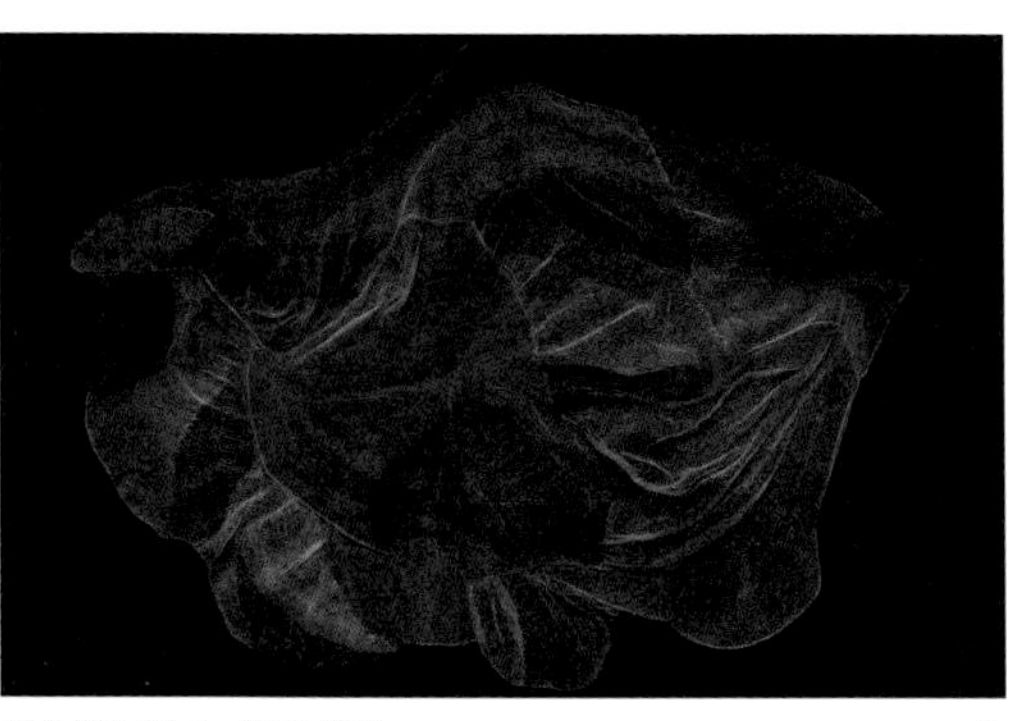
引き返し編み_平面作品　★

引き返し編み_立体作品　★

★

っと広くて深いニットに繋がるのかなっていう気がしますね。

横山　うん。本当にそういう風になっていくとよいなと思いますね。

谷口　私、小さい頃からいろんな手作りをしてきたので、手芸ってすごく好きな言葉ではあるんです。だから願いとしては、手芸というものづくりを、もう少し工芸とか、アートの手法の1つとして認知していただけたら嬉しいなと思います。

横山　本当そうですよね。なんか、そういうことに関して、まったく差はないという風に僕は思っていて。ただ社会がどう見るか、という所で、そういう齟齬が出てくるんですけれど、時代的にも谷口さんのおっしゃるようになっていくのがいいんじゃないかなという風に僕は思います。谷口さん、今後の活躍を心から応援させていただきます！

たくさんの人に見てほしい！

P.120～137の★の写真
撮影／谷口聡子

心をほどく × 中国茶

今回は飲んだ後、茶杯に残る香りをも楽しむ中国茶を選んだ。きっと人の言葉も同じだと思う。茶葉は「鳳凰単欉」。

対談場所 / OUTBOUND

洋服や食器、手仕事の作品など、暮らしの中のアイテムを販売する、吉祥寺のセレクトショップ。谷口聡子さんの作品も扱う。

【問い合わせ先】
＞P.160

手芸は芸術なのか

森國文佳
Fumika Morikuni

kcal cafe club 企画／主宰。2023年京都芸術大学大学院卒。2019年、スウェーデン・ストックホルムに留学し、編み物と出会う。「kcal（カル）して編み物をコミュニケーションツールに」をテーマにしており、現在はkcal cafe clubの主宰として編み物で人と繋がる場作りをしている。

森國さんは編み物で表現するアーティストだ。
最近まで京都芸術大学大学院で芸術を学ばれていた。
森國さんは手芸と芸術の交差点に立っている作家の一人だ。

私には疑問がある。
編み物は芸術となりうるのだろうか。
人に聞けば、皆それぞれの答えがあるだろう。

曰く、編み物は芸術だ。
糸を手繰って技法を駆使し、自由に創作される分野だ。
社会がどう扱おうが、誰がどう扱おうが、編み物は芸術の一分野だ。
曰く、いやいや、編み物は芸術ではない。
多くの人が認めて、社会に認められることにより、作品は「芸術」たりうるのだ。
曰く、そんなことは誰かが決めることではないし、決める必要はない。
編み物は編み物だ。

それらすべては「正解」なのだと思う。

しかし、私はあえてここで問いたい。
問うて、話をすることで編み物の可能性がひらけるかもしれないからだ。
それは「未来」を編んでいく時に重要ではないかと思える。

そう思っていたら森國さんが現れた。
アートを志す若者たちの中で、
果敢にも「編み物」「手芸」を手にアートに挑み続ける森國さん。

現時点で、アートが生み出される現場での「編み物」を
一番よく知っているのは森國さんなのだ。

森國さんと話すために
私は手芸と芸術の交差点へと向かった。

手芸の未来形 〜手芸は芸術だ／

Guest **森國文佳さん**（アーティスト／kcal cafe club主宰）

伝統的な手仕事が数多く残る古都・京都。そこに芽吹いた次世代への手芸の形、そして編み物の新たな可能性。京都芸術大学大学院で、編み物を使った作品を中心に活動されていた森國文佳さんが語ります。

コロナ禍の卒業制作秘話

横山　森國さん、そもそもどうして編み物を始められたんですか。

森國　編み物は、大学の学部3年生の時にスウェーデンに留学する機会があって、ストックホルムのコンストファックという大学に行ったんです。そこには家庭用編み機を習える施設があると聞いていたんですけど、学校にいざ行ってみると、「今のシーズンはやってないんだよ」って言われてしまって。いやいや、私はこれをしに来たのに何をすればいいんだろうと呆然としていたら、「だったら手編みで編み物とかやってみる?」って編み物の先生を紹介されたんです。そのまま、細編みと鎖編みと長編みぐらいの、本当に簡単な技法だけ教えてもらって、作品を1つ作ったんです。それがそうですね、きっかけです。

横山　じゃあ、北欧に留学して初めて編んだんだ。

森國　そうなんです。

横山　もともとの希望だった家庭用編み機は、何かやりたい理由があったんですか?

森國　北欧には最初から編み物のイメージがあったんですよね。でも、私が通う大学には編み物を勉強する課程がなかったし、北欧に留学するなら時期的にも3年生だったので、卒業制作に向けて「これが自分の使っている技法だ」って言えるものが欲しかったというのはあります。

横山　それで家庭用編み機をやろうと思っていたら、手編みになっちゃった、と。

森國　手編みになって帰ってきましたね。

横山　その後のSNSとかでね、僕は森國さんの卒業制作を拝見して、これはすごい面白い方が出てきたなと思ったんです。なので、実際に卒業制作に至るまでどんなものを作っていったのかという話をぜひうかがいたいんですけれど。

森國　卒業制作の作品に取りかかったのは、ちょうどその留学から帰ってきた頃でした。コロナが広まりかけていて、学校にも行けず、実家に

スウェーデンにて

森國さんは大学3年生の時にスウェーデンのコンストファック大学(Konstfack University of Arts, Crafts and Design)に留学。ここは美術、工芸などに秀でた大学で、森國さんはここで編み物と出合います。上の写真は森國さんが現地で作ったかぎ針編み作品、右3点はスウェーデンの街並。

ずっといる毎日で、作品を作るといっても道具も設備もないし、どうしようってなって。でも、そこでふと思ったんです。家には母がいて、隣にはおばあちゃんが住んでいて。せっかく北欧で編み物を習ってきたし、今だからできるものを作ろうかなって。だって、ここには編み物ができる人が3人もいるわけですし。

横山　あ、お母さまとおばあさまも編み物ができると。

森國　はい。そこで早速2人に声をかけて、まずはおばあちゃんに「何か自由に編んでみてくれない？」っていう提案をしたんですね。そしたら自由にって何？　自由ってわからない。そんな編み図もなしに作れないって言われて。それで条件をつけた方がいいかもしれないと考えた末にたどり着いたのが、四角形のモチーフ編み。モチーフはたくさん編んでも、色を変えたり、バリエーションを広げられますからね。3人でいっぱいパーツを作って、最後に私が大きな形に仕上げようっていう構想を持って始めたんです。私が今までに染めた糸を含め、いろんな配色を考えながら、たとえば、あんまり黒は使わないほうがいいなぁとか、自分の感覚で選んだ糸を2人に渡して、みんなで喋りながら編んで。それからだんだんコロナが落ち着いてきて、学校に行けるようになったら、別々に編んでいても「ちょっと編んでたら、こんなのできたよ」ってメールで写真が送られてきたりして。そんなやりとりを続けて最終的に400個。

横山　おお。

森國　モチーフは大小、柄もさまざまで。数も多いし、これをどう展示しようかなぁって考えた時、3人で編んでいることや、家族や家といった、私が抱いている手芸のイメージと重なったんです。家の屋根みたいな、みんなを包むような、傘のような、そういう形にしたいなと思って。試行錯誤した結果、作品の形は半球状の形になりました。土台を作って、そこにモチーフを貼りつけていく感じです。でも、そこで問題が。普通のモチーフ編みって辺と辺をぴたっと合わせて、編みつなぐじゃないですか。この作品は半球の立体の上にモチーフを乗せるから、そんなふうにつなげてしまうとズレが生まれてきれいな形にならない。だから、最初はズレが目立たないように、モチーフ同士に少しゆとりをつけつつ、鎖編みでそれぞれの辺の適当なところを編みつないでいたんです。でも、こんな風に鎖編みで固定するなら、マルカン（丸い金属の輪）でいいかもしれないと。

横山　あれ、マルカンで繋いでいるんですか！

森國　マルカンで繋いでいるんです。編み地の伸縮性を活かせるし、つなぎ目もより自由になります。展示を観てくださった方は、「なるほど、マルカンかぁ」とか言ってくださって。ちょっと新しい繋ぎ方を提案できたかなって、思ってはいるんですけど。

作品に込めたメッセージ

横山　なるほど。ここまで卒業制作の制作秘話的なところをうかがいましたけれど、森國さんが編み物という技法を使って、アーティストとし

大学の卒業制作「Beyond the frame of shugei」。

てものづくりをしていく中で、そこに込めているメッセージみたいなものっていうのはありますか?

森國 私がその手芸というか、編み物という技法を使う上で軸としてあるのは、これまで家の中で消費されてきた手芸というものを、家の外に出して、人に見てもらうこと。そうすることで、それまでの手芸や編み物というものが、全然違って見えてくる。捉えてもらえる。それはたぶん、私だからできることだなって思うんです。それが一番、軸にありますね。

横山 編み物を語る時に、日本の場合は女性がやるものっていうようなくくりがあったりして、いわゆるジェンダー問題に繋がったりするわけですけれど、そういうものを外に持って行くっていうのは、まさに今の時代的にも非常に合っているなあって、僕は思いますね。

森國 ありがとうございます。

新しい繋がりを生むものづくり

横山 森國さんが今まで作った編み物作品を少し紹介していただけませんか。

森國 そうしたら、まずはリリアン編みですね。卒業制作の後に作った作品で、みんなで編み機を囲んで編むものです。

横山 はい、リリアン。普通は、手にすっぽり入るサイズですよね。

森國 これは20本ぐらい棒を立てたオリジナルの編み機で、特大サイズのリリアンです。

横山 作品名はありますか?

森國 カルアイランド(P.144)です。

横山 形状は親指よりちょっと太いぐらいの、結構太めの丸い棒がたくさん連結されている輪といえばいいでしょうか。それをリリアンのようにして、1本1本に糸を絡めていくような作りになっているんですが、これの面白いのは、数人で編めるところですかね。

森國 ちょうど4人ぐらいです。

横山 4人でこの1つのリリアンを囲んで、順々に糸をかけていくと、筒状の編み地が下にでてきて、それが座布団のように周りに広がるから、みんな、その上に乗ってさらにまた編んでいくという。

森國 展示会場では、スピードは遅いんですけど、1~2mぐらいは編んでもらえました。

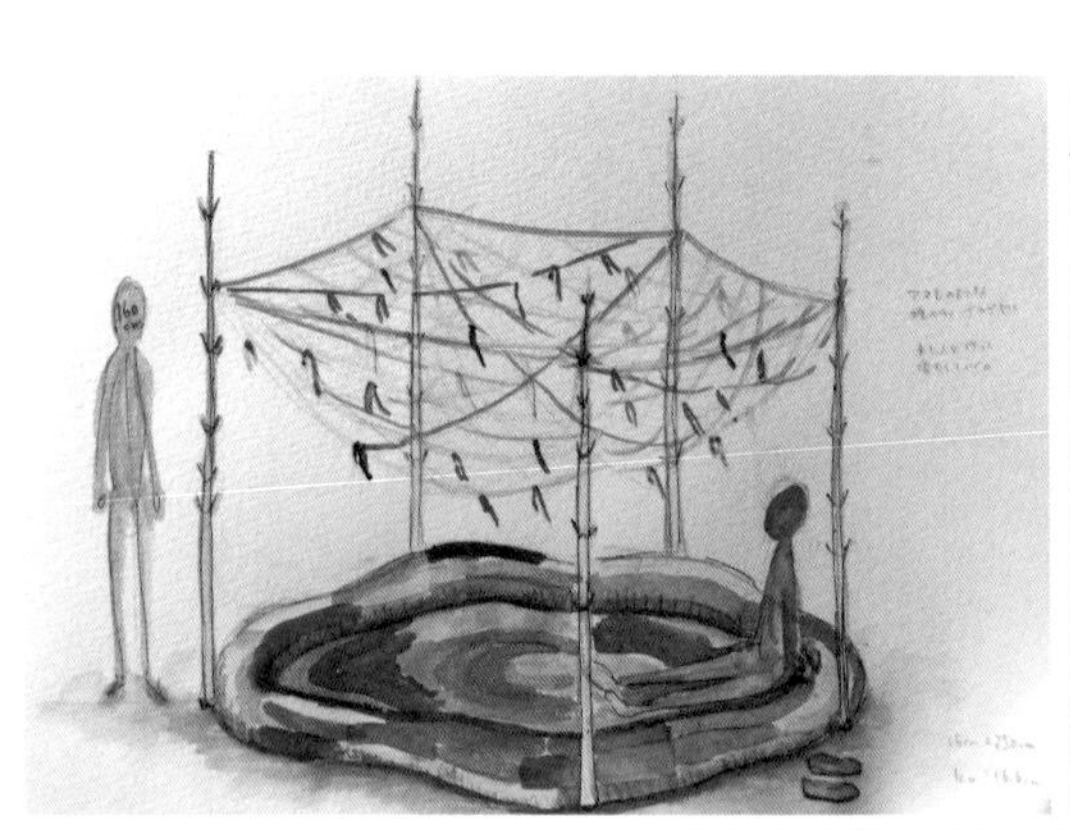

瀬戸内のフィールドワーク

瀬戸内には草間弥生を始めとする現代アートと出合える島がいくつもあります。卒業制作後、森國さんも島巡りをしましたが、心を動かされたのは畑や池など、人が暮らす自然の風景。それをイメージソースとしてカルアイランドのデザイン画が描かれました。

横山　みんなでこのリリアンを囲んで編んでいく状況というのは非常に面白いものですね。これはどういうコンセプトで？

森國　私がこの作品を作り始める前にフィールドワークみたいな感じで瀬戸内の島々にあるアートを船でめぐる機会があったんです。島って島独特の時間が流れている感じがしませんか。それだけでなく、日常のエリアから離れてわざわざ島に何かを見にきた、私のような人にとっては、それだけでも時間がゆったり感じられて。そんな時間への感覚がすごく面白いなと思ったんです。これを作品にできたら、会場でゆっくり鑑賞してもらう時間も作品の一部にできるかなぁと思って作りました。

横山　なるほど。「カルアイランド」という作品は、編む時間を具現化している場所だというわけですね。

森國　はい、そうです。

横山　他にも何かありますか？

森國　その次に作ったのが、カルファーム（P.145）っていう作品です。一緒に糸をたくさん乗せた箱を私が用意していて、棒にぐるぐる糸を巻いて作った「実」を、その空間の中に配置して、いろんな実がなっていく農園っていう意味で、カルファームっていう名前をつけた作品がありまして。

横山　毛糸の実がなっていくという事ですね。

森國　この毛糸の実は、展示会場だけでなく、いろんな人が行き交う場所に置いて、説明しながら作ってもらったりして制作しました。

祖母、母、自分。価値観の異なる3世代の手が1つの作品を生み出す。

編むことだけが、編み物じゃない

横山　糸を通じて、みんなと何かを共有する感じですね。

森國　「編むことだけが、編み物じゃない」が作品のキーワードでした。かぎ針で鎖編みとかをするのも編み物ではあるんですけど、もっと関われるレベルを落として、より多くの人にまず糸を触ってもらうところから始めないと、という思いがあって。たとえば5分以内で1つ作れて、そこそこ面積もあって、「できたら写真を撮りたいな」って思えるような色に糸を染めて、その糸を棒にぐるぐる巻いて作品にしてもらう。そんな工程を動画にして、展示する。そうすることで、私がいないときでも、その動画を見ることで作品を作ってもらえるっていう仕組みを作ったんです。これは結構考えた作品でした。

横山　なるほど。十字にした細い棒に糸を巻いて作っているのが、カルファームの実ということなんですね。

森國　そうなんです。

横山　前出の卒業作品は、Beyond the flame of shugeiという作品名の通り、手芸の枠を超えていくっていう意味でしたよね。でも、広がり方は世代間の垂直的というか。

森國　そうですね。3世代が繋がった感じ。

横山　でも次のカルアイランドになると、今度は世代も家も関係なく、一緒にリリアンに糸をかけることによって、新しいコミュニティーが生まれるぐらいの勢いになっている。

森國　そうそう。だからたぶんこの場で、一緒にやってくれた人たちは、直接は繋がっていないけれど、一緒にカルファームっていう場を作ったっていう認識で繋がっていて、いつかどこかでまた繋がるようなことができたらなと思っています。

横山　で、カルファームになると、もう編み物というところからも放たれているので、さらに気軽に、本当に通りすがりの人が、ちょいっとやるっていう感じになってる。その関係性が淡くても、実は繫がっているんだよということがメッセージに入っているんじゃないかって気がするんです。「家の中にあったものを外に出していく」「さらに気軽に外と繫がっていく」というのが、森國さんのアート活動の1つのコンセプトなのかなって思うんですけれど。把握としてはそれで合っていますか。

森國　はい、合っています。そうです。

横山　なるほど。非常に面白いですね。確かにね、家で受け継がれるっていうのは大事で、日本の編み物人口が減っちゃったのって、家でする人がいなくなっちゃったからなんですよ。今の僕の世代（40代）が編み物をやらなくなっちゃった理由っていうのは、多くの場合そうなんです。おばあちゃんお母さんはやっていたんだけど、僕らの世代で抜けて、さらにその下が本当にやらなくなっちゃったみたいな。でもそれって、森國さんの卒業制作以降の作品みたいに「手芸って家で受け継がれる側面もあるけど、やり方によっては外と新しい繫がりが生まれるきっかけとなるよね」って考えてしまえば、手芸が「みんなを集める1つの核」に

カルアイランド

Kcal island

❶編み続けると太い毛糸の筒が広がっていく。
❷4～5人まで座って参加可能。
❸制作しながらリラックスして話せる場所に。
❹編み機の仕組みは円形に並んだ棒に糸をひっかけるだけ。

はなり得るはずですよね。まだまだ可能性はたくさんある。

アートの手法の1つとして着目される「手芸」

横山　ここまでの森國さんの取り組みを聞いていて、実は僕、すごい気になることがあるんですけど。

森國　はい、なんでしょう。

横山　もともと日本の美大や芸大では、編み物に限らず、手芸の分野ってあまり取り入れられていないじゃないですか。

森國　はい、そうですね。

横山　先生や同級生たちは、手芸というものを見慣れないだろうし、実際どういう風に手芸のイメージが取り扱われているのか、生の声をうかがいたいなと思うんですけれど。どうですか。

森國　そうですね、やっぱり大学院で制作をしていた時も売れていくのって絵画なんですね、基本的に。京都芸術大学ではアーティストとして生きていくっていうことをプッシュしてくれていて、展覧会にはコレクターの人たちもいらしたりするんです。同じ空間にいろいろなジャンルの作品が展示されているので、みな

カルファーム

Kcal farm

❶頭上に張った糸に実をひっかけていく。
❷実を作る参加者の様子。
❸実は十字の棒に毛糸をぐるぐる巻きつけると完成。
(How to make → P.155)
❹会期2週間後の会場。

さん、じっくり見て、作者とコンタクトをとって、制作意図や制作過程を聞いて、繋がっていくわけですけれど、本当に買っていただくところまでたどり着くのは絵画が多くて。

横山　はいはいはい。

森國　やっぱり壁に飾れたりするものは買っていただきやすいんだなと、ひしひしと。

横山　あの、私はいつも、できるだけいろいろな分野の人の話を聞かせていただく機会を持つよう心がけているんですけど、その中に美大の先生がいらっしゃって。その先生曰く、今どき、手法がどうかなんて関係ないんだと。本質的じゃないから。手法が手芸とか、編み物でも全然ＯＫだと思われるはずですよって。僕も、アートの本質としてはそうだろうなって思うんですよね。

森國　うんうん、そうであってほしいですよね。

横山　だって、アートってくくりにはいろんなことが含まれてくるじゃないですか、きっと。実際に売れる売れないっていうのも関係あるでしょうし、それって芸術分野の話なのって思う人もいるんじゃないかな。

森國　私に関していえば、今の大学は芸大とはいえど、編み物を教える課程は無いんです。授業でも、手編みとかはないですし。だから私がこれで作品を作っているのはおかしいといえば、おかしいんですよね。

横山　ははは。

森國　先生も技術的なことを教えられる人はいないので。だから自分でも最初、変だなって思いながらも、せっかく北欧で習ってきたし、続けてみようってどんどんそっちの分野に入っていったんです。だから正しく評価してくれる人も、編み物の知識に基づいて作品を講評できるっていう人も、周りにたくさんいるわけではなくて。だから、すごく特殊な環境でやっているなと思いつつ、日々作ってはいるんですけど。

横山　うん、なるほど。なかなか難しい環境ではあるってことですね。でもどうなんですか、編み物の技法だからといって、別に拒否されるわけでは無い？

森國　ちょっとずつではあるけど、私の周りでは変化を感じています。

横山　どんな変化ですか。

森國　最初、同じ学年で編み物みたいな手芸を取り入れているのは、私ぐらいでした。手法として、刺繍などを使っていた人はいるんですけど、そこから派生するコミュニケーションとか、社会との関わりみたいなところを組み合わせて制作する人はいませんでしたね。でも、今、大学にいくと、下級生たちの中に刺繍やミシンワーク、編み物をやる人が結構いて。技法として使っている子もいますけど、癒しみたいな、セラピーの方面で取り入れている子がいるんです。

横山　ああ、マインドフルネス的なね。
森國　ここ4年くらいのことです。
横山　なんでそんな変化が出たって思います？
森國　やっぱりコロナ禍に家で過ごした時間というのが影響していると思いますね。学校に行けないから、家でテキスタイルのデザインや配色を考える時、手近にある素材に、たとえば毛糸や刺繍糸に手がのびたんじゃないかなぁって思います。
横山　森國さんの周りや学校の中で、SDGsと絡めて、そういうことをしてみようという人って、まだいらっしゃらないですか。
森國　SDGsと絡めている人は、まだいないですね。端切れをもらって作品にしている子とかはいますけど。確かにパッチワークは少し見るようになりました。日記のように、日々少しずつ貯めたピースを大きくしたり、さらにはそれを作品にしたりして。
横山　へえ、面白いですね。
森國　布だけでなく、紙、いろんな色紙とかを人から集めて、それに日付を書いて留め繋いでいく、みたいな。そういうものを作っている人もいました。

癒しみたいな感じで取り入れている子もいます

制作者と鑑賞者をつなぐ文字

横山　へえ、面白い発想ですね。そういえば、芸術系の大学では良い作品を作るってだけじゃなくて、そのコンセプトやテーマをすごく重要視されるそうですね。1年の区切りとか、卒業の時とかに、「どうしてこれを使ったんだ、なんでこういう風にしたんだ」って徹底的に質問されるっていう話を聞くんですよ。でも、アートって基本的にそういう言語化みたいなことっていうのはあまりされない文化じゃないですか。
森國　そうですよね。
横山　なのに、なんでアートに関わる人たちっていうのは、それを言葉にすることを求められるのかっていうことをうかがいたいと思うんですけれど。何故なんですか、あれは。
森國　そうですね。作者は1つの作品を完成させるまでに、頭の中でいろいろなことを考えるじゃないですか。でもそれをできあがった作品だけで理解してもらうのは、きっと難しいと思うんですね。

横山　そうですね。

森國　自分の中の話のことを作品に落としている人もいれば、社会に対しての問題提起とか、それに対してのメッセージを込めている人とかもいる。そういうものをわかりやすく、社会に届けるために、自分と社会を繋ぐために、テキストを出さないといけないんですね。自分だけの話で終わってはダメなんです。だからこそ伝えるために、わかりやすい文章で、足をとめた人が読みやすい文字数で書く。それは鑑賞者と、制作をしている側の人間が繋がるための文字だと思うんですよね。作品とその文字を見て、「この人はこういうことを考えて作ったんだ」とか、「こういうことが伝えたかったんだな」って。

横山　つまり、自分というアーティストの存在を知らない人が見てもわかってもらえるようにするためには、そういう説明も必要だと。

森國　はい。

自分の話だけで終わってしまってはだめ

横山　確か最初の方で京都芸術大学は、アートを仕事にできるアーティストを養成する機関の側面もあるっておっしゃってましたよね。この文字での表現というのも、仕事を含む第3者へのアプローチだったり、自分の作品がより高い社会的価値を得るための手段として必要だっていうことでもあるのでしょうね。

森國　そうですね。

横山　転じてここで気になってしまうのは、手芸の世界のことなんです。こちらは結構言葉にしないことが多くって。

森國　わかります。

横山　もともと、手芸は見て習うというか、非言語の伝達みたいなところから始まっていて。それはそれで素晴らしいことなんだけど、実際に作品を世に出す時、どんなに情熱を持って完成させた作品でも、そこで終えてしまうことが多い分野だと思うんです。あとは手にした人に委ねるというか。でもそれをくり返していると、手芸ってお金の側面を始め、社会的な価値があんまり上がっていかないんじゃないかなとも思っていて。その時に美大や芸大の方法論みたいなのが、手芸にも必要なんじゃないかなって、なんかちょっと思っているんですよ。実際に京都芸術大学で編み物作品を作っていた森國さんは、どう思われますか。

森國　そうですね。できれば文字がなくてもわかってもらえたら、一番。見ただけで感じてもらえたら、一番。それは最高ですけど。やっぱりそれだと、全部を拾い切れないというか、届きにくいというのも事実で。文字もそうですし、私だと動画を一緒につけたりして、足りないところを、その作品のメイン以外のところで補うようにしています。

横山　ちなみに森國さんは、そういうのを表現にする時、どんな風に言葉にしていくんですか。

森國　まずキーワードというか、単語だけを書き出して、その単語を大事なところで使うようにします。毎回、最初に決めるのはタイトルで、そこに続く一番最初の文章がとても大事。長くてはダメなんです。

横山　長くてはダメ?。

森國　最後まで読んでもらうためには掴みが大事で。決め台詞のような感じといえばいいのかな。たとえば、前の作品だと、「編むだけが編み物じゃない」とか、パシッと決まる一言から始めるんです。キャッチフレーズになるような新しい響きの言葉を、いろいろ試しに書いてみて、一番響くのはどれか、友達に聞いてみたりして。

横山　あっ、そういうことするんですね、やっぱり。

森國　します、します。自分一人だけだと、自分からの目線、まあ主観になってしまうので。見るのは、自分以外の人なので。

横山　編み物の作品だとしたら、編み物をしない人とかに見てもらった方が良いのかもしれませんね。

森國　私は、私の友達とか編み物をしない人に見てもらってます。

横山　ああそうか、客観的に見てもらうっていう感じなんですね。それを出発点にして。

森國　そうです。そこから、見てもらって、いろんな関門をまずは周りから突破して、最後は先生にチェックをいただいてできあがるという。

横山　やっぱりあれですね、指導教授が大ボスなわけですね。

森國　はい、最後に見ていただきます。

横山　言葉にしていくことによって、自分では思っていなかったことに気づいたりすることもあるんですか？

森國　あります。人から言われて気づくこともありますし。作品の制作期間は作ることだけに集中していくので、その間に忘れたり、埋もれたりした言葉をはっと思い出した時にメモしたりして。最後にコンセプトの文章を作る時には、そういうものをすべて引っ張り出してきて、うわーって並べて、大事な文章を引き抜いて引き抜いて、それをブラッシュアップしてっていうやり方ですね。

横山　なるほど。言葉の構築方法はわかりましたが、肝心の制作の方が詰まっちゃうことってないんですか？

森國　私、制作場所は学校の中か、夜は学校には居られないので、家に帰って作るんです。とはいえ、どちらも建物の中で作っているじゃないですか。だから、頭が詰まってだめだーって時は、よく外で編み物します。毛糸を全部カバンに詰めて、川沿いとか公園とかに出かけて。散策しながらカバンの中の作りかけをちょこちょこ編んだりすると、気持ちよく気分転換できるんですよ。

横山　場所を変えたり、状況を変えていくってことですよね。

森國　そうですね。自分の周りを変えるっていうか。

横山　でも、それは確かにそうかもしれないですね。私も原稿を書く時によくやりますよ。

森國　そうですか。

「カルしよう」って広めたい

横山　これまでいろいろな作品を作られてきた森國さんですが、編み物をコミュニケーションの核にするというテーマはこれからどういうような発展をしていくのか、考えたりしていますか？

森國　はい。今、今後ずっと続けていきたい活動として細々と始めていることがあってですね。それが最近始めた、カルカフェクラブ（kcal cafe club）っていうものです。

横山　カルカフェクラブ。

森國　はい。カフェって人が自由になる時間を求めてコーヒーを飲みに行ったりすると思うんですけど、そういう場所で何かできないかって考えていたんです。週1回だったりとか、仕事帰りとか、学生だったら授業が終わった後とか。大阪にあるカフェや学校でも少しずつ始めているんですよ。最近はちょっとずつ口コミや宣伝を見た方が来てくださっていて、それが面白いな、と感じているところです。編み物未経験の人もコーヒーを飲みに来ていて、何してるの？　って興味を持ってくれた人には、鎖編みとか試してもらったり。

横山　なるほど。

森國　そしたら「意外とこれ良いかも」って言ってお帰りになるんですよね。周りを見ても、こういう場所ってあるようでなかったから、私自身、もっと続けたいなって。

横山　カルカフェのカルという言葉は、森國さんの作品であるカルアイランドとか、カルファームとかにも使われていましたよね。どういう意味があるんですか。

森國　カルというのは、英語のKnit and Crochet Alongを短く省略した言葉です。ニット（棒針編み）のK、クロッシェ（かぎ針編み）のC、Along（一緒に編みましょう）のALを続けたもので、KCALと書いて、カルって読むんです。

横山　なるほど。

森國　ネットでは、#kcalみたいに使われていたりすると思うんですけど。

横山　ありますね。みんなで同じものを編みましょう、みたいな時に使っているかな。

森國　私はこの言葉と出合った時、すごくキャッチーだなって衝撃を受けて。「編み物しよう」って言うみたいに「カルしよう」って声かけて編み物をする場面を想像したら、すごく楽しそうな響きに感じられて。

横山　うんうん。

森國　それからかな。カルっていう言葉を「誰かと一緒に編み物をする作品」に使うようになったのは。

横山　なるほど。「一緒に」っていうところが、森國さんの活動の中でキーワードになってくるわけですね。いやあ、いいじゃないですか。カルカフェクラブ。編み物をはじめとする、特に持ち運びができる手芸にはそういう力があるだろうなって思いますよ。

大学でのkcal cafe club　在学中、併設されたカフェで開催。

森國　卒業制作のコンセプトに手芸を家から外に出して人に見てもらうというのがあったんですけど、カルはそこにも通じるものがあると思うんです。さらに言うなら、カルカフェは、家と学校、家と会社とはまったく別の、「それ以外の場所」みたいな場所になればいいなって。誰もが気負いなく集える場所であってほしいし、そこに編み物が介在することができたら素敵だなって。

横山　それってまさに社会学者のレイ・オルデンバーグが説いているサードプレイスの概念ですよね。生活のベースになる家がファーストプレイス。学校や職場のような家以外に長い時間を過ごす場所がセカンドプレイス。そして家でも職場でもない、心安らぐ場所っていうのがサードプレイスっていうのが、人間の生活には必要なんじゃないかって提唱してる。たとえば昔なら、みんな仕事が終わると集まる居酒屋であるとか、何かっていうと行く床屋とか、営業の外周りの息抜きに寄る喫茶店とか。今ね、そういう場所がすごく少なくなってきてるよね。まだあるかもしれないけれど、昔に比べると、そういう店舗自

大阪でのkcal cafe club　EMMA COFFEE（豊能郡豊能町）で開催。

体がどんどんチェーン店化しているがために、サードプレイスにはなりにくい。

森國　そうですね。

横山　でも、やっぱりそういう場所っていうのは、何かの時に、人間には必要なんですよ。

森國　大阪のカフェのほうはちょうど4回目のカルカフェを終えて。学校のほうは、もっと認知してもらうために回数を多めにしたりしています。学校っていろんな情報が飛び交っているところなので、目に触れていかなきゃ、と。

横山　うんうん。

森國　でも、コロナ前はもともとあったんですよね、学校に。自分の同級生とか友達じゃなくて、ちょっと知らない人と話したいっていう人が集まるスペースが。でもそれが、お茶とかを出していたので、コロナ禍でできなくなったみたいで、無くなって。

横山　なるほど。

森國　で、そこに行っていた子が、最近こちらに来てくれているんです。だから本当に欲しているスペースを、今、生み出しているなって実感しています。

京都でのkcal cafe club　KIRI CAFE（亀岡市千歳町）で開催。

横山　カルカフェでは無理に話をしなくてもいいんですよね？　ほら、編み物をする人の間では「編み会」ってあるじゃないですか。そこへよく行く人の話を聞くと、編み会で良いのは、喋っても喋らなくてもいいっていうところだと。

森國　うんうん、そうですね。

横山　なんか普通のミーティングに行くと、喋るっていうことが、その場にいる条件だけど、編み会は編んでいればいいから。それってお喋りが得意ではない人にとっては、うれしいことなんですよね。

森國　まさにそうだと思います。私自身、もともとそんなに前に出る性格ではないので一対一で話すのはかなり緊張しちゃうタイプなんです。そんな私でもカルカフェクラブができるのは、編み物っていうワンクッションがあるからで、そのおかげですごく気持ちが違うんです。手元を見ながらでも会話ができるし、話さなくてもその場が成立するから。編み物って、すごいコミュニケーションツールだなって思います。

横山　手仕事をしていると、そっちに気が向くから、会話が途切れた時の微妙な空気感が和らぎますよね。そうなってくると、今後は、この場所をどういう風にしていきたいと思っていますか？

森國　今はまだまだ模索中ですが、まずはカルカフェクラブを定期的に継続していくことが目標です。約束をしていなくても何かあったらそこに行ける、そんなサードプレイスにしたいんです。途切れてしまっては、その場限りになってしまいますから。

横山　こういう作品を作ってみたいというのはありますか？

森國　そうですね。カルカフェクラブ自体を作品として見せていけたらいいなと思っています。編み物を作る過程を含め、人が集まって、手を動かして、喋りながら一緒にものづくりをする一連の工程を作品と位置づけるんです。すごい完成度の高いものとかが生まれるわけではなくて、初めてやる人だったら鎖編みでいい。

横山　ふむふむ。

森國　10～20㎝ぐらい編んだだけでもOK。それでも、その時間はそこに滞在していた証拠だから。それをうまく見せるっていうことが1つ。

横山　なるほど。

森國　あとは、今までずっと作ってきた作品のように、展示会場でも編む作業が進行形で進んでいく作品を、カルカフェクラブで作ったり展示したりするっていう構想は練っています。

横山　いやあ、面白いですね。

森國　できたものだけを見せるのもいいんですけど、それだと、参加していない人は作品の一部だけを見ることになってしまうので、それは避けたいと思っています。それと作者不在のまま、コンセプトの文字と完成作品を見てもらうだけではやっぱり伝え切れないことがたくさんあるので、そういう過程と場所を一緒に体感してもらえる展示の構想を考えています。

編み物が起こす共鳴

横山　ちなみに、本書のゲストにいらしていただいている中で、森國さんは一番年齢がお若いんですよね。その視点からの手芸、編み物って、今後どうなっていくと思いますか？

森國　私がカフェで編む活動とかをしていて、こういう場所が他でも増えていけばすごくいいなと思っています。私もやってみよう、みたいな形で、私の知らないところで誰かが開いてくれるとか。

横山　どちらかというと、森國さん一人で全部やっていくっていうよりも、みんなでシンクロニシティーを起こすというか、だんだん共鳴していく感じですね。森國さんのアート作品のテーマの一つである「コミュニティー」も、その核に編み物があるじゃないですか。それは、とても自然なことなのでしょうね。この活動がそういう風に広まっていった時に、森國さんとしては何を望んですか。

森國　どうなんだろう。私はタスクみたいにならないことを意識して、この場所を作っていて。

横山　なるほど。

森國　その告知をする時も、私のスタンスは場所を作る人であって、その先生ではないんです。教えるとなると、講師の資格がないといけないとか、何を聞かれても全部答えられなきゃいけないとか、やっぱり頭に浮かぶじゃないですか。でもそれを気にしてできなくなるより、まずどんな形にせよ、始めてみることのほうが、私にとっては大事なんじゃないかと思って。だから、カルカフェクラブも決して完璧な状態から始まったわけではないんです。だから、今も参加してくださった方に感想をいろいろお聞きしています。こんな改善をしてほしいっていうことがあったら教えてくださいっていうアンケートを作ったりもして。それを基に、ちょっとずつアップデートしながら、次の場所を作り上げている状態です。

横山　「これ、いいね」っていう意見ってもう出てきたりしていますか。

森國　意見とはちょっと違いますけど、面白い試みをしたことはあります。カルカフェクラブで使う糸は、自分の制作の中で出た余り糸だったりとか、何かを編むために買って1玉だけ余った糸とかだったりするんですが、ここに来て下さる方からも、家のタンスの中に整理しても捨てきれない余り糸がいっぱい溜まっている、という話をお聞きして。そういう糸をカルで使う糸の中に混ぜさせていただいたことがあるんです。参加した人は、その中から好きな糸を選んでもらえるようにして。

横山　そういうのって、僕は結構いいなって思うんですよね。そのいわゆる残糸とか、使っていないものを活用していくみたいなのって、今の時代にも合っていると思いますね。

森國　そうですね。

どんな形にせよ、始めてみることが大事

横山　こういうのって、クリエイターの存在が、実際の仕事にどんな風に繋がっていくのかっていう話に関わってくるんですよね。例えば、ここ数年で、小説家が企業に雇われる案件が増えてきているんですよ。クライアントが銀行だったならば、そこに勤めている人たちがどんな思いで、どんな苦労があって、どんなことが仕事の楽しみで、毎日仕事をしているのかっていうのを短編で書いてくださいと。

森國　最近よく見かけますね。

横山　もっと言ってしまうと、新しい商品を開発する時って、その対象の過去のデータを参考にすることが多いわけです。かつてこういうものが売れたから、これをちょっと変えて、個性をつけて売ったらまた売れますよって会議を通すわけです。

森國　はい。

横山　でも、ここ10年くらいは、特に社会の進みが恐ろしく速い。過去を参考にしているとみんな買わないよ、みたいになってきてる。じゃあ、未来を参考にしようって。これはアメリカで近年発達したやり方なんですけどね。ただ、未来を参考にする商品開発なんてメーカーさんはやったことがない。じゃあ、どうするかというと、小説家やSF作家を雇って、未来を予測させるわけです。

森國　なるほど。

ツールとしての編み物の重要性

横山　それと同じように、コミュニケーションの核に編み物を据えて活動している編み物作家さんが、企業にこれから雇われるケースも僕はあるんじゃないかなと。これからはコミュニティーを作ることとビジネスが関係してくるだろうし、森國さんの作るコミュニケーションの場というのも、今、企業側が必要としているものなんじゃないかな。

森國　確かにコミュニケーションは世の中で常に必要とされるものですものね。でも編み物を軸として考えるならば、そのバランスも考えなくてはならないかもしれません。コミュニケーションって対話ともいうじゃないですか。私は編み物を対話のツールの一つとして使っていますけど、そこに注目されすぎてしまうと、今度は編み物のことだけしか話せないみたいな雰囲気が出ちゃうんです。

横山　技法とかね。

森國　そうそう。

横山　なんの道具を使っていますか、とか。

森國　だから、カルカフェでも、手元では編み物をしていても、会話する内容は、8割方、全然関係ないことを喋っています。その時話したいことだったり、相談したいことだったり。日常会話みたいな内容で、最後、場を締めて終わることが多いかもしれないです。

横山　それって実は、本当に必要だと思います。何かに集中すると、人って非常に閉塞的になっちゃいますから。

森國　あ、話題は別に編み物のこと

でもいいんです。自分もやってることは編み物ですし。でも、ほぼかぎ針を握ったことがない人がカルカフェにいらした時に、そればかりではきっと違和感を感じると思うんですよね。だから、さわりは編み物でも、そこから互いに楽しめる話題に広げていく。職業のこととか、その日のニュースだったりとか。小さな種を拾ってそれを会話に繋げていく感じ。今は、相手に聞いてばっかりじゃだめなんだとも思います。一番の願いは、「気持ちよく帰ってもらいたい、また来てもらいたい」ということですから。

横山　僕は時々、お茶のお稽古に伺うんです。そこでお点前を習うわけです。お茶をここで茶碗を左側に置いて、とか。中の茶筅（ちゃせん）を出してここに置いてとか。で、お茶って、みんな、このお点前が大事だと思っている。もちろん大事なんですけどね。

森國　はい。

横山　で、このお点前の流れの中に、茶杓に二つ名のようなお銘をつけることがあるんです。ちょっと小粋な季語を考えてね。確かにお点前って少々システム化してる感じがするし、間違えないようにと構えてしまうところがあるけれど、ふとしたところに、今の季節の話題とか、みんなを取り巻くもっと大きなものの話もしましょうよっていう先人の想いを感じるんです。お茶のお点前も、森國さんの編み物と同じ、会話のためのツールだったのでしょうね。そういうのって、自分が何かのコミュニティーを作ったり、コミュニケーションを取る時には、すっかり忘れていることなんです。

森國　きっと、その場の即興というか、今思ったことや感じたことをぱっと口にした言葉って、本当にそうというか、一番大事な部分が出てくるんですよね。作品の説明を先生にする時も、事前にどれだけ文章を用意しても、対面でやりとりする中に出てくる言葉のほうが、もっと奥にあった本音だったりしますもの。

横山　いやあ、きっとそういうことなんですよね。

森國　話すことで見えてくるものも確かにあると思います。

横山　だからこそ僕は、カルカフェクラブの存在は大切だと思っているんですよ。人との自然なつながりを持てる場所として。「編み物は会話をしながらでも手は動かし続けられる」ことはもちろんですが、対談の前の方でも出てきた「編み物はクッションになる」っていう点が肝になっていると思うんです。

森國　まだ小さな試みですが、丁寧に育てていきたいです。

横山　未来に向かっていろいろ挑戦を続けている森國さんですが、そのひらめきはどこから生まれてくるんでしょうか？

森國　私は、きれいなものや完成度の高いものを作ることだけを求めすぎると、心がいっぱいいっぱいになっちゃう時があるんです。そういう時は完成度を忘れて、一回、自分の思うままに、あんまり手元を見ないぐらいの気持ちで、ただただ編んでみたりするんです。無心になると、意図しない何か面白いものができあがったりするんですよ。もしよかったら試してみてほしいです。

横山　いやあ、非常に深い感じの、すごくわかりやすい言葉でまとめていただき、ありがとうございました。私、森國さんのことを非常に応援しておりますので、これからも頑張ってくださいませ。

森國　ありがとうございました。

Kcal cafe club
ーもう一つの場所にー

動画はこちら→

心をほどく × 甘味

気持ちを和ませるのはお茶だけでなく、お菓子も同じ。森國さんがお持ちくださった甘味に思わず、笑顔がこぼれる。タスクにしない。ほどかれたのは僕の心。

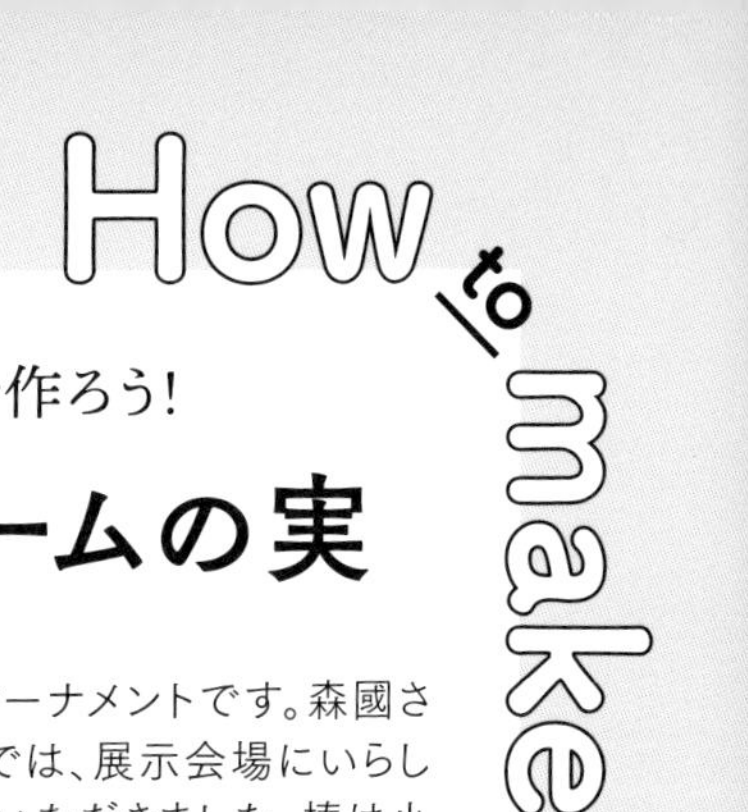

みんなで作ろう!

カルファームの実

棒と毛糸だけで作れるオーナメントです。森國さんの作品「カルファーム」では、展示会場にいらした方々も制作に参加していただきました。棒は小枝などでもOK。サイズや糸はお好みで。

作り方の動画はこちら→

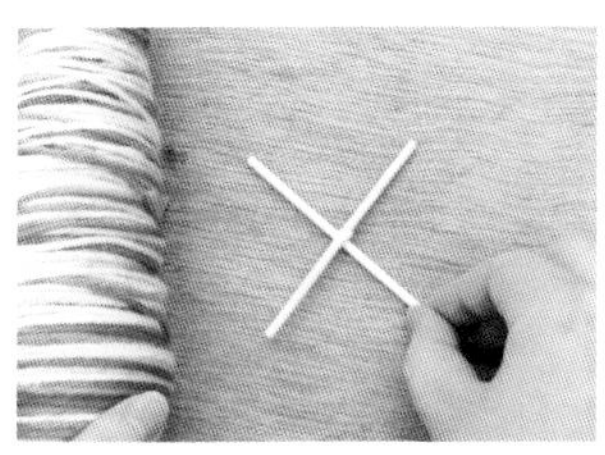

1　2本の棒を重ね、中心を接着剤などで固定する。

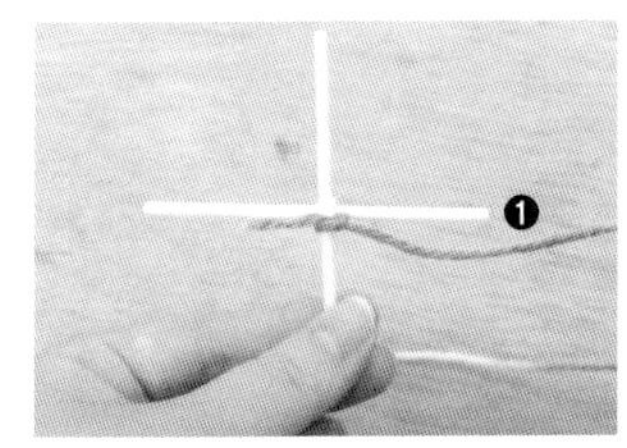

2　中心に毛糸をひと結びする。

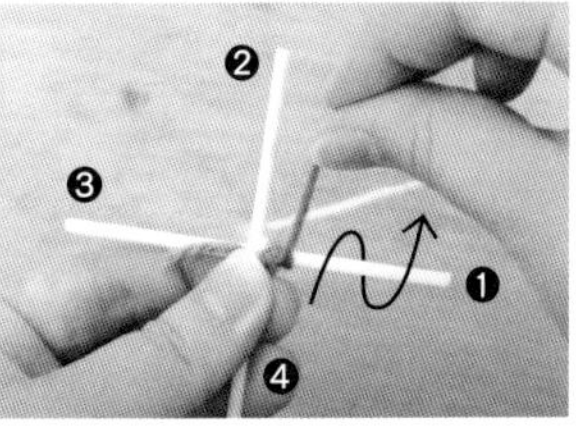

3　❶の棒に毛糸をひと巻きする。棒を回転させながら、❷〜❹の順に毛糸を巻いていく。

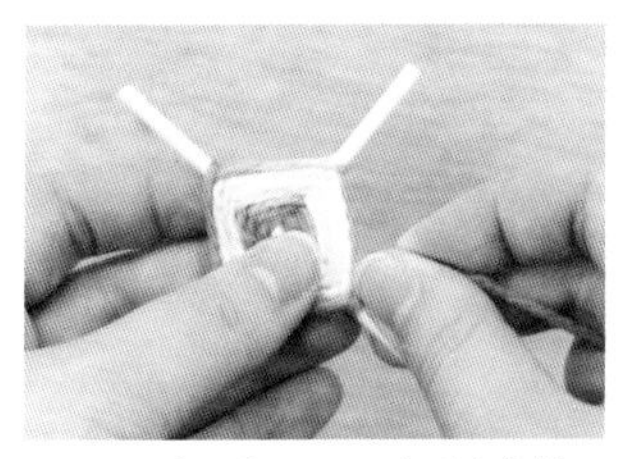

4　グラデーション糸だと自然に模様ができる。

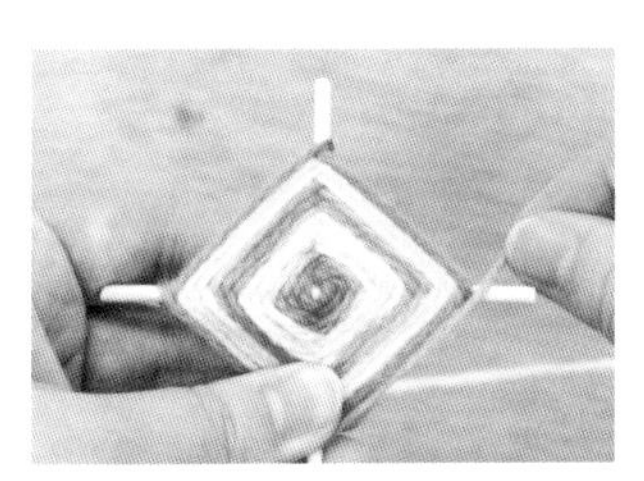

5　棒の先を少し残して、巻くのをやめる。

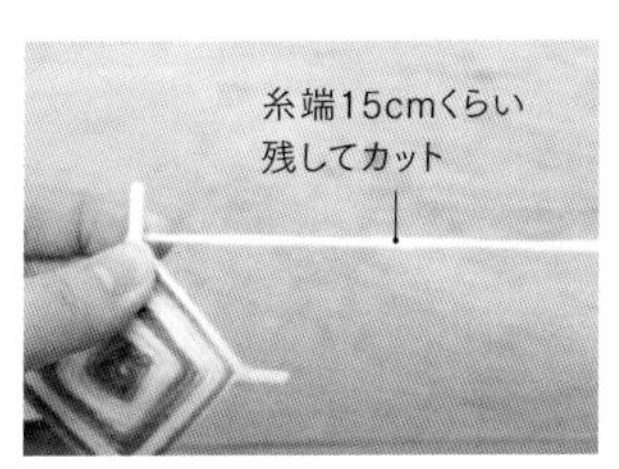

6　糸端を約15cm残して切る。

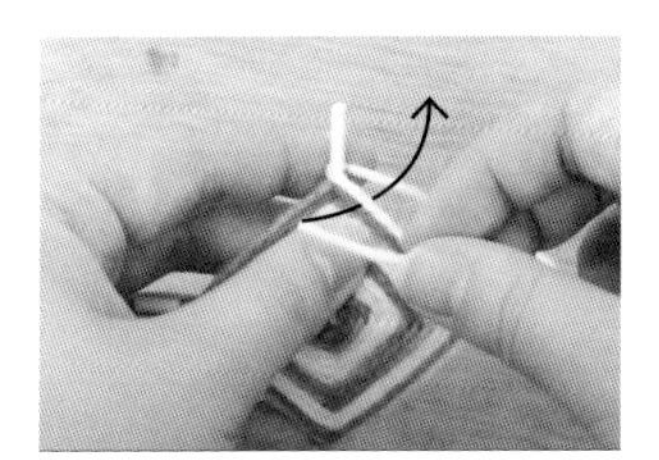

7　最後に糸をかけたところに、糸端を矢印のように入れる。

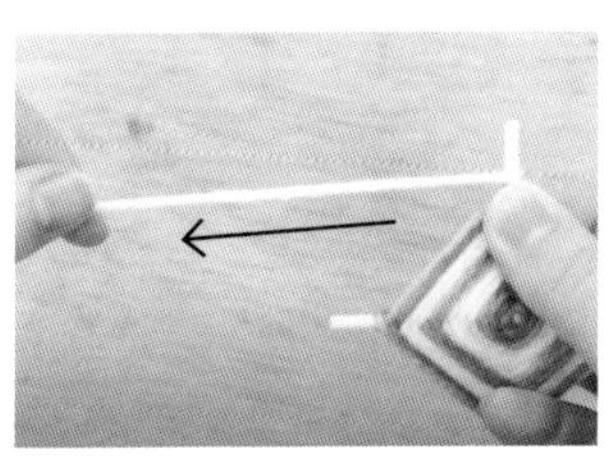

8　糸端を引いて締める。これで糸がとまる。

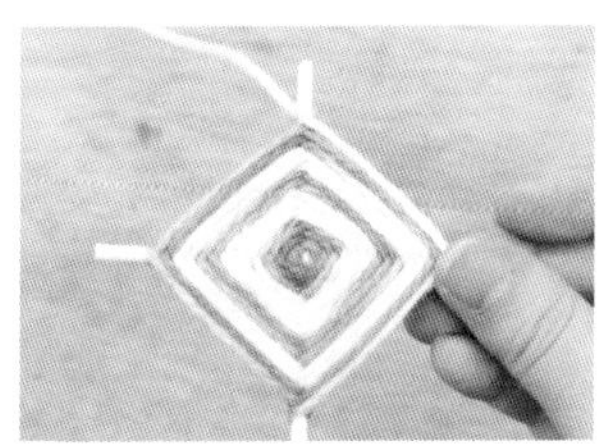

9　できあがり! 糸端でループを作って飾ってもOK。

エピローグ

聞き手／編み牧師
渡辺晋哉さん
×
「どこにもない」室長
横山起也

Epilogue

渡辺　ジャクソン・ポロックっていう20世紀の画家がいてね。

横山　はい。

渡辺　この人は「ピカソが全部やってしまった」って言った人なんですよ。つまり、現代絵画としてやるべきことはもうピカソがやっちゃったので、何も残ってないと言って、ピカソの模倣みたいなことになってしまう自分の絵とすごい格闘した人なのね。

横山　そりゃ、大変だ…。

渡辺　彼の到達した絵は、地面にキャンパスを置いて、ペンキを垂らして線を描くっていう方法なのね。で、一つも説明できる線はないわけ。この線が、何を象徴していてとか、この面がどういうものを意味していてとか、何にもないんですよ。

横山　意味を超えている。

渡辺　でも、どの線もリズミカルで気持ち良くて、美しい線なの。たくさんの美しい線だけの層がものすごく厚くなっているような絵なんですよね。

横山　はいはいはい。

渡辺　僕は牧師だから、それ見た時にすごく宗教性っていうものを感じてね。美しいものの層をこれだけ分厚く見ているっていう。そこから得られる感動っていうのがすごく大きくて。日本にジャクソン・ポロックの絵が来た時に、本当に絵の前で号泣したんですよ。

横山　うんうん。

渡辺　それぐらい圧倒的な美しさを持って存在しているものを目にした時というのは、神様と出会うっていうことととすごく似てるなぁと思ったの。

横山　文化史的にいうと、ジャクソン・ポロックって脱構築を繰り返した果てみたいな絵を描くじゃないですか。いわゆるキリスト教のモチーフを描いた宗教画じゃ全然なくて。なのに、そこに宗教性を感じるっていうのがすごい面白いですよね。枠を飛び出していった果ての描き方みたいな。

渡辺　うん。それって形としては新しいんだけど、古いものに戻っていっているんですよね。

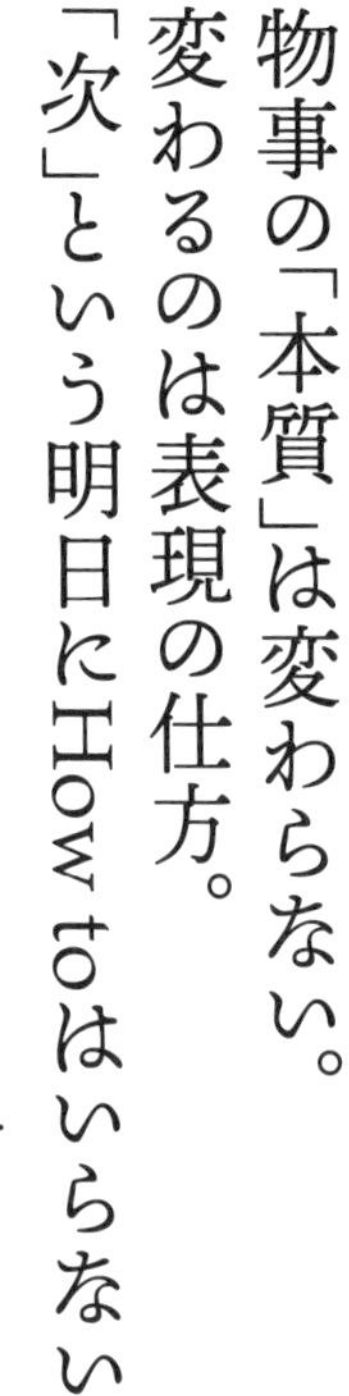

物事の「本質」は変わらない。
変わるのは表現の仕方。
「次」という明日にHow toはいらない

横山　わかります。

渡辺　つまり、それが本質だっていう。

横山　多分そうなんだと思います。渡辺さんは宗教性だって感じたけれど、人によって使う言葉は変わってくるかもしれない。でも、そのどれもが、渡辺さんがおっしゃった本質みたいなところに関わっているんじゃないかと。

渡辺　そしてね。それが作るということや、その美しさということの役割の一つなんだろうなって思うんですよね。

横山　うん、なるほど。で、面白いことに、編み物でも、自分っぽくないものを編んじゃうと、自分にばれるんですよね。ああ、なんかこれ違うなあって。

渡辺　ははは。無理した配色だなとか。

横山　そうそう。やっぱりね、僕の場合は、きのこが一番自分っぽいなって、最終的に思わざるをえなかったんですけれど。あの、そういうのと、今、壮大なスケールで渡辺さんが語ってくれたことっていうのは、どっかで同じなんじゃないかなって思うんですよね。

そういうことと出会う時間っていうのは、すごく大事だし、その手段として、編み物は非常に時代に合っている形なんじゃないかなって感じます。

渡辺　うん。だからね。僕が言いたいのは、そろそろHow toじゃないところに行きましょうってことかな。

横山　ああ、含蓄が深い。本当にそうですよね。

渡辺　つまり近代ってHow toだったんですよね。それでHow toのメソッドをしっかり確立すれば、効率的にすべてやっていけるっていうところがあってさ。そのなれの果てが、近代で行き詰まっている、今の我々ですよね。

横山　そうですね。

渡辺　多分、美しいということもHow toじゃないんですよ。

横山　だからこそ言葉で説明できない。

渡辺　そうそう。だから、次のステージに行くには、もっとWhat（何が／何のために）とか、Who（誰が／誰のために）の問題をベースにしたものづくりを生活の中に取り入れていけたらいいのかなって思う。How（作り方）をなぞるのではなくて。

横山　なんかすごく新しいメッセージですね。

渡辺　反対に聞いちゃいますけど、『どこにもない編み物研究室』プロジェクトのホストとして横山さんが伝えたいことって何なんだろう？

横山　私はですね、「楽しい」ってすごい重層的だと思っているんです。ものづくりを楽しいという人もいるし…、実は自分は楽しくてやっているんじゃないですっていう人もいる。でも、編んでいく中で自分と向き合い、自分の知らない自分と会って、それを自分として認めていくことって、僕はとても良いんじゃないかなと。自分の知らない自分って、一番身近なファンタジーでアドベンチャーで、楽しみだなあって、思っているんです。それを多くの人と共有していけたらすごく嬉しいなと。

渡辺　自分の知らない自分、神に知られている自分は、自分の考えている自分より良いものだよ、美しいものだよっていうのがキリスト教の福音です。

横山　僕はさらにそこに、意外なものだよっていうのを追加したい。

渡辺　それって自分で全然思いもよらなかったほど、なんですよ。

横山　それがきっと表現に出た時に、辛かったりするんですよね。

渡辺　その辛いものは全部、イエス・キリストが引き受けたっていうのも、キリスト教の福音なんだよね。

横山　まあ、なかなか自分では認めづらいこととか、社会に向けて言えないことっていうのはたくさんありますからね。いずれにせよ、ものづくりであったり、編み物っていうものは、そういうことも全部内包して、これからも進んでいくんじゃないかな。

渡辺　楽しみだよね。

横山　本当に楽しみですよ。

棒針編み

糸を横に渡す編み込み模様

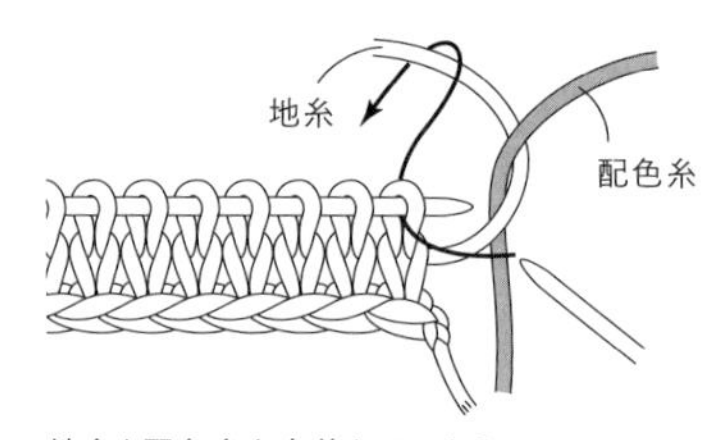

地糸と配色糸を交差させてから
地糸で最初の目を編む

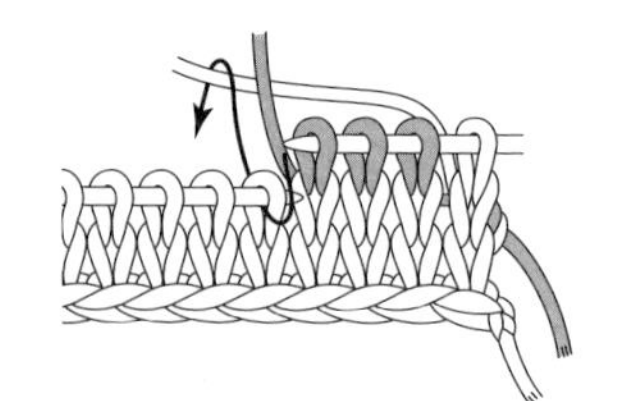

配色糸で指定の目数を編む。
糸を替える時は配色糸を
上において休ませ、地糸で編む

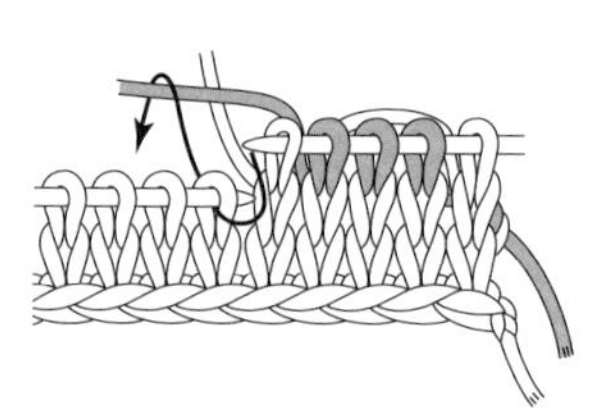

配色糸に替える時は、地糸を
下にして休ませ、配色糸で編む。
※糸の上下を変えないように注意する。

引き抜きはぎ（かぎ針を使う場合）

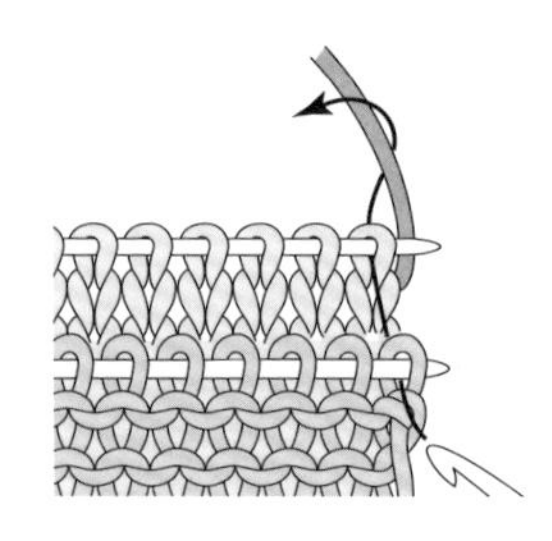

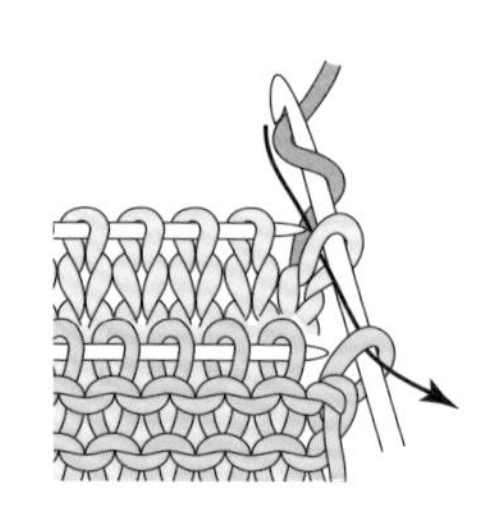

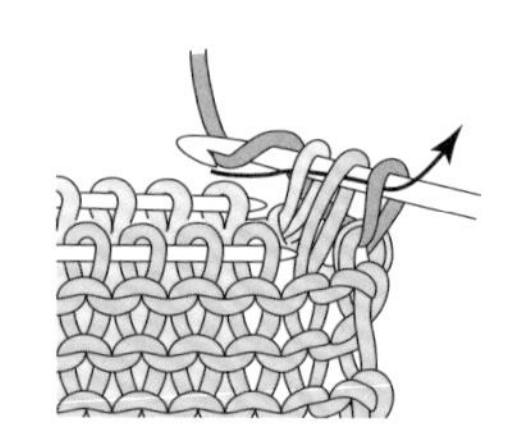

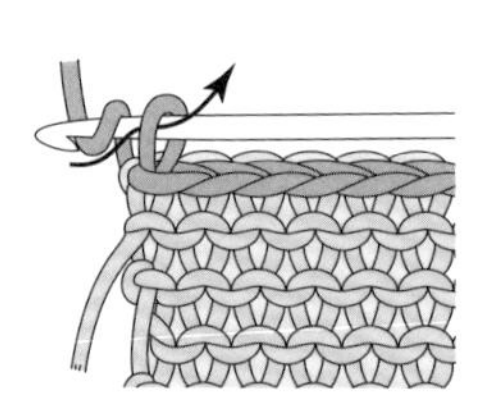

伸縮性のある伏せどめ（SWEN Bind off）

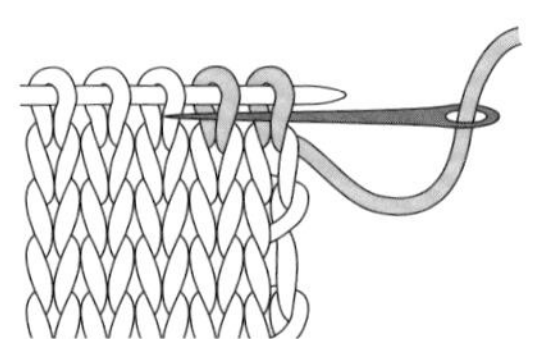

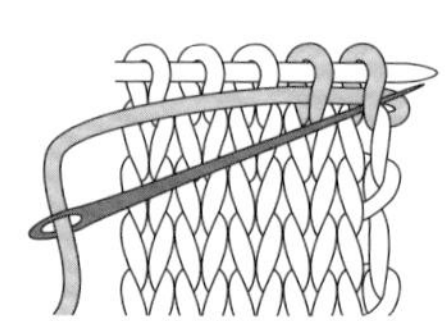

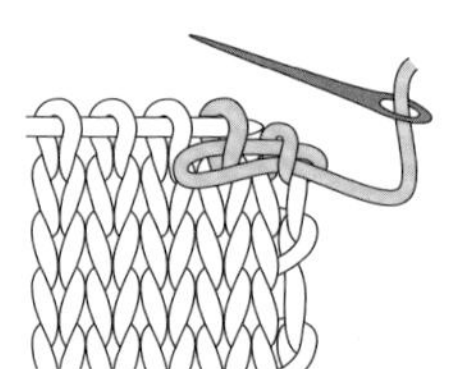

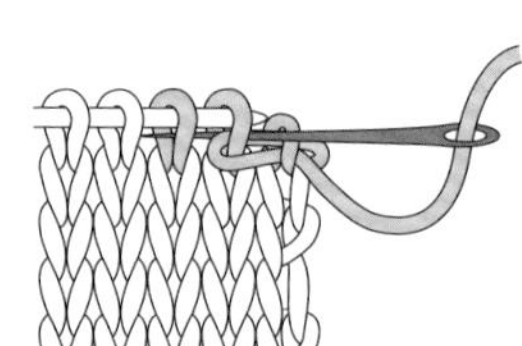

編み目記号&編み方

かぎ針編み

鎖編み

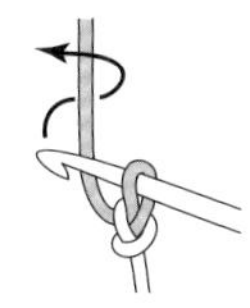
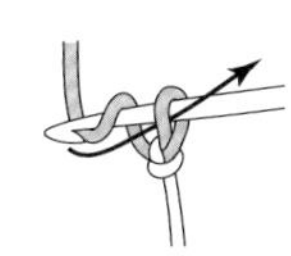
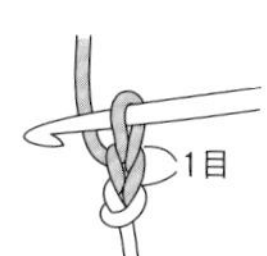

細編み

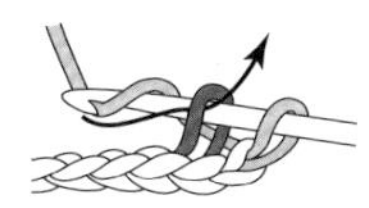

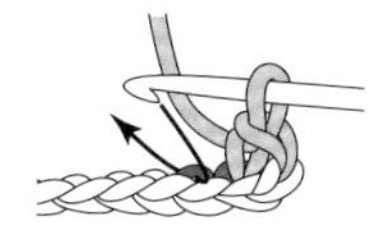

長編み

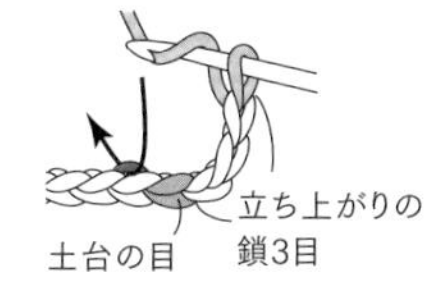

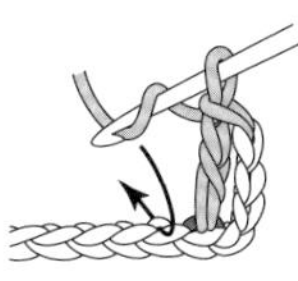

引き抜き編み

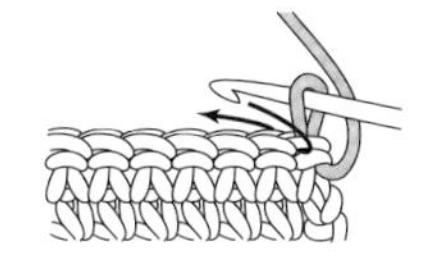
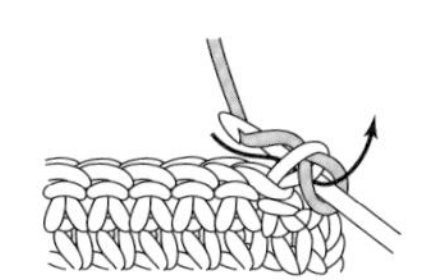
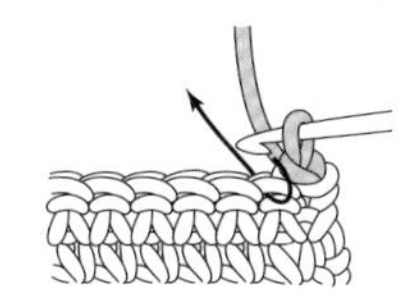
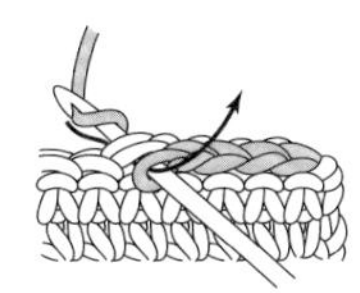

棒針編み

指でかける作り目

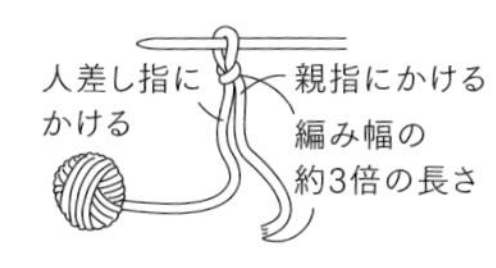

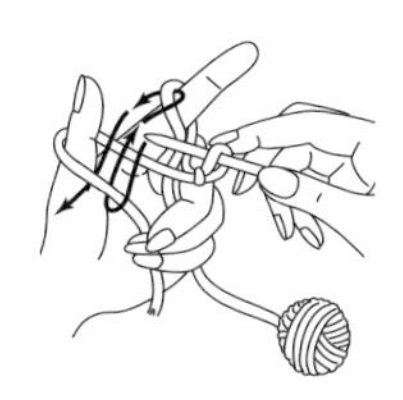
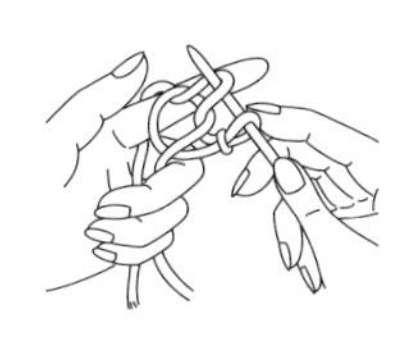
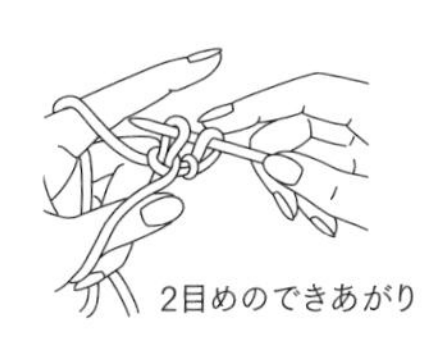

表目

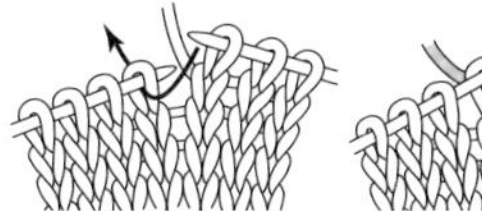
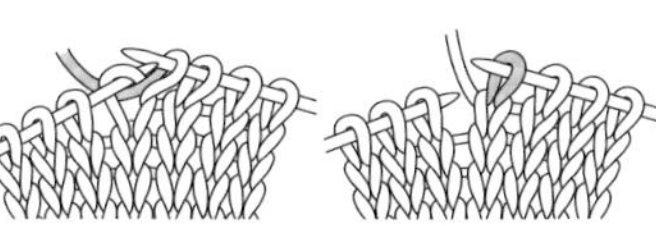

裏目

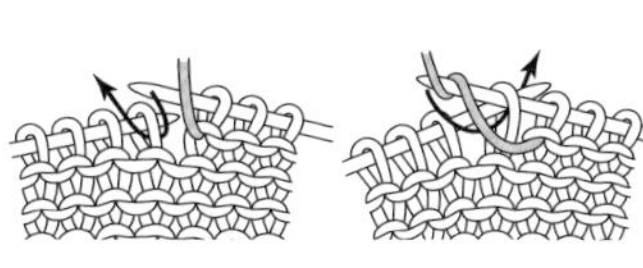
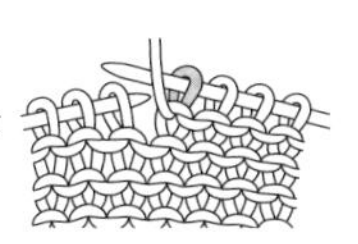

〈Staff〉

装丁・デザイン　佐藤アキラ
撮影　鏑木希実子
　　　森カズシゲ（P.8～35、P.120～137）
イラスト　camiyama emi
製図・トレース　みちよつ
基礎イラスト　小池百合穂
編集協力　石岡日奈子
編集　中田早苗　菅野和子

協力　NPO法人 ライフニット

〈撮影協力〉

彩レース資料室
神奈川県足柄下郡湯河原町土肥1丁目9-7
TEL 090-7180-3117
http://blog.livedoor.jp/keikeidaredemo/

飯能の山キリスト教会（Café Living Room 61併設）
埼玉県飯能市大字上赤工131-1
TEL 090-8106-3008（Café Living Room 61）
教会　https://www.facebook.com/hannonoyamachristchurch/
カフェ　https://livingroom61.wixsite.com/cafe-living-room61

AND WOOL
静岡県島田市湯日1124-1
TEL 0547-54-4492
https://www.andwool.com

chabashira
https://chabashira.theshop.jp

OUTBOUND
東京都武蔵野市吉祥寺本町2-7-4-101
TEL 0422-27-7720
https://outbound.to

SPINNER's Lab
東京都世田谷区上馬4-4-5エクセルハイム駒沢405
http://baruknitting.blog29.fc2.com/

YOKIKOTO（有限会社 縫夢ing）
https://yokikoto.wasouhoming.co.jp/

〈素材協力〉

チューリップ株式会社
広島県広島市西区楠木町4-19-8
TEL 082-238-1144
https://www.tulip-japan.co.jp

横田株式会社（DARUMA）
大阪府大阪市中央区南久宝寺2-5-14
TEL 06-6251-2183
http://www.daruma-ito.co.jp

手芸とは何か？ 時間軸で俯瞰すると見えてくるものがある！
どこにもない編み物研究室
日本の過去・未来編

2023年8月20日　発　行　　ND594

著　　者　横山起也
発 行 者　小川雄一
発 行 所　株式会社 誠文堂新光社
　　　　　〒113-0033 東京都文京区本郷3-3-11
　　　　　電話 03-5800-5780
　　　　　https://www.seibundo-shinkosha.net/
印刷・製本　大日本印刷 株式会社

ISBN978-4-416-52317-9